支持新农村建设的财政政策研究

ZHICHI XIN NONGCUN JIANSHE DE
CAIZHENG ZHENGCE YANJIU

邵晓琰◎著

上海交通大学出版社
SHANGHAI JIAO TONG UNIVERSITY PRESS

内 容 提 要

本书从财政的角度入手研究新农村建设，以提出能支持新农村建设的财政政策为最终目的。在总结和借鉴国内外学者研究成果的基础上，采用实证分析、比较分析、系统分析等多种方法展开研究。新农村建设的理论分析以及财政支持新农村建设的理论分析是本书的两大理论基石。在借鉴国外关于促进农村建设以及农业发展的财政政策的基础上，针对我国国情以及财政支持新农村建设的现存问题，分别从财政收入政策、财政支出政策和财政体制保障三方面提出了支持新农村建设的财政政策建议，为了使政策能很好地实施并最大限度地发挥有效作用，本书最后提出了支持新农村建设的配套改革措施。

图书在版编目(CIP)数据

支持新农村建设的财政政策研究 / 邵晓琰著. —上海：上海交通大学出版社，2015

ISBN 978-7-313-13427-1

Ⅰ.①支… Ⅱ.①邵… Ⅲ.①农村-财政政策-研究-中国 Ⅳ.①F812.8

中国版本图书馆 CIP 数据核字(2015)第 163399 号

支持新农村建设的财政政策研究

著　　者：邵晓琰
出版发行：上海交通大学出版社　　地　　址：上海市番禺路 951 号
邮政编码：200030　　电　　话：021-64071208
出 版 人：韩建民
印　　刷：凤凰数码印务有限公司　　经　　销：全国新华书店
开　　本：710mm×1000mm　1/16　　印　　张：14.5
字　　数：255 千字
版　　次：2015 年 8 月第 1 版　　印　　次：2015 年 8 月第 1 次印刷
书　　号：ISBN 978-7-313-13427-1/F
定　　价：35.00 元

前 言

近年来,“三农”问题成为了经济学界关注的焦点和探讨的热点。从党的十六届五中全会提出“建设社会主义新农村”到十七届三中全会通过的《中共中央关于推进农村改革发展若干重大问题的决定》,以及党的十八届四中全会作出的关于尽快完善农业立法的相关要求,农村的建设和发展遇到了难得的机遇。中国是一个农业大国,农村经济是中国经济的重要组成部分,改革开放三十多年,在我国工业迅猛发展的同时,农业和农村领域的发展存在着很多不容乐观的问题:农村落后,农民困难问题还没有完全解决;农村基础设施贫乏的问题也随处可见。在经济快速增长的过程中,城乡差距不断扩大,表现在收入方面,改革开放之初城乡居民的收入比例为2.57∶1,至2012年城乡居民收入比例已达到3.30∶1。除此之外,城乡居民在基础设施、教育、卫生、社会保障、就业等方面都存在着差别待遇,农村公共产品供给不足,城乡发展的差距已经影响了经济稳定和持续发展。不缩小这种差距,不解决农业增效、农民增收问题,不加快农村发展,就不可能实现全面建设小康社会的宏伟蓝图,甚至不可能保持国家的长治久安。建设社会主义新农村是党中央、国务院为彻底改变城乡二元经济结构、促进农民增收、拉动内需、构建和谐社会而作出的重大战略决策,关系到国家的长治久安和中华民族的伟大复兴。

新农村建设不同于以往的农村建设,它是一个集政治、经济、文化和社会建设四位一体的农村综合建设。“生产发展、生活宽裕、乡风文明、村容整洁、管理民主”是新农村建设的宏伟蓝图,这二十字涉及了农业生产、农民生活、农村教育、医疗卫生、社会保障等方面的基础设施建设以及村容村貌、民主管理等各个方面,全面体现了新形势下农村经济、政治、文化和社会发展的要求。然而新农村建设的很多领域具有公共产品的属性，仅靠市场自身这只“看不见的手”的调节不可能实现，必须依靠政府这只“看得见的手”进行扶持，其中财政政策被证明是行之有效的政策手段。纵观各国建设农村的成功经验，财政政策也是各国的首选政策，并且在农村建设中发挥了巨大作用。当然，除了财政政策以外，还需要其他部门、其他行业的支持与配合，包括建立和健全农村的法律法规体系、金融融资体系、户籍管理体系以及农业合作组织等，为新农村建设构筑良好的外部配套环境。

本书从财政的角度入手研究新农村建设，以提出能支持新农村建设的财政政策为最终目的。在总结和借鉴国内外学者研究成果的基础上，采用实证分析、比较分析、系统分析等多种方法展开研究。新农村建设的理论分析以及财政支持新农村建设的理论分析是本书的两大理论基石。在借鉴国外关于促进农村建设以及农业发展的财政政策基础上，针对我国国情以及财政支持新农村建设的现存问题，分别从财政收入政策、财政支出政策和财政体制保障三方面提出了支持新农村建设的财政政策建议。为了使政策能很好地实施并最大限度地发挥有效作用，在本书的最后提出了支持新农村建设的配套改革措施。根据以上研究思路，全书共分八章：

第一章“导论”。阐述本书选题的背景和意义，对国内外学者的相关研究进行综述，阐明本书的研究思路、框架结构、研究方法和创新之处。第二章“财政支持新农村建设的理论基础”。运用经济学的研究方法分析新农村建设的理论以及财政支持新农村建设的理论，这一章是全书展开分析和研究的基础。第三章“国外农村建设的经验借鉴”。总结各国农村建设的共同经验，得出对我国新农村建设的有益启示。第四章“财政支持新农村建设的现状分析”。从税收制度、财政支出政策、财政管理体制三方面分析了现行财政政策支持新农村建设的现状，使以后章节提出的支持新农村建设的财政政策更有针对性。第五章“支持新农村建设的财政收入政策”。本章从税收、规费以及公债和其他筹资手段等四方面研究支持新农村建设的财政收入政策。第六章“支持新农村建设的财政支出政策”。研究新农村建设条件下财政支出的着力点，提出优化财政支出政策的措施。第七章“支持新农村建设的财政体制保障”。从完善财政转移支付制度、加强对涉农资金的整合和管理以及深化县乡财政管理体制改革三方面简要阐述了支持新农村建设的财政体制保障问题。第八章“支持新农村建设的配套改革措施”。研究构筑促进新农村建设的相关配套环境。

本书的创新之处主要体现在以下四个方面：一是运用经济学原理，研究新农村建设条件下的税收效应和财政支出效应，这是目前国内外较少有人涉足研究的问题。二是全书用一定篇幅研究了农民工问题。三是立足于中国国情，从财政收入政策、财政支出政策和财政管理体制三方面提出了财政支持新农村建设的合理化建议，是一本比较完整的从财政的角度研究新农村建设的专著。四是注重各个政策工具之间的相互配合与协调。

目 录

1 导论

1.1 问题的提出

党的十七届三中全会审议并通过了《中共中央关于推进农村改革发展若干重大问题的决定》(以下简称《决定》),明确了在新的时期和新的起点上推进农村改革和发展的指导思想、目标任务和重大原则,为当前和今后一段时期农村的改革与发展指明了方向,农村的建设与发展遇到了前所未有的机遇。这次会议是继2005年党的十六届五中全会提出的"建设社会主义新农村"的重大历史性任务后,专题研究推进农村改革和发展一系列问题的重要会议,为"三农"工作和"推进社会主义新农村建设"明确了未来的发展方向。与此同时,如何顺应新形势更好地发展"三农"、如何在新时期加强"社会主义新农村建设"又一次成为专家和学者探讨的热点,也成为了摆在全国人民面前的新课题。

中国是一个农业大国,农民人口占全国人口总数的三分之二。诺贝尔经济学奖获得者克莱茵曾经说过,中国经济有两大问题:一是农业,二是人口。改革开放三十多年,我国工业迅猛发展,农业的发展虽然也取得了可喜的成绩,但是还存在着很多不容乐观的问题:农村落后,农民困难的问题还没有得到完全解决;农村基础设施落后的问题也随处可见。在经济快速增长同时,城乡差距仍在扩大:一是城乡居民收入差距显著。据国家统计局有关资料显示:2012年城乡居民收入比例为3.30∶1,而在改革开放之初,这一比例是2.57∶1①。二是城乡居民在享受教育、卫生等公共产品方面的差距。近几年来,我国农村教育得以迅速发展,但是城乡人力资源素质仍存在着巨大的差异。根据我国第五次人口普查统计显示:农村人口中,初中及以

① 根据国家统计局统计公告相关数据整理 http://www.stats.gov.cn/tjgb/.

上文化程度的仅占总人口的39.1%，远低于城市人口65.4%的水平①。我国城镇文盲率为5.02%，农村文盲率为11.52%，城乡差距仍然保持在6.5%②。在卫生方面，农村缺乏必要的医疗卫生条件，农民看病难、看病贵的问题没有解决。在西北地区，因病在家里去世的农民大概占2/3，一半左右的妇女在家里生孩子③。据有关数据显示，我国农村人口占全国人口的64%，只享有全国医疗卫生资源的15%左右④；农村每1 000人床位低于0.9张，而城市在3.5张左右；农村每1 000人卫生技术人员在1人左右，城市在5人以上，城乡之间差距高达5倍之多⑤。在基础设施方面，农村现有的农田水利工程大多老化失修，设施不配套，灌溉坝渠等建筑的完好率不足40%。三是城乡社会保障水平的差距。农村社会保障水平低下。我国城市已构建以养老保险、医疗保险和"三条保障线"为主要内容的社会保障框架，国家财政每年要给予大量的财政补助。而在农村，国家主要对五保户、自然灾害救济、贫困户救济有一定的补助，人均仅有20元⑥。这些数据折射的是城乡发展差距增大的事实，城乡差距已经影响了经济的稳定和发展。不缩小这种差距，不解决农业增效、农民增收问题，不加快农村发展，就不可能实现全面建设小康社会的宏伟蓝图，甚至不可能保持国家的长治久安。过大的城乡差距也对构建社会主义和谐社会提出了严峻的挑战。在这样的背景下，党的十六届五中全会提出了"建设社会主义新农村"的伟大历史任务，这一决定有着十分重要的历史意义。以"生产发展、生活宽裕、乡风文明、村容整洁、管理民主"(以下简称"二十字方针")为宏伟蓝图的新农村建设全面体现了新形势下农村经济、政治、文化和社会发展的要求，是提高和改善农村环境和农民生活的有效手段；是现代化建设顺利进行的重要保证；是国民经济稳定发展的强大动力；是全面建设小康社会的必然要求；也是构建社会主义和谐社会的重要方面。"新农村建设"的实施必将会对我国今后经济社会发展的全局产生十分重大的影响。

从新农村建设的二十字方针以及《决定》关于农村改革与发展的有关决议中可以看出，新农村建设涉及了农业生产、农民生活、农村教育、医疗卫生、社会保障等方面的基础设施建设以及村容村貌、民主管理等各个方面，

---

① 杨会良、刘永瑞.我国农村教育与农村人力资源开发的现状与对策[J].教育理论与实践.2005,(3):56.

② 张吉.城镇化与我国农村人力资源开发—关于农村教育的几点思考[J].中国农业大学学报.2004,(2):23.

③ 陈锡文.中央为什么要提出"建设社会主义新农村"[N].南方日报,2006-05-19(3).

④ 刘琦.新农村建设背景下农村公共财政改革的路径选择[J].特区经济,2008,(9):139.

⑤ 夏锋.以公共服务均等化缓解城乡差距[EB/OL].http://www.xslx.com,2006-10-26.

⑥ 张开华.试论财政支农政策创新[J].农业经济问题,2005,(3):58.

是集经济建设、政治建设、文化建设、环境建设于一体的全方位的农村综合改革。要达到这样的目标，需要大量的资金支持。资金问题是新农村建设的核心和焦点所在。财政是支持新农村建设最有力的手段，也是政府强有力的政策工具，它可以很好地利用市场的力量，包括利用市场本身所具有的配置资源的能力，弥补市场调节本身的不足，达到既定的目标。在农村普遍缺乏资金的情况下，农民由于收入水平低在短期内不可能成为新农村建设的投资主体。同时新农村建设的很多方面都具有公共产品的性质和外溢性的特点，由财政提供公共产品和具有外溢性的产品是政府义不容辞的责任。在新农村建设中，政府必须责无旁贷地承担投资的主体，从而带动各方社会资本的投入，建立以政府投资为主导，多层次、多元化的投入机制。因此，新农村建设离不开财政的支持，在把“新农村建设”提到“我国现代化进程中的重大历史任务”的战略高度的背景下，在我国总体上已进入“以工促农、以城带乡”发展的新阶段，研究支持新农村建设的财政政策，加强理论学习，借鉴国际经验，结合中国实际，分析财政支持新农村建设存在的问题与不足，提出进一步调整和优化财政政策的建议，不仅具有重要的理论意义，而且具有重要的现实意义和社会意义。

1.2 主要概念的界定

1.2.1 农村与新农村

农村是与城市相对应的一个概念，有广义和狭义之分。狭义的农村是指以从事农业生产为主的农业人口居住的地区。广义的农村是指以从事农业生产为主业、以农业人口为主体，包括经济、政治、文化等诸多要素在内的、由县城、乡村和村庄组成的社会，是一个由农村生态环境系统和经济社会系统组成的复合体①。我国没有直接规定“农村”这一统计指标的口径，仅规定了“市镇总人口”和“乡村总人口”这两个人口统计指标。根据国家统计局解释，“市镇总人口”指市、镇辖区内的全部人口；“乡村总人口”指县（不含镇）内全部人口。其中，“市”是指经国家规定成立“市”建制的城市；“镇”是指经省、自治区、直辖市批准的镇。现行的设镇标准是1984年规定的，该标准规定凡县级地方国家机关所在地，或总人口在2万人以下的乡，乡政府驻地非农业人口超过2000人的，或总人口在2万人以上的乡，乡政府驻地非农业人口占全乡人口10%以上的，均可建镇。

① 徐学庆.社会主义新农村文化建设研究[D].华中师范大学博士学位论文，2007.4.

与城市相比，农村的概念有其自身的特征：一是人口稀少，地域广阔。我国国土面积有960万平方公里，除去3万多平方公里的城市建成区面积以外，其余的广阔国土就是农村地区，农村居民分散于各个农业生产的环境中，多以家族聚居为主。二是农村经历了一个历史变迁的动态过程，它随着原始农业的形成而形成。那时的人类为了防御外族侵扰和野兽的侵害等，一个氏族聚居在一起，就成了最早的村落。在奴隶社会和封建社会，农村的居住者以土地为主要生产资料，以农业生产为主要生产来源。农村的经济关系表现为奴隶主对奴隶、封建地主对农民的统治、剥削和压迫关系。在资本主义社会，随着资本主义生产方式在农村的扩展，大批破产农民进入城市成为工人，农村工商业从业人员也日益增加。在社会主义社会，农村实现了土地公有制，消灭了剥削阶级，农民之间的关系是平等互助的。由于城市工业向农村扩散，农民办工业、商业的现象也不断出现，农村中的产业结构由单一的农业向工业、商业、农业综合发展转化。三是农村和农业是密不可分的。从农村的历史变迁过程中可以看出，农村与农业有着不可分割的联系，农村居民主要是以从事农业为主，农村与农业有着共同的圈子，它们大部分是重合的，这在传统的农村表现得更为明显。但是随着农村经济的发展，农村的产业结构也由单一向综合转化，第二、第三产业的比重逐步增加，农业与农村重合的圈子在渐渐地缩小。四是城乡一体化是未来发展的趋势。随着社会经济和农村工业化的发展，城乡之间会形成相互交融和渗透的情形，城乡差距逐渐减弱，呈现农村城市化和城乡一体化的发展趋势。

新农村是在新的时代背景下具有新内涵、新风貌的农村。社会主义新农村是指在社会主义条件或社会主义制度下，反映一定时期农村社会以经济发展为基础，以社会全面进步为标志的社会状态。所谓“新”主要体现在以下五个方面：一是新的生产环境。要积极地推进农业现代化建设，调整农业生产结构，转变农业增长方式，加强农业基础设施和农业科学研究的投入，提高农业生产中的科技含量，加快循环农业发展，提高农业综合生产能力。二是新的生活环境。加快乡村道路等基础设施的建设，发展农村通信，继续完善农村电网建设，逐步解决农村饮水困难和安全问题。大力普及农村沼气，积极发展适合农村特点的清洁能源。加强农村公共卫生和基本医疗服务体系建设，建立新型农村合作医疗制度，建立城乡统一的养老制度及最低生活保障制度，使农村居民也能“病有所医，老有所养，住有所居”。采取综合措施，广泛开辟农民增收渠道，促进农民持续增收，这也是全面建设小康社会的着力点。三是新的文化环境。加快农村文化教育事业的发展，重点普及和巩固农村九年义务教育，对农村学生免收学杂费，对贫困家庭学生提供免费课本和寄宿生活费补助，开展多样地针对农村劳动力的技能培训。加快普及农村高中阶段教育，加快发展农村中等职业教育并逐步实行免费。健全县域职业教育培训网络，加强县文化馆、图书馆和乡镇文化站、村文化室等公共文化设施建设，繁荣农村文化事业。四是新的管理环境。管理民主是新农村的主要特征之一。增强村级集体经济组织的服务功能，鼓励和引导农民发展各类专业合作经济组织，提高农业的组织化程度。加强农村党组织和基层政权建设，健全村党组织领导的村民自治机制。进一步完善村务公开和民主议事制度，完善村民"一事一议"制度，健全农民自主筹资筹劳的机制和办法。五是新的居住主体。新的环境培育新型农民，新型农民适应新的环境。新型的农民就是有文化、懂技术、会管理的新型居民，他们既是新农村的居住主体，也是新农村的建设主体。在这四大新环境和一个新主体下，新农村表现为中央已提出的"生产发展、生活宽裕、乡风文明、村容整洁、管理民主"的新型农村①，如图 1-1 所示。

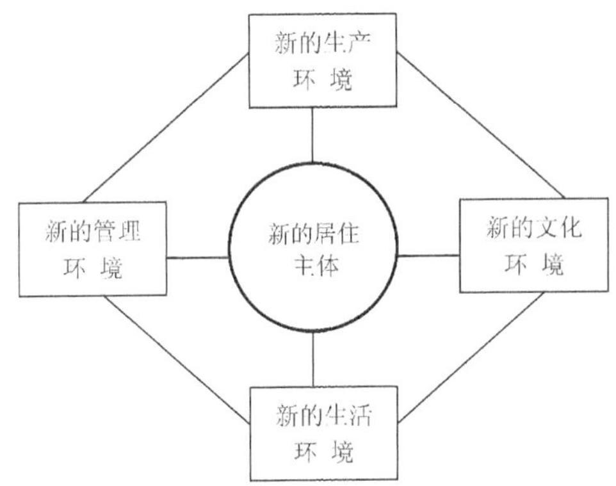

图 1-1 四大环境和一个新主体之间的关系

1.2.2 新农村建设与"三农"问题

新农村建设就是建成具有上述特征新农村所采取的具体行动。党的十六届五中全会正式提出："建设社会主义新农村是我国现代化进程中的重大历史任务"。由此"新农村建设"一词正式进入人们的视野。新农村建设尽管不是一个新提法，但这次提出的新农村建设却不同于以往的农村建设，国务院发展研究中心农村部部长韩俊认为，"新"在新农村建设有一个全新的环境和背景，也即我国已进入"以工补农，以城带乡"的发展阶段。所谓"新"

① 李佐军. 中国新农村建设报告(2006)[M]. 第 1 版. 北京：社会科学出版社，2006.17-18.

还体现在它是一个政治、经济、文化和社会建设四位一体的综合概念。“生产发展、生活宽裕、乡风文明、村容整洁、管理民主”这二十字是新农村建设的总体要求和目标。“生产发展”是其物质条件、“生活宽裕”是其具体落实、“乡风文明”是其思想基础、“村容整洁”是其环境氛围、“管理民主”是其体制保障。这二十字相互融合、相互联系，形成了新农村建设的有机整体。

“三农”问题是农业、农民和农村问题的总称。20 世纪 80 年代后期，我国学者开始研究农业问题，后来研究领域逐步扩大到农业、农村和农民问题，初步提出了“三农”问题的理论。经过 20 多年的实践和宣传，“三农”问题逐渐成为认识中国实践、分析现实问题、解决农村问题的理论框架，成为了中国政治界和学术界的共识。农业是指以有生命的动植物为主要劳动对象，以土地为基本生产资料，依靠生物的生长发育来取得动植物产品的社会生产部门。农业有广义和狭义之分，狭义的农业仅指种植业，广义的农业包括农业（种植业）、林业、畜牧业、渔业和家庭副业等。世界上大多数国家中所说的农业仅指种植业和畜牧业①。农民也有广义和狭义之分，狭义的农民是指主要从事农业生产或完全依靠农业为生的劳动者。我国目前是以户籍为标准确定农村居民身份。只要户籍在农村，在统计人口时就将其包括在内。“三农”问题中的农民问题指的是广义的农民，在确定了户籍身份后，农民主要包括以下三类：一是没离土没离乡的农村人口，是指居住生活在农村并以土地为生产资料，从事农业生产的人，也就是我们通常所说的“面朝黄土背朝天”的传统农民。二是离土没离乡的农村人口，是指居住生活在农村但不从事农业生产的人，如在农村从事商业、餐饮业的人。三是离土又离乡的农村人口，是指不居住在农村，并且从事与农业完全无任何关系的职业的人，我们通常所说的农民工就是此类人。这类人从农村进入城市，依靠替雇主打工作为谋生手段，但他们是不具备非农业户口的社会群体，仍然被算在农村人口的统计口径中。相对于过去的“三农”问题，现在又出现了一种说法是“四农”问题，实际上就是将农民工单独提出来作为一个问题，即农村、农业、农民和农民工问题，“四农”问题与以前的“三农”问题的口径是一致的，只不过将农民工问题作为一个重要的问题单独叙述。农民工问题之所以得到社会的广泛关注，是因为作为农村的剩余劳动力，农民工为城市的建设与发展、为工业化的进步作出了重大贡献，但是他们却并没有获得任何权益保障，更不能享受因为城市经济发展而带来的社会福利。农民工问题是包含在“三农”问题之中的。农村的定义与特征在上文中已经阐述，在此不再赘述。“三农”问题的三个方面本身就是一个整体，这三者中农业发展是

① 中国农业百科全书（农业经济卷）[M]. 第 1 版. 北京：农业出版，1991.160 - 161.

重点，农民增收是关键，农村振兴是支撑。武汉大学的顾海良教授曾说过："农业"问题是中国当前最大的经济问题，"农民"问题是中国当前最大的政治问题，而"农村"问题是中国当前最大的社会问题。"三农"问题必须统筹兼顾、协调发展，这才是解决"三农"问题的根本。

由此可见，新农村建设与我们一直关注的"三农"问题是一脉相承的，建设社会主义新农村涵盖了"三农"问题的全部内容，是"三农"问题的发展和创新，是"三农"问题的新高度、新层面。新农村建设是农村振兴历史进程的新起点，也是"三农"事业发展的新希望。

综上所述，本书要研究的新农村建设是指广义的农村建设，不仅包括乡村本身的建设，还包括人的培养与发展、生态环境的改变、产业结构的调整、体制环境的改变等内容。但是新农村建设的重点是放在狭义的农村建设上，即新农村建设本质上是要加快农业的发展，实现农业的现代化、科技化与生态化，提高以从事农业生产为主的农民的积极性，更好地发挥农业在国民经济中的基础作用。工农业协调、和谐的发展，这也是我们建设和谐社会的基本要求。

1.3 国内外研究现状

1.3.1 国外研究现状

从国际上看，许多国家在工业化过程中都经历了由农业为工业提供累积转向对农业进行保护的过程。建设新型的农村，这也是世界上所有国家或地区实现由传统社会向现代社会转型过程中的一个必经的历史阶段。国外对财政支持农村建设的研究主要体现于各国在农村建设与农业发展的过程中所采取的具体的财政政策中。具体来说，各国基本上采取了以下几种财政手段来促进本国农村经济的发展。

(1) 增加财政投入

政府资金的强大支持是各国财政支持农村建设的主要手段。韩国"新村运动"采取的政策就是增加财政投入，为农民无偿提供多种物质资料，激发农民自主建设新农村的积极性和创造性。韩国在启动新村运动之初，无偿向全国 35 000 个村庄提供了大量的水泥和钢筋，用于房屋改造、道路铺设、桥梁修建等项目。在后续阶段，继续进行财政支持。仅在 1971—1978 年的财政预算中，农村开发项目费用就增加了 7.8 倍，中央和地方财政投资合计增加 82 倍。1994 年政府和民间投资额高达 110 000 亿韩元。德国也从 20 世纪 50 年代起对落后的农业区采取投资补贴、拨款、农产品价格支持、低息贷款等措施，加快了农业和农村现代化的发展。其他发达国家在农村建设过程中，也都通过公共财政和发行债券等形式加大对农村道路、水利、农民住房、自来水等基础设施的投入力度①。日本的新村建设也同样是加大了政府的财政投入，在财政政策上向农村倾斜、向农民发放农业现代化补助金，加大农村教育、卫生、文化、信息等社会事业的投入②，加大对农村基础设施尤其是农田水利设施建设的投入，为农业经营者创造良好的投资环境，近几年来，日本政府对农村基础设施的投入都在 11 000 亿日元左右③。

(2) 补贴政策和价格支持

日本在新村建设中，实行了各种各样的价格支持制度，如对土豆、甘薯、甜菜等实行最低价格保证制度；对大豆、油菜籽、牛奶制定目标价格差额补贴制度；对蔬菜、水果、蛋类等实行价格平准基金制度④。美国财政支农的主要政策工具是财政补贴和价格支持。据统计，从 1996—2000 年 5 年间，美国联邦政府向农民支付了 616 亿美元的现金补贴，补贴的内容包括“休耕补贴”、“生产补贴”、“储备补贴”⑤⑥。印度政府充分利用 WTO 关于“绿箱政策”和“黄箱政策”⑦微量允许限度内的补贴政策，加大了对农业的支持力度。根据稳定价格补贴计划，印度对尿素（占印度化肥使用总量的 60%）采取政府定价、对生产商和进口商直接予以补贴、对运费进行补贴等办法来保持低价格。巴西对农产品实行最低价保护政策，只要生产者将 60 天前公布的农产品卖给政府，就可以享受最低保护价。巴西政府鼓励出口，为出口产品提供信贷、贴息，建立出口保障基金和提高产品竞争能力基金⑧。

(3) 制定优惠的涉农税制

西方国家的涉农税制中基本没有设立对于农业单独征收的税种，在整个税制体系中，总能通过各种优惠措施来均衡农业与非农业的税收负担，体

① 冯书泉. 国外农村建设的基本经验[J]. 科学社会主义，2006，(1)：13－14.

② 黄立华. 日本新农村建设及其对我国的启示[J]. 长春大学学报，2007，(1)：21.

③ 陈磊、曲文俏. 解读日本的造村运动[J]. 当代亚太，2006，(6)：31.

④ 陈磊、曲文俏. 解读日本的造村运动[J]. 当代亚太，2006，(6)：31.

⑤ 休耕补贴：即政府为了控制农产品供给、使农民既增产又增收而实行“休耕”，由此造成的农户损失由政府给予的补贴。生产补贴：即政府对补贴范围内的农作物按农地面积和常年产量进行补贴。储备补贴：即政府通过提供储存费以及无追索权贷款，鼓励自愿参加储备计划的农场主将部分谷物存储起来，使市场保特一种供需平衡。

⑥ 程又中、胡宗山. 国外农村建设的经验教训[J]. 当代世界与社会主义，2007，(2)：102.

⑦ “绿箱政策”是用来描述在乌拉圭回合农业协议下不需要作出减让承诺的国内支持政策的术语。这些政策包括科研、技术推广、食品安全储备、自然灾害救济、环境保护和结构调整计划，对贸易只产生极小的影响。“黄箱政策”是指农业协议将产生贸易扭曲、需减让承诺的国内支持政策称为“黄箱政策”，要求各成员方用综合支持量来计算其措施的货币价值，并以此为尺度，逐步予以削减。http://www.people.com.cn/GB/paper68/8912/831569.html.

⑧ 温桂荣. 国外财政支农政策的比较与借鉴[J]. 湖南商学院学报，2006，(3)：19.

现政府的支农思想。很多国家对涉农方面的税收优惠是通过农协来完成的。如韩国农协法规定农协法人税率为25%，其他公司为28%；对农业机械实行补贴，由农协半价供应给农户；农产品加工和农用油供应免税；政府扶持农业的资金由农协发放并负责收回，政府补助1%的手续费；农产品经营和加工设施由政府补贴，等等①。日本在涉农税收方面也提供了许多优惠，这些税收优惠主要是通过对农协的支持来间接完成的②。政府对农协一直实行低税率，如所得税，一般股份公司要缴纳62%，而农协只缴纳39%；法人税，一般企业要缴纳35.5%，农协只缴纳27%；各种地方税，一般企业要缴纳50%～60%，农协只缴纳43%，日本政府每年扶持农业的资金约为3万亿日元，占财政收入的6%～7%③。在涉农商品的税制方面，许多国家在商品税制设计中都把农产品作为商品中的一个特殊税目在征收上给予优惠。如德国对商品实行增值税，基本税率11%，对农林产品实行5.5%的低税率。法国增值税的基本税率是17.6%，对一些农产品按7%的税率征收，对某些特定农产品销售给予免税。在所得税方面，法国政府规定，农林业所得指纯收益所得，还要考虑家庭及家庭人口，并在税率上有一定的优惠。加拿大在征收所得税时将农产品视为企业和个人的消费项目，允许有"扣除项目"并且税率低于一般非农业企业④。印度免征农业所得税，对出口农产品免征出口盈利税。但对进口农产品实施高约束关税，将大多数冲击国内市场及产业的外国商品进口关税提高到世贸组织允许的最高水平。巴西农业的各种税收与其他行业相比是最低的，对土地利用率在90%以上，占地在25公顷以下，居住在农村的农场主可免除农业土地税⑤。马来西亚规定，合作社的利润免征所得税，合作社购买不动产免缴印花税⑥。

(4) 提供低息的信贷优惠

政府通过政策性的农业金融机构发放低息或无息贷款，借以鼓励农户增加农业投入。如果这种贷款的利率与国内金融市场的利率之间出现差额而造成利息损失，则由政府补贴给农业金融机构。如韩国在开展"新村运动"时，政府通过农协组织向农民发放了长达30年的低息贷款⑦。日本政府在20世纪90年代每年付出的低息贷款补贴额约为15 000～20 000亿日元。美国政府对低收入农民实行低息贷款，仅1992年就有56 000户农户接受了23亿美元的

① 马衍伟. 推进社会主义新农村建设的税收政策研究[J]. 税务研究，2006，(7)：23.
② 黄立华. 日本新农村建设及其对我国的启示[J]. 长春大学学报，2007，(1)：23.
③ 程又中、胡宗山. 国外农村建设的经验教训[J]. 当代世界与社会主义，2007，(2)：100－101.
④ 陈庆萍. 外国农业财税政策对我国财政支农的启示[J]. 经济问题探索，2004，(11)：124.
⑤ 温桂荣. 国外财政支农政策的比较与借鉴[J]. 湖南商学院学报，2006，(3)：19.
⑥ 马衍伟. 推进社会主义新农村建设的税收政策研究[J]. 税务研究，2006，(7)：22.
⑦ 车将、廖允成. 国外农村建设对我国新农村建设的启示[J]. 安徽农业科学，2007，(7)：49.

低息贷款①。法国在现代化建设的过程中，政府为了进行农村改革和实现农业现代化，对农业经营者提供优惠贷款，20 世纪 70 年代中期，法国政府提供的农业贷款总额高达 900 亿法郎，利率比一般的利率低一半左右②。

各国的发展经验表明，农村的建设离不开政府强有力的支持，特别是财政政策能够发挥其他手段难以替代的作用。但是我国的文化、经济、自然条件等基本国情和国外却有所不同，这些国家成功的经验只是给我国的社会主义新农村建设提供了一定启示和借鉴参考的作用。

1.3.2 国内研究现状

国内关于中国农村建设理论的研究最早始于民国时期，其中最有影响力和最具代表性的是梁漱溟和晏阳初。当时内忧外患，中国农村社会极度衰落凋零，包括梁漱溟和晏阳初在内的一批有识之士试图通过乡村建设重新救治中国社会。梁漱溟对乡村建设的设想主要有两个方面。一是文化建设；二是建立新的社会组织。他指出："救济乡村便是乡村建设的第一层意义，至于创造新文化，那便是乡村建设的真正意义之所在。……所谓乡村建设，就是要从中国旧文化里转变出一个新文化来。"他的乡村建设实践以乡村学校建设为主，通过教育使农村民众自觉。晏阳初对乡村建设的见解和实践与梁溯溟大体相同，突出了教育和文化的功能，他认为中国农民的问题主要是"愚贫弱私"，但是单项的改造并不能解决问题，于是他逐渐摸索出了一套综合的农村改造方案。1962 年他选取了河北定县进行"四大教育"试验，以实现改革乡村、造就"新民"的目的。

新中国成立后，我们党一直非常关注农业和农村问题，从毛泽东提出的"以农业为基础"、邓小平大力推进的农村经济体制改革和江泽民时刻关心的"三农"问题，直至胡锦涛积极倡导的社会主义新农村建设，无不体现着我们党和国家对农村发展的高度重视③。也有学者撰文指出，在新中国成立后制定的"二五"和"三五"计划中都曾将农村建设列为奋斗目标。

80 年代以来，随着家庭联产承包责任制的推行，对农村和农民问题的研究达到了一个新的高潮。其中包括围绕家庭联产承包责任制进行的农村经济研究、围绕乡镇企业和人口流动所引起的社会变革而进行的农村社会研究以及 90 年代开始围绕促民自治而兴起的农村政治体制改革研究④。2005

---

① 程又中、胡宗山．国外农村建设的经验教训[J]．当代世界与社会主义，2007，(2)：102.

② 冯书泉．国外农村建设的基本经验[J]．科学社会主义，2006，(1)：14－15.

③ 李佐军．中国新农村建设报告(2006)[M]．第 1 版．北京：社会科学出版社，2006.70.

④ 姜慧．新疆社会主义新农村建设的财税政策研究[D]．新疆财经大学硕士学位论文，2007.6.

年10月，在中央正式提出建设社会主义新农村之后，全国上下又刮起了一阵关注社会主义新农村研究的旋风，学术界关于新农村建设的研究和讨论达到了一个高峰。短短几年时间，对于在新农村建设中如何发挥财政政策的功能，学术界也涌现出了大量的文章，各个学者都从不同的角度对财政支持新农村建设进行了研究，具体从以下四方面阐述：

（1）财政收入方面

马云峰认为：要改革涉农税制，建立城乡一体化的税收体系。马衍伟认为：可以改城市维护建设税为社会主义新农村建设税，其收入全部纳入地方财政预算，并专款专用于农村公共事业和公共设施的发展。建立有利于农村合作经济组织发展的税收制度。林金崇、陈光平认为：可以对自产自销农产品的农业生产者实行增值税的退税政策。对农村信贷实施积极扶持的税收政策。在税收方面，对农业生态起保护作用、有利于农业可持续发展的要给予鼓励，对有损于生态资源保护的开征环境保护税。李友志认为：通过减少直接针对农民和农业的一些税费，最大限度的减轻农民负担，巩固农村税费改革的成果，解放和发展农村生产力，从而实现“少取”的目标。孙国锋、王洪亮认为要促进县域经济发展，充分利用国家的惠民政策，培植和壮大财源基础，做大做强财政经济“蛋糕”，缓解县乡财政困难。

（2）财政支出方面

马云峰认为：要增加支农资金的绝对量，提高财政支农支出的比重。优化财政支农支出结构，提高支农支出效益。在WTO规则的“绿箱政策”下，最大限度对农业实施补贴政策。邓子基针对取消农业税后县乡政府的正常运转出现困难的情况，提出应增加财政转移支付的力度，控制由于基层政府困难而出现的某些不利因素。同时认为中央财政应按照“存量适度调整、增量重点倾斜”的原则，增加对农业和农村的投入。地方财政也要随着财力的增强，逐步增加支农投入的力度。赵鸣骥认为：要努力增加财政支农资金的投入总量，扩大公共财政覆盖农村的范围，建立和健全财政支农资金的稳定增长机制。认真落实新的财政支农投入渠道，新增的税收主要用于“三农”。积极鼓励和引导社会资金投入到农业。李友志认为：在财政支出上要努力调整结构，通过预算安排建立财政支农资金的稳定增长机制，高度重视不同地区之间的发展差距。应在注重效率的前提下，更加注重公平。要充分利用转移支付制度，实现财政资源的优化配置，将资源向农村倾斜、向困难地区倾斜、向不发达地区倾斜，使农民共享改革发展的成果。朱有志认为：财政应针对农村集体经济的不同形式，注重加大支持力度，中央和地方要安排专门资金，支持对农业合作组织开展信息、技术、培训、质量标准与论证、市场营销等方面的服务，对龙头企业基地，应加强基础设施建设和完善生产设施，对乡办或村办企业，重点是通过税费改革支持促进其发展壮大。夏杰长认为：财政对新农村建设的切入点，应该放在弥补农村公共产品的不足上。张国明认为：在新农村建设中财政应做到支持农业基础设施建设，支持农业科技进步，支持对农民的培训和劳动力转移，促进农业产业化发展，促进农民增产增收，强化财政资金管理，提高资金的使用效率。孙国锋、王洪亮认为中央政府在新农村建设中要起指导作用，中央政府财政支农投入尤为重要。中央财政支农支出的重点应该放在缩小城乡差距、区域差距和建立和谐社会方面。各级政府在财政支农上应尊重农民的意愿选择支出路径。赵铁成、赵丽红认为在新农村建设中要优化财政支出结构，财政应支持农业基础设施建设，提高农业的综合生产能力；支持农村义务教育的发展，在农村强化劳动力技能培训；支持农村公共卫生事业的发展，繁荣农村文化事业，建立和完善农村社会保障制度，让公共财政的阳光普照农村。

(3) 财政管理体制

邓子基认为：在财政管理体制方面，要积极推进支农资金的整合，强化政府对财政支农资金的管理体制；探索创新财政支农的方式，以财政政策为诱导，建立多元化的农村投融资体系。孙宝强认为应该合理划分中央与地方政府在支持“三农”方面的财权与事权，确保资金来源。通过立法确保财政支农的力度，加强资金使用的监管。赵鸣骥认为：要加强财政资金预算的编制工作和决算的执行工作，建立和健全农业财政资金管理的各项规章制度，切实加强财政支农资金的监督和检查。拓宽农民增收渠道，积极促进农民增收。李友志认为：通过财政政策优化资源配置，利用税收、补助等各种财政杠杆，引导社会各种资本投入农村和农业，充分发挥财政政策的“乘数”效应，从而实现“放活”的目标。文小才认为：要切实改变过去财政过多投入生产建设领域的做法，探索建立“政府出资、市场运作”的新型财政资金运作模式，加快将财政资金从一般竞争性领域退出来。整合财政支农资金，集中财力办大事。通过财政资金建立对农业投入的激励机制。对财政支农项目实行公开招标，积极推行财政对农户直接补贴公示制度，改变对教育的补贴方式。刘玉清、李东海认为应该通过大力发展县乡经济、多渠道减少县乡负债等制度创新，化解县乡财政困难，着力培育县乡政府的支农能力，增强县乡政府对农业的资金支持能力。赵铁成、赵丽红认为要继续推进县乡财政体制改革，积极争取国家、省对县乡的专项转移资金，加大对乡镇的转移支付力度，做好“乡财县管乡用”的财政管理体制。

(4) 相关配套措施

孙宝强认为：要把改善公共服务作为改革的目标，努力改善农村公共服务。精简县乡政府机构，改革县乡财政管理模式。加快农村“低保”建设的步伐，确保失地农民的基本生活。邓子基认为：要支持涉农部门推进体制改革，支持村庄建设和村容整治。切实加强农业和农村基础设施建设，改善农民的生产和生活条件，改变农村落后面貌。赵鸣骥认为：着力支持发展农村经济，促进农民持续增收。放活体制环境，积极支持农业部门、林业部门、水管部门等推进体制改革，支持气象事业的发展和新疆生产建设兵团屯垦戍边。杨舟认为：要大力推进农村综合改革。以转变政府职能为重点，深化乡镇机构改革；以落实农村义务教育保障机制为重点，完善农村义务教育改革；以增强保障能力为重点，深化财政体制改革。探索建立农村社会保障制度，逐步使广大农村居民的基本生活和基本医疗得到保障。刘尚希认为：新农村建设的基点是改善农民的就业状态。他认为新农村建设中的许多问题都与农民的就业状态有内在的联系，缩小城乡收入差距、让广大农民共享社会发展的成果，改善我国城乡二元结构等，这些问题的关键环节都在于让农民通过就业带来收入的显著提高。孙国锋、王洪亮认为应加大各级政府职能的转变，大力推进地方政府机构和事业单位的改革。精简财政供养人员，减轻各级政府的财政负担。改革基层领导的产生方式，形成能者上、庸者下的干部选拔机制，使干部不热衷于搞“形象工程”和“面子工程”，带领广大人民群众改变农村面貌。赵铁成、赵丽红认为要进一步巩固农村税费改革的成果，支持推进乡镇机构改革，引导乡镇政府转变政府职能，提高公共服务水平；支持推进农村义务教育体制的改革，增加公共经费投入，支持乡镇中小学布局结构的调整，鼓励城镇教师到农村支教。

所有的这些研究成果无疑对本书的研究具有重要的参考价值。但是，纵观现有的文献，在对新农村建设的财政政策研究中，视野相对狭窄，大都局限在财政支农资金的研究上，例如对支出的总量、结构、规模以及效益都作了一定的研究，但是对支持新农村建设的财政政策没有进行系统、全面的研究，有些研究散见于其他的政策建议中，不够全面。同时，新农村建设是一项基础工程，也是一项复杂的系统工程，除了需要财政政策扶持以外，还需要其他部门、其他行业的合作与协调，对如何构筑支持新农村建设的法律、融资、技术等政策环境的研究，目前也是一大缺失。笔者将在前人研究成果的基础上，做进一步的深入研究和探讨，以在一定程度上弥补这些方面的不足，进而为社会主义新农村建设尽一份绵薄之力。

1.4 研究思路与结构安排

1.4.1 研究思路

本书写作的最终目的是提出能支持新农村建设的财政政策。新农村建设的理论分析以及财政支持新农村建设的理论分析是全书的两大理论基石。国外关于促进农村建设以及农业发展的财政政策为我们拓宽了研究视野。国内财政支持新农村建设的现存问题是研究财政政策优化的依据和基本出发点。针对我国国情，分别从财政收入政策、财政支出政策和财政体制保障三方面提出支持新农村建设的建议，同时为了使政策能很好地实施并最大限度地发挥有效作用，在书的最后提出了支持新农村建设的配套改革措施。本书写作思路图如下（见图 1－2）：

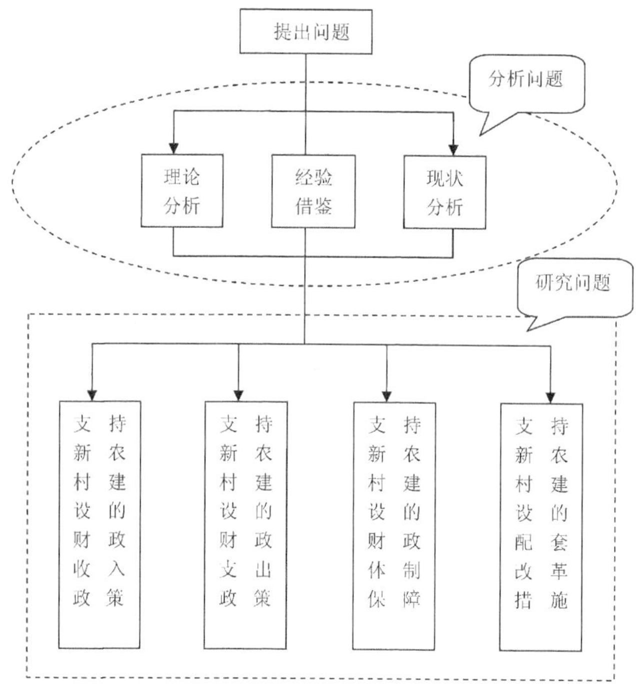

图 1－2　本书写作的基本思路图

1.4.2 结构安排

本书主要研究支持新农村建设的财政政策。首先对新农村建设进行理论分析,对新农村建设提出的背景、重要意义、内涵进行阐述;其次从理论与实践两个方面指出财政支持新农村建设的重要性与必要性;然后针对现阶段财政支持新农村建设存在的问题,借鉴国外农村建设的成功经验,提出我国社会主义新农村建设的财政政策优化建议。由于新农村建设是一项系统工程,除了财政政策的支持以外,还需要其他部门、其他行业的支持与配合,因此本书在最后还提出了支持新农村建设的配套改革措施。

全书共分为八章,结构安排框架如下(见图 1-3):

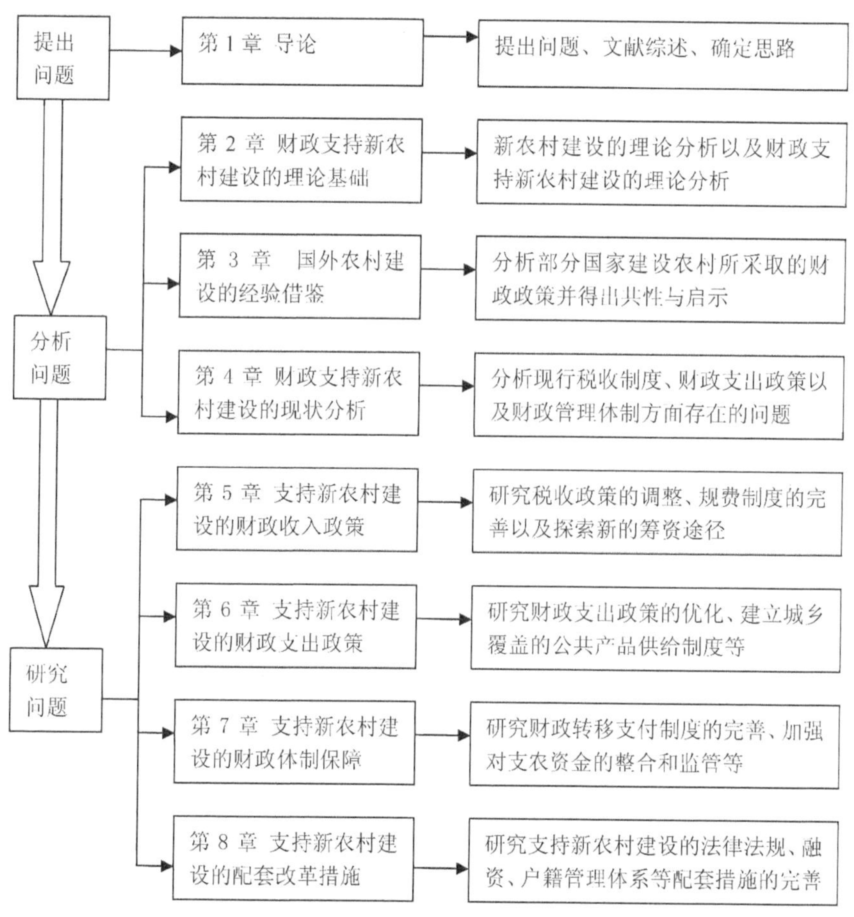

图 1-3 本书结构安排框架图

1.5 主要研究方法与创新点

1.5.1 主要研究方法

(1) 理论研究与实证分析相结合

实证分析是解决“是什么”的问题。实证分析大都是与事实相关的分析,是对一个事情如何运用的描述,是对理论假设和政策效果的检验。在分析财政政策支持新农村建设的必要性中,从理论依据与实践依据两方面着手,分析了财政手段支持的可行性与必然性。在对财政支持新农村建设取得成果以及现状的分析中,采用实证分析,引用了很多实践中的数据,并通过图表、图形等分析工具增强问题的说服力。

(2) 比较分析法

比较方法有多种,包括历史比较、国际比较、因素比较等。本书在分析问题的过程中主要运用了国际比较的方法。横向比较了各个国家在农村建设中所采取的财政政策,并从中提炼出各国在农村建设方面的共同经验,对我国的社会主义新农村建设起到了很好的借鉴与启示作用。

(3) 系统分析法

系统分析方法即从系统的观点出发,始终着重从整体与部分之间、整体与外部环境之间的相互联系、相互作用、相互制约的关系中,综合地、精确地考察被研究对象的方法。财政政策只是支持新农村建设众多手段中的一种,新农村建设的伟大工程需要各行各业的共同协助与支持。本书始终将新农村建设放在经济发展的大系统中,在研究财政政策的同时,也注重对其他相关行业和部门的配套改革措施的研究。

1.5.2 创新点与不足

本书在前人研究成果的基础上,对支持新农村建设的财政政策作了进一步深入研究,力求在形式和内容上有突破,具体表现在以下几个方面:

第一,运用经济学原理,研究新农村建设条件下的税收效应和财政支出效应。关于支持新农村建设的财政效应,这是目前国内外较少有人涉足研究的问题。本书研究了税收政策的构成以及税收政策的效应,分别分析了税收对生产和消费的替代效应和收入效应。其次分析了财政支出政策的经济学含义,分别指出了财政支出政策中的购买性支出和转移性支出对资源配置和收入分配的影响。这些分析都为下一步研究如何优化现行财政政策从而促进新农村建设奠定了基础。

第二,书中用一定篇幅研究了农民工问题。以往研究"三农"问题的文献很少提及农民工问题,或将其作为农民问题中的一个方面一带而过。农民工问题是农村剩余劳动力转移过程中出现的新事物,能否顺利吸纳农民工、妥善安置农民工是改变城乡二元经济结构、顺利进行新农村建设的关键。本书严格界定了农民工的范围,分析了农民工当前面临的主要问题,针对目前缺乏对农民工权益保障的现状,从财政角度提出了保障农民工利益的财政支出政策。这实质是将以前的"三农"研究,拓展到了"四农"研究,在农民工问题引起社会广泛关注的今天,从财政角度研究如何保障农民工的利益有很重要的现实意义。

第三,立足于中国国情,从财政收入政策、财政支出政策和财政管理体制三方面提出了财政支持新农村建设的合理化建议,是一部比较完整地从财政的角度研究新农村建设的专著,这在以往的研究中是少有的。以往的研究大多是从财政支农的角度展开,侧重于研究财政支出政策在支持"三农"的发展中所应发挥的作用。本书从整个财政的角度完整地提出了财政支持新农村建设的具体建议,包括财政收入政策、财政支出政策和财政体制保障。

第四,注重各个政策工具之间的相互配合与协调。本书研究的基点始终将新农村建设作为一个大的系统工程,被放置于一个大的系统环境中。单靠财政政策不可能解决这个系统工程中的所有问题。本书在重点研究支持新农村建设的财政政策的基础上,也兼顾了其他领域相关配套措施的研究,包括法律法规体系、金融融资体系、户籍管理体系以及农业合作组织等。

"建设社会主义新农村"问题的提出,使"三农"问题的研究领域上升到了一个更高的层面,也为农村领域的研究开辟了全新的视野。但是由于新农村建设提出的时间不长,建设的实践也刚刚开始。因此,从财政的角度系统地研究新农村建设的文献资料也并不是太多,而且大部分研究都是基于理论上的探讨,对实证研究成果涉及的较少,许多问题尚在探索实践之中。因此本书在撰写过程中也不可避免地存在许多不足之处:一是中国农村的状况千差万别,各地具体情况也不相同,研究过程中只能选取有关农村建设中具有共性和代表性的问题进行探讨和研究,并提出相应的建议,因此书中所提出的财政政策不是一把能够解决新农村建设所有问题的万能钥匙,它只适用于绝大多数地区的农村建设,有些政策建议的现实操作性还有待于检验。二是本书提出了促进新农村建设的财政支出政策,认为财政资金在农村的资金投入中应发挥主体作用,但对如何建立财政资金对其他社会资金的引导机制问题研究不足。如何最大限度地筹集到更多的资金投入到新农村建设领域是财政发挥作用的重要体现，但是资金是有趋利性的，它不会自发地、自觉地朝着既定的方向流去，需要一定的机制和力量引导资金的加入和流向。鉴于目前搜索这方面资料的难度较大，书中对这方面的研究也有欠缺。由此可见，关于财政支持新农村建设的领域还有极大的研究空间，笔者将会在未来的学习和工作中不断地思考和探索下去。

2 财政支持新农村建设的理论基础

2.1 新农村建设理论

2.1.1 新农村建设问题的提出

20世纪80年代初，我国提出“小康社会”概念，其中建设社会主义新农村就是小康社会的重要内容之一。理论界正式提出“新农村建设”的是经济学家林毅夫，他最早从经济学的角度对“新农村建设”进行了解读。自1999年以来，林毅夫在《农业经济问题》、《经济参考报》等刊物发表了一系列文章，建议政府以积极财政政策的资金建设农村的基础设施，并在全国范围内进行一场以实现农村自来水化、电气化、道路网化为核心的“新农村建设”，从而刺激我国的投资需求和消费需求，促进经济快速稳定增长，提高农民收入，缩小城乡差距，达到多重效果。

国家发展改革委员会宏观经济研究院副院长马晓河认为，“建设社会主义新农村”这一思路的形成，发轫于中共十六大。在党的十六大上，中央提出解决“三农”问题必须统筹城乡经济社会发展。党的十六届三中全会将统筹城乡发展放在了“五个统筹”之首。一年后，胡锦涛在党的十六届四中全会上提出了著名的“两个趋向”论断，他指出，纵观一些工业化国家发展的历程，在工业化初始阶段，农业支持工业、为工业提供积累是带有普遍性的趋向；但在工业化达到相当程度以后，工业反哺农业、城市支持农村，实现工业与农业、城市与农村协调发展，也是带有普遍性的趋向。党的十六届五中全会通过了《中共中央关于制定国民经济和社会发展第十一个五年规划的建议》，正式提出了要“建设社会主义新农村”，这是在新的历史背景中，在全新理念指导下的一次农村综合变革的新起点。

(1) 提出的背景

A. 农业发展不能满足国家现代化建设的需求

改革开放30多年来,在工业迅猛发展的同时,中国农业的发展也取得了举世瞩目的成就,能够基本实现供求平衡、丰年有余。但是农业发展的基础并不牢固,现代化水平也不高,主要表现在以下几个方面:一是农业的劳动生产率还很低。据测算,目前中国农业的劳动生产率仅相当于发达国家的1%左右,相当于国内第二产业劳动生产率的1/8和第三产业的1/4左右①。二是农业科技创新不强,生产技术含量较低。农业的增长方式没有根本的变化,分散经营、自给自足的小农经济状况依然存在,没有形成农业集约经营的长效带动机制。农业的科技创新能力不强,生产的增值率低,科技投入量不足。农业科研和其他的基础科研一样,前期投入量大,风险高,很多组织和单位无力也无心从事农业的创新研究。目前,缺乏对农业进行科技创新的制约机制和激励机制,没有建立起对农业进行科研创新的带动机制。2007年,我国农业科技进步对于农业增长的贡献率是48%,而发达国家一般在85%左右②,差距非常大。三是农业的人力资源严重缺乏。缺乏懂技术、会指导的科技人才,缺乏有文化、会经营的新型农民。由于一些农村基础条件较差,待遇不高,对人才的重视程度不够,一方面,一些技术人员不断地外流;另一方面,外面的一些懂技术的人员又不愿意深入农村进行指导和培训。所有这些都表明,我国的农业生产还没有走上现代农业的轨道,不能适应国家现代化建设的发展,因此,我们应该大力加快农业发展,实现农业的科技化、创新化、现代化,以适应现代化建设的大潮。

B. 城乡居民在收入和消费方面的差距不断加大

在收入方面,改革开放30多年,中国农民的收入有了较快的增长,生活水平也有很大的提高。1978年,全国农民人均纯收入为134元,而2008年这一数字上升到4761元,扣除物价上涨因素的影响,年均实际增长12.6%。但是城乡居民在收入方面的差距很大,2012年城乡居民人均收入比例高达3.30∶1,而在改革开放之初,这一比例是2.57∶1。2007年,扣除物价的因素,农民人均纯收入比上年实际增长了9.5%,创1990年以来最快的增长速度。不过,当年城镇居民人均可支配收入比上年增长了12.2%。2008年,扣除物价的因素,农民人均纯收入比上年实际增长了8.0%,城镇居民人均可支配收入比上年增长了8.4%③。由于新农村建设的成效,尽管相比较去年,

① 李佐军.中国新农村建设报告(2006)[M].第1版.北京:社会科学出版社,2006.28.

② 我国农业科技进步贡献率达48% 机械化水平达38%[EB/OL].http://www.gov.cn/jrzg/2007-10/22/content_781396.htm.2007-10-22.

③ 根据国家统计局统计公告相关数据整理 http://www.stats.gov.cn/tjgb/.

城乡居民人均收入增长幅度的差距在缩小,但是城乡之间居民收入差距的绝对值还是呈现扩大的趋势。图 2-1 是城镇居民和农村居民人均收入变动的趋势图,我们可以看到,尽管农村居民人均纯收入的绝对数量在不断地增加,但是相比城镇居民的人均收入还是相差甚远,城乡居民的收入差距在不断地扩大,在 1990 年以后差距尤为明显。

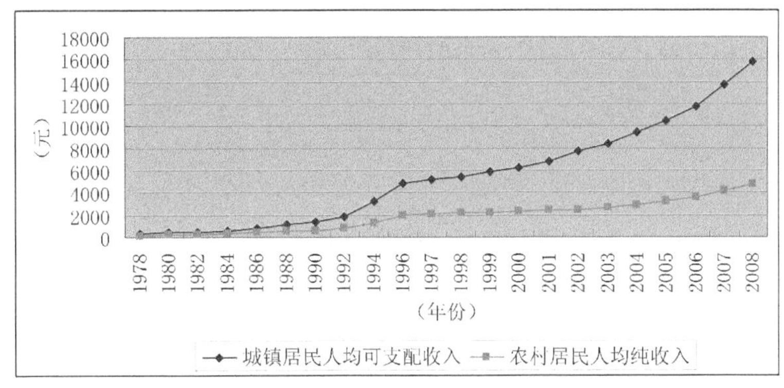

图 2-1 城镇居民和农村居民人均收入变动趋势图

资料来源:根据国家统计局统计公告相关数据整理绘制而成 http://www.stats.gov.cn/tjgb/

收入水平决定消费水平,农村居民的消费水平一直大幅度地低于城市居民。据有关专家测算,当前我国农村消费水平仅相当于城市 20 世纪 90 年代初期的水平,农村与城市之间的经济差距至少有 10～15 年,农村社会事业发展水平仅相当于改革开放初期城市的水平,农村与城市的差距在 20～25 年①。图 2-2 是部分年份我国城乡居民人均生活消费水平对比图,从图中我们可以看出随着城乡居民收入水平差距的不断加大,城乡居民消费水平的差距幅度也呈现不断上升之趋势。

恩格尔系数可以用来综合衡量城乡居民消费和生活水平之间的差距。恩格尔系数是指在一个家庭中,食品消费支出占家庭消费总支出的比重。19 世纪德国经济学家恩格尔(E.Engel)提出了一个描述消费变化的著名定律——恩格尔定律。这个定律的要点是:家庭平均收入越少,家庭用在购买食品上的消费在总的家庭消费中的比例越大;随着收入水平的上升,家庭用于食品的开支所占的比例将下降。因此,可以得出结论:恩格尔系数高的家庭,其收入水平和生活水平都远远低于恩格尔系数低的家庭。图 2-3 是 1998 年以来城乡居民家庭消费的恩格尔系数对比图,从图中可以看出,农村

① 刘正华.社会主义新农村建设研究观点综述[J].科技创业月刊,2007,(7):162.

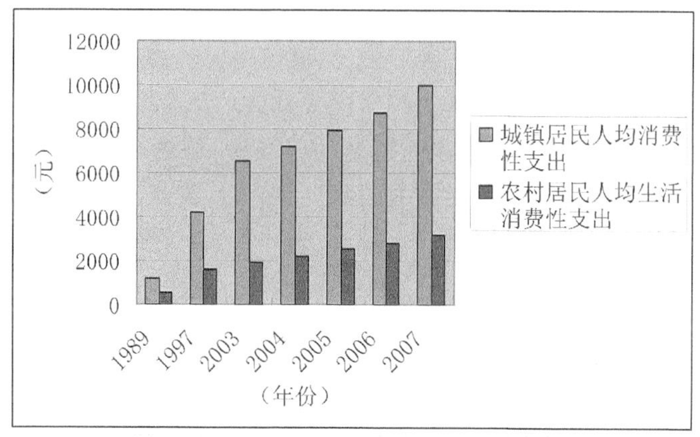

图 2-2　我国城乡居民人均生活消费水平对比图

资料来源：据中国社会科学院农村发展研究所、国家统计局农村社会经济调查司. 中国农村经济形势分析与预测(2006—2007)[M]. 第 1 版. 北京：社会科学文献出版社，2007. 第 65 页绘制而成；其中 2007 年数据为网络数据：人民生活在哪些方面得到了改善[EB/OL]. http://www.gov.cn/2008gzbg/content_923981.htm，2008-03-19.

居民消费的恩格尔系数远远高于城镇居民消费的恩格尔系数，也就是说，农村居民的收入水平和生活水平要远远低于城镇居民，城乡居民的消费和生活水平还是有很大差距的。2008 年，农村居民家庭的恩格尔系数为 43.7%，比 1998 年下降了 10 个百分点，但是还是高于 1999 年城镇居民家庭的恩格尔系数(41.9%)。

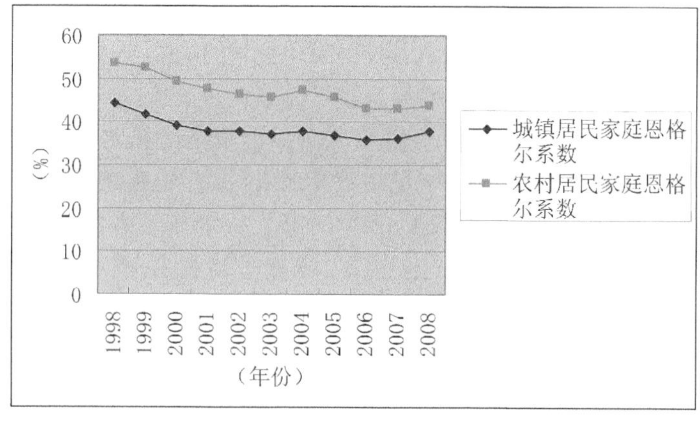

图 2-3　我国城乡居民家庭消费的恩格尔系数对比图

资料来源：根据国家统计局统计公告相关数据整理绘制而成 http://www.stats.gov.cn/tjgb/.

C. 城乡居民在享受公共产品方面的不均等

有人曾用“城市像欧洲，农村像非洲”来形容中国的城乡差距。长期以来，公共产品的供给一直偏向城市，公共财政在农村的有效需求方面投入不足，这也是造成城乡差距的一个重要因素。城乡居民在享受公共产品方面的不均等主要表现在以下几个方面：一是教育服务方面。城乡教育差距的比较是相当惊人的。全国现有 800 万文盲，90%在农村①。全国还有 372 个县尚未“普九”②，大部分集中在西部地区，一些已经“普九”的农村地区中小学办学条件亟待改善。在城市有花费几亿元建设的贵族小学，而在一些边远农村还有很多“危险校舍”亟待修整。二是卫生服务方面。世界卫生组织将中国的卫生筹资公平性排在了 191 个成员国的第 188 位③。据有关数据显示，占全国人口 64%的农村人口只享有全国医疗卫生资源的 15%左右。农村缺医少药的现象十分普遍，医疗条件较差，乡镇卫生院大多设备陈旧，服务保障能力低。农村医疗收费相对较高，农民轻易不敢上医院，将近 70%的农村人口处于“小病挺，大病躺”的状态，从而引发农民“因贫致病、因病致贫和因病返贫”的情况越来越严重④。三是基础设施建设方面。目前，我们国家的国民经济社会发展规划基本上没有将乡镇、村的建设纳入其中，对农村建设和发展的投入较少，农村的生产和生活条件仍然比较落后。农村的道路、水电、厕所等基础设施普遍较差。据统计，目前我国还有近 100 个乡镇、近 4 万个建制村不通公路，近 1 万个乡镇、30 多万个建制村不通沥青路或水泥路，农村公路中沙石路占 70%，缺桥少路的问题比较普遍⑤。

D. 扩大内需的重点在农村

诺贝尔经济学奖得主、哥伦比亚大学教授约瑟夫·斯蒂格利茨于 2006 年 3 月在北京演讲时说：“我们越来越认识到，中国将更多地依赖内需的增长，而不是出口来维持经济增长”。扩大国内需求是我国经济发展的长期战略方针和基本立足点。众所周知，投资、消费和外贸是拉动经济的三大动力。2007 年全社会的固定资产投资规模达到 13.72 万亿元，全年货物进出口总额 2.17 万亿美元，这在所有的大国中都位居前列。但是全社会消费品的零售总额为 8.92 万亿元，内需不旺，其中县及县以下消费品零售额2.88万

① 张富良、洪向华. 建立社会主义新农村学习读本[M]. 第 1 版. 北京：中共中央党校出版社，2006. 40.

② 李国庆、王春芳. 浅析财政对社会主义新农村建设的支持[J]. 湖北社会科学，2008，(5)：103.

③ 21 世纪经济报道. 应该公平配置公共卫生资源[EB/OL]. http://opinion.news.hexun.com/1782_1007392A.shtml，2005 - 01 - 20.

④ 刘琦. 新农村建设背景下农村公共财政改革的路径选择[J]. 特区经济，2008，(9)：139.

⑤ 李佐军. 中国新农村建设报告(2006)[M]. 第 1 版. 北京：社会科学出版社，2006. 31.

亿元，只占全社会零售总额的32.3%，不到总量的1/3①。因此要实现中国经济的快速增长，一定要扩大国内需求。而扩大国内需求，目光应该对准县及县以下的需求。林毅夫教授把拥有8亿人口的农村看作是目前亟待释放的最大一块消费市场，他认为我国最大的存量需求在农村，而这部分需求并没有得到很好地满足，基础设施缺乏，公共产品供给不足，这些都是限制农村消费的主要因素。同时由于大多数农民收入增长缓慢，购买力不足，消费水平不高，农村市场没有得到有效的启动，客观上影响了扩大内需方针的落实。要真正启动农村市场，就要加强农村基础设施建设、扩大农村公共产品的供给范围、提高农民收入水平、增强农民的购买力，将亿万农民巨大的消费需求转变成现实的商品需求，这对于扩大内需的意义是非常大的。

E. 国外很多国家在工业化和城市化进程中都有农村建设的过程

国际经验表明，工农城乡之间的协调发展，是现代化建设成功的重要前提。建设新型农村也是世界上所有国家必须实施的重要战略之一。法国、德国、西班牙、意大利等欧洲国家当年在工业化、城市化发展到一定阶段的时候，都以国家财政所带动的投资为主进行农村的基础设施改造和农村社会制度建设，从而保持农村风光秀美的原貌。日本、韩国也同样都是针对工业化、城市化过程中农村出现的问题，以国家投资为主导、以国家财政用于公共设施投入的增加为主要手段带动农村的建设。这些国家的农村改革和建设取得了巨大成就，它们较好地处理了工农城乡关系，实现工农城乡的协调发展，经济社会得到迅速地腾飞，较快地迈进了现代化国家的行列。也有一些国家没有处理好工农城乡关系，虽然工业得到了较快发展，但是农村长期落后，农业无法为工业发展提供必备的基础，最后导致整个国家工业化发展进程减慢，经济停滞甚至倒退，现代化进程严重受阻。我们要深刻吸取国外正反两方面的经验教训，把农村的发展建设纳入整个现代化的进程之中，使社会主义新农村建设与工业化、城镇化同步推进，让所有的农民与城市居民一样能享受到现代化建设的成果，使农村与城市共同繁荣，走中国特色的工农业协调发展的道路。

(2) 提出的条件

A. 经济条件——我国经济已经具备了“以工促农、以城带乡”的实力

新中国成立之初，我国选择了一条优先发展重工业的赶超之路。当时国家百废待兴，一穷二白，而工业发展又需要大量的资金，我国长期实行的政策就是通过“剪刀差”等方式以农业支持工业，“农业的剩余”通过一系列

---

① 国家统计局统计公告 http://www.stats.gov.cn/tjgb/.

政策安排转化为实现工业化的资本积累。可见，在推进工业化和城镇化的过程中，农业是国家建设资金的重要来源和渠道，为工业发展作出了重大贡献。有了这样强大的资金支撑，我国经济发展的速度已成为世界关注的焦点，尤其是经过了"十五"时期的发展，我国的经济已经具备了一定的实力去实行"以工促农，以城带乡"的方针和政策。从国际上看，我国的经济总量在全球的排位超越了法国和英国，微幅领先德国，排名世界第三①。可以这样说，我国已经具备了全面支持农村各项事业发展的能力，推进社会主义新农村建设的时机已经成熟，只要我们全面地坚持贯彻科学发展观，保持国民经济的稳定增长，就一定能把新农村建设好。

B. 农村自身条件——中国的"三农"已经进入了新的发展阶段

一是粮食产量不断提高。改革开放以来，我国粮食的综合生产能力不断提高，基本满足了经济发展和人民生活水平不断提高的需要，2008 年粮食种植面积 10 670 万公顷，比上年增加 106 万公顷，全年粮食产量 52 850 万吨，比上年增加 2 690 万吨，增产 5.4%，实现自 1985 年以来首次连续 5 年增产②。二是基础设施已大为改善。近几年来，随着中央和地方政府不断加大对农村基础设施建设的投入，一些农村地区和周边地区的道路、水利、电力、通信等基础设施建设得到加强，2003—2007 年的五年间，中央财政用于农村基础设施建设近 3 000 亿元，新增节水灌溉面积 666.7 万公顷、新增沼气用户 1 650 万户、新建改建农村公路 130 万公里，解决了 9 748 万农村人口的饮水困难和饮水安全问题③，农民的生产和生活条件得到了继续改善。三是公共产品已逐步覆盖农村。以义务教育为例，2007 年全国财政安排农村义务教育经费 1 840 亿元，全部免除了西部地区和部分中部地区农村义务教育阶段 5 200 万名学生的学杂费，为 3 730 万名贫困家庭学生免费提供教科书，对 780 万名寄宿学生补助了生活费。2008 年全国财政安排农村义务教育经费 2 235 亿元，在全国农村全部免除义务教育阶段的学杂费，使农村 1.5 亿中小学生家庭普遍减轻经济负担，继续对农村贫困家庭学生免费提供教科书并补助寄宿生活费。2009 年中央投入 120 亿元提高 1 200 万中小学教师待遇，对义务教育阶段教师实行绩效工资制度。四是已经开始采取各项措施缓解城乡差距。2006 年在全国范围内取消了农业税和农业特产税，终结了延续 2 600多年农民种田交税的历史。同时增加对种粮农民的补贴，增加对财政

---

① 2008 年世界各国国内生产总值排行(中情局版)[EB/OL]. 2009 - 01 - 29. http://pic.tiexue.net/post_174_3333851.html.

2012 年中国 GDP 超过日本，成为世界第二大经济体。——编者

② 国家统计局统计公告 http://www.stats.gov.cn/tjgb/.

③ 温家宝总理在十届全国人大五次会议上的政府工作报告[N]. 人民日报，2007 - 03 - 06(4).

困难县乡和产粮大县的转移支付。2008年中央财政用于粮食直补、农资综合补贴、良种补贴、农机具购置补贴资金达1030亿元，比上年增长一倍①。由此可见，中国的“三农”已经进入到了一个新的发展阶段，正朝着新农村建设的宏伟目标稳步迈进。

C. 社会条件——“三农”问题已成为了全党工作的重心并在全社会形成广泛共识

重视农业、农村、农民问题，是我们党一贯的战略思想。新中国成立以来特别是改革开放以来，我们党对如何解决好“三农”问题进行了不懈探索，制定了一系列更直接、更有力的支持“三农”的重大措施，在执行过程中也取得了丰富的实践经验和理论成果。自十六届五中全会提出“建设社会主义新农村”以来，我们党又连续出台了一系列文件，针对“如何进行新农村建设”、“怎样进行新农村建设”提出了若干建议和意见，把“三农”工作摆在了全党工作的重大战略高度。党的十七届三中全会专题研究了农村改革和发展的问题，并通过了《中共中央关于推进农村改革发展若干重大问题的决定》，指明了新时期农村建设和发展的方向。2009年的中央1号提出了促进农业稳定发展和农民持续增收的若干意见，这是中央1号文件自2004年以来，第六次锁定“三农”问题。由此可见，“三农”问题已经成为了中国经济工作的重心，也是全党工作的重心。

2.1.2 新农村建设的理论依据

(1) 经济学中关于农村建设的主要理论

A. 重农学派的理论

重农学派处在法国18世纪50年代到70年代，法国的工商业在18世纪中叶已经得到相当发展，但封建生产关系仍占据统治地位，重商主义仍支配着法国的经济政策。重农学派企图从农业中寻找出路，解决法国的经济困难，重农学派就是在这样的政治经济与思想文化的背景下产生的。弗朗斯瓦·魁奈是重农学派的创始人，以魁奈(F.Quesnay)、杜尔阁(A.R.J.Turgot)等为代表的重农学派(Physiocrates)认为，农业是社会财富的唯一源泉，社会财富是从土地上生产出来的产品，只有农业生产才会让使用价值增加，而其他部门只是把各种使用价值结合为一种新的使用价值，没有使物质本身增加，所以没有创造财富。魁奈还认为，增加社会财富的道路是发展资本主义大农业，而不是一般农业。农业经营规模越大，提供的纯产品就越多，生产

① 温家宝总理政府工作报告[EB/OL]. http://finance.21cn.com/jjbd/2009/03/05/5953564.shtml,2009-3-5.

出来的财富就越多。小规模农业与大规模农业相比,谈不上提供财富。为发展大规模农业,魁奈极力宣传必须吸引更多的资本到农业中来。重农学派的很多观点比较片面,而且带有浓厚的封建色彩,但是这些观点却从一定程度上揭示了农业在整个国民经济中的重要地位和作用。

B. 亚当·斯密关于农业的阐述

亚当·斯密在《国民财富的性质与原因的研究》(1776)一书中认为,等量的资本,投在农业上比投在工业上所增加的国内居民的实际财富和收入价值要大得多,因此按照事物的自然规律,进步社会的资本首先是大部分投资在农业上,让农业获取的资本量达到充足有余的状态,其次是工业,最后才是国外贸易,这就是著名的斯密顺序。

C. 刘易斯等经济学家的二元经济理论

英国经济学家、诺贝尔奖获得者阿瑟·刘易斯(W.A.Lewis 1954 年)在《劳动力无限供给条件下的经济发展》一文及其以后的几篇论文中系统地描述了"二元经济结构"问题。刘易斯认为发展中国家普遍具有经济的二元结构,即整个社会分为两大经济部门:传统农业部门和现代工业部门。在前一个部门中,劳动力边际生产率为零,劳动力仅得到足以糊口的工资;在后一个部门中,工资率等于劳动力的边际生产率。刘易斯认为,生产要素从劳动生产率低的传统部门向劳动生产率高的现代部门聚集,是经济增长的重要推动力。既然传统部门的边际生产力约为零值,存在着劳动力过剩,那么从该部门抽出劳动力将不会减少其产出,资本家把利润转化为资本的行为又进一步增加了现代工业部门从传统农业部门吸收劳动力的能力,最终结果是农业部门的剩余劳动力全部被工业部门吸尽,农业部门的工资水平将提高,工业部门的工资水平也将提高,工农业得到均衡发展。具体在农业和农村发展的问题上,刘易斯认为,发展中国家的农业和农村发展必须通过农业剩余劳动力的转移来实现,只有将农业中富余的劳动力转移到现代工业部门,才能一方面促进工业发展,另一方面促进农业和农村的发展①。"二元经济结构"问题是发展中国家普遍具有的,也是导致我国城乡差距不断扩大的根源所在,是我们发展"三农"和进行新农村建设的根本原因。但是刘易斯理论的最大缺陷在于对农业发展的重视不足,他只强调现代工业部门的扩张,没有充分考虑到农业部门的发展在劳动力转移中的作用。后来,美籍华人费汉景(J.Fei)和美国的发展经济学家拉尼斯(G.Ranis)对刘易斯的二元经济理论作了重要的补充和修正,形成了刘易斯—费汉景—拉尼斯模型,该模型提出了部门间平衡发展的思想,主张在工业化过程中必须保持农业生

① 李佐军. 中国新农村建设报告(2006)[M]. 第 1 版. 北京:社会科学出版社,2006. 70.

产率的同时提高，以此来增加农业剩余和释放农业劳动力[①]。美国的经济学家乔根森(Dale W. Jorgenson)依据新古典主义(Classicalism)的分析方法创立了乔根森二元结构理论。他探讨了工业部门增长是如何依赖农业部门发展的。他认为，农村剩余劳动力转移的前提条件是农业剩余。农业剩余的增长速度和工业部门的技术进步状况决定了农业劳动力向工业部门转移的速度，农业剩余的规模决定了工业部门的发展和农村剩余劳动力转移的规模[②]。印度经济学家迪克西特在此基础上主张通过推进农业技术进步和农业资本积累来提高边际劳动生产率和增加农村就业水平[③]。

D. 舒尔茨的传统农业改造理论

西奥多·舒尔茨 (Theodore W. Schultz)是美国的经济学家，1979 年诺贝尔经济学奖获得者。舒尔茨在他的《改造传统农业》一书中提到每个国家都有农业部门，在发展中国家农业甚至是最大的部门，现代化农业完全可以成为经济增长的源泉。舒尔茨把"完全以农民世代使用的各种生产要素为基础的农业"称之为传统农业，他认为，传统农业无法成为经济增长源泉的根源在于传统农业中对原有生产要素增加投资的收益率底，因而对储蓄和投资缺乏足够的经济刺激。因此改造传统农业的关键是要引进新的现代农业的生产要素，提高农民增加新投资的收益率。同时指出，农民获得了新要素的信息后，很重要的一点就是学会如何使用新要素。舒尔茨提出了要对农民进行人力资本投资。舒尔茨首次从经济学的角度考虑农业发展的问题，把发展农业看成了经济增长的源泉之一，改变长期以来在经济学界乃至一些发展中国家忽视农业发展的错误倾向，对我国及其他发展中国家制定经济发展战略有很好的借鉴作用。舒尔茨在发展农业的阐述中引入了人力资本投资，这不仅对农业长期发展起到了至关重要的作用，也为农业长期发展提供了有效途径。

E. 托达罗的农村发展理论

托达罗(M.O.Todaro)在考察发展中国家普遍存在的农村人口大规模向城市迁移以及城市的高失业率并存的现象时指出，单纯依靠工业的扩张不能解决当今发展中国家严重失业的问题，应当注重农业和农村自身的发展，鼓励农村综合开发，增加农村就业机会，缓解城市人口的就业压力[④]，农业和

---

① 李峰峰、周意. 城市化二元结构分析框架文献评述[J]. 城市化研究，2005，(7)：29.

② 杜焕来、朱华. 国外有关农村劳动力就业的理论对我国社会主义新农村建设的启示[EB/OLJ]. http://www.cqvip.com/QK/95552X/2007006/24149926.html，2007-06-20.

③ 寻广新. 统筹城乡视域中的社会主义新农村建设研究[D]. 中共中央党校博士学位论文，2007. 67.

④ 周天勇. 托达罗模型的缺陷及其相反的政策含义[J]. 经济研究，2001，(3)：76.

农村必须协调发展，工业化才能顺利推进。托达罗理论建议政府应改变重视工业和城市、轻视农业和农村的发展战略，把更多的资金用于改善农业的生产条件和农村的生活环境，提高农村居民的实际收入水平。只有这样，才能减少农村人口大规模流向城市的压力，缓解城市的就业压力①。

在经济发展的不同阶段，经济学家们都基于不同角度从理论上提出农业与农村的发展对一国经济发展的重大作用。在城市化和工业化建设的过程中，我们同样也要重视农村的建设和发展，使之更好地为经济建设提供基础动力。尤其是很多的经济学家提出要通过农业技术进步和农业资本积累来发展农业，并在农业发展过程中引入人力资本，增加资金投入改善农业生产条件和农村生活环境等等，这些观点在现在看来仍然具有积极的意义，在我国的新农村建设中依然适用。

(2) 马列主义以及 1949 年以来我们党关于农村问题的主要思想

A. 马克思、列宁、斯大林关于农村问题的主要思想

马克思和恩格斯对农业、农村和农民问题十分重视，他们从农业发展的一般规律出发，强调农业在国民经济发展中的基础地位和作用。列宁认为无产阶级必须同农民结成同盟，革命才能取得成功。他所制定的新经济政策包括进一步发展农业生产力，恢复和发展农民个体经济，恢复农村商品交换，组织自愿结合的合作社。斯大林提出了农业集体化理论。他指出实现农业集体化是改造小农经济的唯一正确道路。斯大林认为农村问题的出路就是提高个体农民经济的生产率，把小经济联合为一切形式的大经济，巩固并发展国营农场，农业的集体化不仅将直接解决粮食收购危机，为工业化积累足够的资金，而且将使苏联农业“一日千里的推进”。

B. 以毛泽东为核心的党中央关于“三农”问题的主要思想

毛泽东同志历来十分重视和发展农业生产，他强调农业是国民经济的基础。1957 年 1 月他在《在省市自治区党委书记会议上的讲话》中指出，“全党一定要高度重视农业。农业关系国计民生极大”。毛泽东主张推进农业现代化，指出“农业的根本出路在于机械化”。他在重视发展农业科技的同时，还很注重通过教育来提高广大农民的素质，他要求在全国广大农村，凡是有条件的地方都应建立农业技术学校，把农民学习技术同消灭文盲结合起来。除了重视对农民的培训外，毛泽东还非常注重对农民积极性的调动，主张要千方百计地增加农民收入，实现共同富裕。他在《必须给人民看得见的物质福利》一文中指出：“一切空话都是无用的，必须给人民看得见的物质福利。”在处理城乡问题上，他又指出：“城乡必须兼顾，必须使城市工作和乡

① 李佐军. 中国新农村建设报告(2006)[M]. 第 1 版. 北京：社会科学出版社，2006. 70.

村工作，使工人和农民，使工业和农业，紧密地联系起来。决不可以丢掉乡村，仅顾城市，如果这样想，那是错误的。”

C. 以邓小平为核心的党中央关于“三农”问题的主要思想

邓小平认为，中国的问题首先是把占全国人口百分之八十的农民安置好。中国是不是真正稳定，首先要看占人口百分之八十的农村地区是否稳定。他反复强调农业是根本、是战略重点，要把解决好农业、农村、农民问题放在各项工作的首位。1982 年邓小平在同国家计委负责同志的谈话中指出，“农业的发展一靠政策，二靠科学”。他认为国家农业政策的落实对调动广大农民的生产积极性，推动农业、农村的发展能起到重要作用；科学技术是第一生产力，用先进的科学技术武装劳动者，是实现农业现代化、繁荣农村经济的重要保证。因地制宜地发展多种经营是邓小平思想的重要内容。中国农村的发展不仅是农、林、牧、副、渔，还要搞工业。只有这样，才能增加收入，才能适应农业机械化的需要。农村改革中，我们完全没有预料到的最大收获，就是乡镇企业发展起来了，多种行业及商品经济、各种小型企业异军突起。乡镇企业的发展，主要是工业，还包括其他行业，解决了占农村剩余劳动力百分之五十的人的出路问题。农民不是往城市跑，而是建设大批小型新型乡镇。邓小平思想的一个显著特点就是突出农村改革，他主张通过改革调动农民的积极性，“农村改革，我们搞联产责任制，允许农民有更多的经营管理权，使农民有积极性搞多种经营，这个决定下去，百分之八十的农民积极性大大提高，见效非常快。”改革开放以来农村取得巨大变化，其中农村改革发挥了重要作用。

D. 以江泽民为核心的党中央关于“三农”问题的主要思想

在 1998 年 10 月的十五届三中全会上，江泽民同志指出，农业、农村和农民问题是关系改革开放和现代化建设全局的重大问题。必须进一步加强农业的基础地位，保持农业和农村经济的持续发展，保持农民收入的稳定增长，保持农村社会的稳定。没有农村的稳定，就没有全国的稳定，没有农村的小康，就没有全国人民的小康。没有农业的现代化，就没有整个国民经济的现代化。2002 年 11 月，江泽民在中共十六大报告中又提出解决“三农”问题是全面建设小康社会的重大任务。要切实把解决好“三农”问题作为全党工作的重中之重，按照统筹城乡经济社会发展的要求，认真贯彻党在农村的基本政策，加大对农业的投入，加强对农业的支持和保护，加快农业和农村经济结构的调整，充分发挥城市对农村发展的带动作用，巩固和加强农业的基础地位。要千方百计地增加农民收入，提高农民的购买力。

E. 以胡锦涛为核心的党中央关于“三农”问题的新思路、新论断胡锦涛同志在党的十六届四中全会上提出了“两个趋向”[①]的重要论断，在2004年中央经济工作会议上，胡锦涛同志又再次强调了“两个趋向”的重要论断，明确指出我国现在总体上已到了以工促农、以城带乡的发展阶段。在2004年下发的中央1号文件中指出，当前和今后一个时期做好农民增收工作的总体要求是按照统筹城乡经济社会发展的要求，坚持“多予、少取、放活”的方针，调整农业结构，扩大农民就业，加快科技进步，深化农村改革，增加农业投入，强化对农业支持保护，力争实现农民收入的较快增长，尽快扭转城乡居民收入差距不断扩大的趋势。党的十六届五中全会作出了“建设社会主义新农村”的重大决策，提出按照“生产发展、生活宽裕、乡风文明、村容整洁、管理民主”的要求，协调推进农村经济、政治、文化、社会和党的建设，尽快改变农村生产、生活条件的整体面貌。胡锦涛在2006年召开的省部级主要领导干部建设社会主义新农村专题研讨班开班式时的讲话中指出，建设社会主义新农村，要以邓小平理论和“三个代表”重要思想指导，牢固树立和全面落实科学发展观，坚持把解决好“三农”问题作为全党工作的重中之重，统筹城乡经济社会发展，实行工业反哺农业、城市支持农村和“多予、少取、放活”的方针，坚持以经济建设为中心，协调推进农村社会主义经济建设、政治建设、文化建设、社会建设和党的建设，推动农村走上生产发展、生态良好、生活富裕的文明发展道路[②]。2008年10月召开的党的十七届三中全会专题研究了农村改革与发展问题，会议通过了《中共中央关于推进农村改革发展若干重大问题的决定》，明确了农村改革发展的指导思想、目标任务以及重大原则，并提出了促进农村改革与发展的具体措施。这次会议对加快推进社会主义新农村建设、推动城乡经济社会发展一体化以及全面建设小康社会都具有重大而深远的意义。

由此可见，建设社会主义新农村从思想渊源来看，是马克思主义等经典著作以及我们党历届领导集体“三农”问题的基本思想和论述的继承、发展和创新，是站在一个新的高度上统领全局，为新时期的“三农”工作指明了方向和目标。

2.1.3 新农村建设的客观依据

农业和农村的滞后发展、城乡差距的不断扩大是我们重视“三农”问题，实行新农村建设的直接原因，而隐藏在这些表象背后的根本原因在于我国

① “两个趋向”即：在工业化初始阶段，农业支持工业、为工业提供积累是带有普遍性的趋向；但在工业化达到相当程度后，工业反哺农业、城市支持农村，实现工业与农业、城市与农村协调发展，也是带有普遍性的趋向。

② 李佐军．中国新农村建设报告(2006)[M]．第1版．北京：社会科学出版社，2006．71．

长期以来实行的城乡二元经济结构。

(1) 二元经济结构的含义

一般认为,二元经济结构是指发展中国家传统部门(如农业)比重过大、现代经济部门发展不足以及城乡差距十分明显的一种状态。“二元经济”概念最早是由荷兰经济学家和社会学家伯克(J.H.Boedk,1953)提出的,他在对印尼的社会经济研究中,提出把该国经济和社会划分为传统部门和现代化的荷兰殖民主义者所经营的资本主义部门(“社会二元论”)。随后,诺贝尔经济学奖获得者阿瑟·刘易斯(W.A.Lewis 1954)在他的《劳动力无限供给条件下的经济发展》一文及其以后的几篇论文中系统地描述了“二元经济结构”问题。刘易斯指出,在发展中国家一般存在着性质完全不同的两种经济部门,一种被称为资本主义部门或现代部门;一种被称为自给农业部门或传统部门。传统部门落后,但比重庞大;现代部门先进,但比重较小①。

我国的城乡二元社会经济结构,是指新中国成立以来通过一系列分割城乡、歧视农民的制度安排而人为构建的城乡分离的社会结构。这种社会结构以城乡二元户籍制度为核心,是一个包括城乡二元就业制度、城乡二元福利保障制度、城乡二元教育制度、城乡二元公共事业投入制度等在内的一系列社会制度体系。其主要表现为,按照户籍制度将全国人口分为农业人口和非农业人口,并且依此在经济、政治、文化、教育、卫生等一系列具体方面实行不公平的国民待遇。城乡二元经济结构不仅是提出新农村建设的根本原因,也是制约中国经济现代化的关键性障碍。

(2) 二元经济结构的由来和特征

我国城乡二元经济结构的形成有着深刻的历史原因。新中国成立以后,我们国家确立了计划经济和优先发展重工业的战略,由于受当时经济实力的限制,工业发展需要农业的强大支持。1953 年,为了保证城市粮食供应,国家采取了农业粮食统购统销的政策,该政策的基本特征就是国家以低于价值的价格收购农民的粮食,同时又以高价向农民提供工业产品,这样就导致工农产品之间不合理的比价关系,即“剪刀差”。“剪刀差”的存在,使国家从农村中汲取了大量的资金用于发展重工业,为工业的发展提供了保障。建国之初,人口的城乡流动和自由迁移是不受限制的。在 1949—1957 年市镇人口增加的总量中,70%—80%是由农村向城市的迁移构成,为了保证农村中有足够的劳动力生产农产品,同时也为了把城市里享受农产品低价格供给的人数限制在最小范围,1958 年国家通过了《中华人民共和国户口登记条例》,对农村人口流入城市作了严格的限制,从制度上对城乡人口、劳动力

① 李静霞.中国二元经济演化进程分析[J].财经研究,2001,(8).35.

流动作出了约束，至使我国的城乡二元经济结构形成。

城乡二元经济结构的特征是：城市发展优于农村发展、工业发展优于农业发展、先满足市民再满足农民，始终将城市、工业和城市居民作为中心工作，将农村、农业和农民作为外围和补给线。这样做的后果是导致了农村生产力水平落后，农业技术含量低，农村经济和社会发展缓慢。

(3) 二元经济结构对经济发展的影响

A. 制约了农业和农村的发展

在城乡二元经济结构的体制中，农业为工业发展和城市建设提供了巨大的资金保障。据中国农科院农业经济研究所的研究表明，1953—1989 年，国家工农业产品剪刀差从农业中提取了 9 716.75 亿元，加上农业税 1 215.86 亿元，共达 10 932.61 亿元，农业资金净流出量达 7 140.56 亿元，即农业新创造价值的 1/5 被国家拿走了。仅按此计算，国家对农业的取与予之比为 3∶1。另据国家计委有关研究人员的计算，工农业产品交换的价格“剪刀差”的绝对量从 1953 年以来始终呈上升趋势，除 1959 和 1960 年两个特殊年度之外，在 1963 年以前的 10 多年中，“剪刀差”的绝对量保持在 100 多亿元以下，此后到 1977 年这段时间里，“剪刀差”先后各有 7 年保持在 100 多亿元和 200 多亿元，1987 年甚至超过了 600 多亿元。1952—1987 年“剪刀差”绝对量累计额达 7 912 亿元①。农业是一种弱质产业，受自然条件的影响比较大，我国农村人多地少，自给自足的小农经济导致了农业的低效益，因此农业是需要政府给予特殊照顾和扶持的产业。但是在城乡二元体制中，农业不仅没有得到额外的支持，反而为工业发展作出了重大贡献。这种长期从农业中汲取资金来支持工业，对农业和农村发展投入不足的状况，制约了农业和农村经济的发展，导致农业和农村经济的落后。

B. 制约了工业化和城镇化的发展

我国的城乡二元结构体制使城乡各自形成了一个相对独立循环的市场体系，生产要素无法在两个市场之间进行合理地流动和有效配置，一方面广大农村的有效需求不能得到满足，而另一方面城市中工业的生产能力却相对过剩。按照世界各国发展的一般规律，当人均 GDP 达到 3000 美元时才会出现买方市场，而我国人均 GDP 刚达到 300 美元就出现了低水平的买方市场②，原因在于工业所创造的剩余无法通过要素的自由流动被转移和吸纳。同时由于农村经济落后，农民收入不足，使农村市场的内需没有很好地

---

① 王耀强. 调整我国城乡二元经济结构的财税政策[D]. 东北财政大学硕士学位论文，2003.9.

② 陈绪国. 改变城乡二元结构是全面建设小康社会的必由之路[J]. 喀什师范学院学报，2005，(7).18.

启动起来，这在一定程度上也影响了工业的发展。城镇化发展要与工业化发展相适应，这是经济发展的普遍规律。农村劳动力向城市的大量转移是工业化进程的一个显著特征，但是城乡二元户籍制度、就业制度、教育制度等在内的一系列社会制度阻碍了农村劳动力的流动，制约了工业化和城镇化的发展。从国际上看，当工业在 GDP 中的比重达到 40%左右时，农村劳动力转移程度基本应该达到 50%左右，我国工业目前在 GDP 中的比重已超过 50%，而农村劳动力转移水平却很低①。近两年来，随着经济的快速发展，我国城镇化水平也急剧提升。根据建设部提供的数据显示，2007 年我国的城镇化水平为 44.9%②，但是仍然明显滞后于工业化的进程。

C. 使农村的发展严重滞后于城市的发展，城乡差别逐步加大

在经济社会发展过程中，城乡之间的差别是不可避免的，但是中国城乡二元经济结构是通过带有歧视性的制度安排、人为地夸大了这种差别。户籍制度的确立像一道森严的门槛，划分出了城乡两个地区，形成了城乡两种身份，城镇居民能享受到由国家提供的比农村居民多得多的各种优惠。城市的基础设施、文化教育、医疗保健、养老保障等都有国家财力的强大支持；而农村在这方面却投入不足。这种长时期的国家财力差别投入、政策制定和执行上的差别对待，导致了农村发展严重滞后于城市发展，城乡之间的差距不断拉大，具体表现在城乡居民在收入和消费上的巨大差别，城乡居民之间不均等的受教育机会、不均等的享受社会保障机会、不均等的就业和发展机会等各个方面。这种不断扩大的城乡差距是建设社会主义新农村的直接动因。

所以说，长期以来的城乡二元经济结构是建设社会主义新农村的根本原因，也是“三农”问题的根本原因，无论是从发展农业、振兴农村的角度上，还是从全面建设小康社会的角度上，改变城乡二元经济结构，缩小城乡差距，实现城乡经济社会发展一体化都是我们国家重要的经济发展战略。

2.1.4 新农村建设的意义

(1) 新农村建设是现代化建设顺利进行的重要保证

建设社会主义现代化中国，使我国列入世界强国之林是我们党和国家多年来的宏伟目标。推进现代化建设必须妥善处理好工农城乡之间的关系，推进广大农民逐步实现现代化。目前社会主义现代化建设的重大任务

---

① 陈绪国. 改变城乡二元结构是全面建设小康社会的必由之路[J]. 喀什师范学院学报，2005，(7). 18.

② 谢然浩. 到 2007 年底我国城镇化水平达到 44.9%[N]. 经济日报，2008 - 04 - 20(2).

在于实现农村的现代化，一方面长期以来，我国农业和农村的发展一直落后于工业化、城镇化的发展，另一方面我国的现代化建设又必须以农村和农业的现代化为基础，农业发展滞后会严重影响工业化发展的速度和规模，阻碍现代化建设的顺利进行。农业和农村不发达，主要是受城乡分割的二元经济结构的制约，因此打破城乡分割的二元经济结构，必须要加快新农村建设的步伐，加强农村的各项基础设施建设，加快农村社会事业的发展，改善农村居民的生产和生活条件。只有实现了农村的现代化，才能实现全国的现代化；没有农村的现代化，也就没有全国的现代化。

(2) 新农村建设是国民经济稳定发展的强大动力

保持经济平稳较快发展，避免经济大起大落是我们党经济工作的重要目标。国民经济持续稳定发展的关键在于农村经济的稳定与繁荣。长期以来，由于占人口大多数的农民收入增长缓慢，购买力不足，消费水平不高，农村市场一直没有很好地启动起来。温家宝总理在答记者问时也曾说过：加强农业和农村建设是一着“活棋”，这一步棋走好了，就能带动内需和消费，从而使中国的经济发展建立在更加坚定的基础上。建设社会主义新农村可以直接增加农民收入，提高农民购买力，改变农民消费观念和消费结构，拉动农村市场的消费需求，推动经济发展，为国民经济的稳定和发展提供强大动力。

(3) 新农村建设是全面建设小康社会的必然要求

党的十六大提出了全面建设小康社会的奋斗目标，要求到2020年，集中力量建设惠及十几亿人口的更高水平小康社会。温家宝总理曾说过：全面建设小康社会，重点和难点都在农村。按照国家对建设小康社会所确立的指标体系和衡量标准，到2020年，要全面建设小康社会，人均GDP要达到3000美元。农村要实现这个目标，每年的增长率要达到12.2%，即使将农村人均GDP的目标确定为社会平均水平的一半(即1500美元)，每年的增长率也要求达到8.4%①。全面建设小康社会，最艰巨最繁重的任务在农村。江泽民也曾说过，没有农村的稳定和全面进步，就不能有整个社会的稳定和全面进步；没有农村的小康，就不能有全国人民的小康。建设社会主义新农村，改变农村的落后面貌，消除城乡差距，达到“城市像欧洲、农村也像欧洲”的标准。这既是新农村建设的目标，也是建设小康社会的最终目标。

(4) 新农村建设是构建社会主义和谐社会的重要方面

构建农村和谐社会，是构建社会主义和谐社会的重要组成部分。我们

---

① 张富良、洪向华. 建立社会主义新农村学习读本[M]. 第1版. 北京：中共中央党校出版社，2006. 30.

这个社会一个最大的不和谐就是城乡之间的差距过大。巨大的城乡收入差距,众多不平等的城乡待遇和不均等的社会机会是构建和谐社会中最不和谐的音符。可以说,没有农村的和谐稳定,就不可能实现全社会的和谐稳定。构建和谐社会,重点就是要平衡城乡利益关系,调整城乡收入分配格局,缩小城乡居民收入差距,加强农村基础设施建设,加大农村精神文明建设,丰富农民业余文化生活,赋予城乡居民平等的权利,使城乡居民都能同等的享受到现代化建设的成果。从这个意义上讲,建设社会主义新农村与构建社会主义和谐社会是紧密相连、密不可分的。建设社会主义新农村,可以减少农村发展的不稳定因素,有利于实现农村经济社会的和谐发展,有利于社会主义和谐社会的构建。

2.2 财政支持新农村建设理论

2.2.1 财政支持新农村建设的理论依据

(1) 市场失灵与国家干预的经济理论

市场是一种有效率的经济运行机制,竞争性的市场能够在自发运行的基础上,依靠自身力量实现资源配置的效率。在凯恩斯主义出现以前,绝大多数西方经济学家都崇尚“靠市场机制可以很好地解决所有的经济问题”,视“看不见的手”为万能的上帝。西方古典经济学体系最杰出的建立者亚当·斯密(Adam Smith)在经济上主张自由放任,反对国家干预。他认为,个人利益不仅不与社会利益冲突,反而是一致的。追求个人利益的结果是整个社会福利的增进。人们在从事经济活动时,未必抱有促进社会利益的动机,但在自由放任的社会里,“他受到一只看不见的手的指导,去尽力达到一个并非他本意想要达到的目的”①。但是1929年席卷西方国家的经济大危机使经济学家对“看不见的手”的万能性产生了怀疑,他们逐渐认识到市场经济的缺陷,并对其进行了理论探讨。事实上市场并不是万能的,在解决某些问题的时候,有时并不尽如人意,甚至是无用的,这就是所谓的“市场失灵”。完全经济的市场是一种理想的市场经济,市场具有自动实现均衡的功能,靠“看不见的手”可以解决供给和需求过剩的问题,从而达到市场的供需均衡,这种市场建立在以下四个假定基础上:一是假定任何一个卖者的产品与其他卖者的产品是完全相同的。二是在市场中买者和卖者众多,任何一个买者或者卖者的数量都不会影响价格。三是市场中所有资源是具有完全流动

① 斯密.国民财富的性质和原因的研究下卷[M].第1版.北京:商务印书馆,1974.27.

性的，每一种资源可以非常容易地从一种用途转向其他用途，不需要花费额外的成本。四是不存在信息不对称的问题，消费者、企业和资源的所有者能充分把握有关的经济和技术信息。建立以上四个假设基础上的市场经济是一种有效率的经济，能够通过市场的自我调节功能实现经济的帕累托效率状态，但是现实生活中这些假设是不存在的，由于受到市场势力、信息不对称、外部性和公共产品等因素的影响，市场机制存在失灵的现象，即市场本身不能有效地配置资源。

市场失灵为政府的介入或干预提供了必要和合理的依据。市场和政府是市场经济中两种资源配置的手段，在市场能够发挥良好资源配置作用的领域，政府不应干预；当市场失灵，无法实现资源的最优配置时，这个任务就应该交给政府来完成，即政府介入的领域只能是市场失灵的领域。西方国家自 20 世纪 30 年代起，逐步意识到了政府在一国经济中的调控作用，也陆续承担起对宏观经济进行调控的职能。凯恩斯在 1936 年发表的《就业、利息和货币通论》中系统地叙述了他的国家干预经济理论，他主张摒弃自由经营理论，强调国家干预经济，倡导一个以财政政策为主的需求理论方案，以达到保持“充分就业，避免现行经济形态的全部毁灭[①]”。政府对经济的调控与干预究竟应该介入多少是最优的，由于各国所处的发展阶段以及所面临的经济情况不同，在经济学中无法给出一个统一的标准，但是有一点是可以肯定的，就是在市场失灵的领域中，政府应充分发挥对经济的调节作用，充分发挥财政的作用，在全社会范围内合理地配置资源，尽可能消除或缓解不利于市场效率提高的因素，最终实现国民经济持续稳定增长的宏观经济目标。

涉农领域的很多要素如果完全由市场配置，就会出现市场失灵的情况，如农业生产信息的不对称、农村公共产品的存在、农业生产的外部性等，因此为了使资源配置更加合理化，需要政府提供部分要素以保证这一领域的需求，保证农业生产和农村经济的稳定和发展。

(2) 马斯格雷夫与罗斯托的财政支出与经济发展阶段理论

一国的财政支出在 GDP 中应该占到多大的比重，马斯格雷夫(R.A. Musgrave)和罗斯托(W. W Rostow)在研究财政支出增长的原因时，用经济发展阶段理论对这一问题做出了回答。经济发展阶段理论认为，一个国家从较低人均收入水平向较高人均收入水平发展的过程中必然伴随着财政支出的增长，但是在经济发展的不同阶段，财政支出的构成会有所不同。他们把经济发展阶段分为早期、中期和成熟期三个阶段。在经济发展的早期阶段，政府投资在社会总投资中占有较高的比重。为了给经济发展创造一个

① 凯恩斯. 就业、利息和货币通论[M]. 第 1 版. 北京：商务印书馆，1963. 323.

良好的环境,政府必须提供交通、水利、通讯等方面的基础设施,而政府的这些投资对于处于经济与社会发展早期阶段的国家进入"起飞",以至进入发展的中期阶段是必不可少的。到了经济发展的中期阶段,私人产业部分已经发展起来了,政府投资还应继续进行,但由于政府已经在前期为社会提供了大量便于资本积累的基础设施,这时的投资重点应逐步转换为对私人资本的补充。在经济达到成熟期阶段,政府从基础设施的支出转向不断增长的教育、保健与福利服务方面的支出,而且这方面支出的增长将大大超过其他方面支出的增长,也会快于 GDP 的增长。

目前我国农村的发展正处于经济发展阶段理论中的早期阶段,农村的基础设施和人力资源远远不能满足自身发展的需要,我们国家对农村的交通、水利、通讯等基础设施的投入长期不足,导致我国广大农村的基础设施长期得不到及时提供和改善,根据马斯格雷夫和罗斯托的公共财政支出与经济发展阶段理论,政府应加大对涉农领域的财力投入,为农村经济的发展创造条件。

(3) 凯恩斯的乘数理论

A. 凯恩斯的乘数理论内容

1936 年,约翰·梅纳德·凯恩斯(John Maynard Keynes)在其《就业、利息和货币通论》一书中,主张实施赤字的财政政策,通过扩大财政支出、增加社会投资的方式对经济总量进行干预,促进经济增长。凯恩斯强调投资对解决就业和增加收入的作用,他认为在市场经济条件下,随着收入的增加,消费需求将越来越不足,总需求往往只能在低于充分就业的水平上实现均衡,这是市场机制自发作用的必然结果。要解决这一问题,实现充分就业,就需要增加相应的投资。为了说明投资的作用,凯恩斯在边际消费倾向概念的基础上,建立了乘数理论。"除非消费倾向改变,否则就业量只能随投资的增加而增加。现在我们可以把这个思路再推进一步,在一特定的情况下,我们可以在所得与投资之间确定一个比例,这一比例被称之为乘数(multiplier)①"。

投资乘数指的是投资支出自发的变化所引起的国民产出变化的倍数,用公式来表示:

$$K=\frac{\Delta Y}{\Delta I}=\frac{1}{1-b} \qquad (2.1)$$

在公式 2.1 中,K 为投资乘数,ΔY 为实际国民产出总值变动量,ΔI 为投资变动量。b 为边际消费倾向,边际消费倾向的大小决定乘数的大小,在边际消费倾向一定的情况下,实际国民产出的变动量和投资量之间就可以

① 凯恩斯. 就业、利息和货币通论[M]. 第 1 版. 北京:商务印书馆,1963. 97.

建立一定的比率。

政府支出对促进经济增长的作用同样具有乘数效应。政府支出乘数即政府支出的自发变化所引起的国民产出变化的倍数，

用公式表示：$K=\frac{\Delta Y}{\Delta G}=\frac{1}{1-b}$ (2.2)

在公式2.2中，K 为投资乘数，ΔY 为实际国内生产总值的变动量，ΔG 为政府支出变动量。由此可见，政府支出在决定国民产出和就业方面起着关键的作用，在凯恩斯理论中，如果政府支出增加，国内生产总值就以支出乘数的倍数增加，所以政府支出政策具有稳定经济的作用。通常把政府支出乘数和投资乘数统称为支出乘数。

从凯恩斯的乘数理论中可以看出，政府对某一领域投资的增加，会导致国民产出成倍地增长。我国新农村建设中一个突出的问题是农业投入不足，农业基础设施和农村公共产品供给不足，从而导致农村经济的发展停滞不前，建设社会主义新农村，要大力发展农业生产，增加政府对涉农领域的投入，增加农村基础设施建设，这些投资将会引起农村经济和国民经济成倍数地增长。

B. 财政政策乘数

一国实施的财政政策对经济的调节作用到底有多大？这取决于财政政策乘数的大小。财政政策的相机抉择以及紧缩性和扩张性财政政策对社会总需求调节的基础在于凯恩斯主义的乘数原理。财政政策乘数是指由于财政政策的变动引起的国民产出变动的倍数。财政政策乘数包括政府支出乘数、税收乘数和平衡预算乘数。

利用凯恩斯经济学中的国民收入决定方程来推导财政政策乘数，假设 Y=国民产出，C=消费支出，I=私人投资支出，G=政府支出，T=税收，a=消费常数，b=消费倾向，Y_1=可支配收入。在三部门经济中，国民产出的决定公式可以表示为：

$$Y=C+I+G \tag{1}$$

$$C=a+bY_1 \tag{2}$$

$$Y_1=Y-T \tag{3}$$

将(2)与(3)代入(1)可得：

$$Y=a+b(Y-T)+I+G$$

$$=a+bY-bT+I+G$$

$$(1-b)Y=a-bT+I+G$$

$$Y=\frac{a-bT+I+G}{1-b} \tag{4}$$

对(4)式的 G 求导,得出政府支出乘数:

$$政府支出乘数=\frac{\partial Y}{\partial G}=\frac{1}{1-b}$$

政府支出乘数表明政府支出的增加和减少会引起国民产出成倍地增加和减少,政府支出的增减和国民产出的增减呈同方向变动。当政府增加对物品和劳务的支出时,刺激了社会总需求,从而导致国民产出和国民收入的增加,一些人收入增加,会依据边际消费倾向将部分收入用于消费支出,这些支出又会相应地增加国民产出和国民收入,一些人收入的增加又会部分地用于消费……,如此循环下去,产出的增量 $\Delta Y=\Delta G+b\Delta Y$ (5)

通过公式(5)导出 $\Delta Y=\frac{\Delta G}{1-b}$ 与从公式(4)导出的结果一致。政府支出减少会引起国民产出以相同的原理产生成倍地减少。

对式(4)的 T 求导,得出税收乘数:

$$税收乘数=\frac{\partial Y}{\partial T}=\frac{-b}{1-b}$$

税收乘数与政府支出乘数不同,税收乘数的增减引起国民产出向相反的方向变动。税收乘数表明税收的增加和减少会引起国民产出成倍地减少和增加。税收乘数小于政府支出乘数,说明政府支出政策对经济的调节力度比税收政策要大。税收增加,如政府扩大税基、提高税率或者减少税收优惠条件,增加的税收使人们的可支配收入减少,人们的消费需求和投资需求就会降低,引起国民产出和国民收入的减少,根据边际消费倾向,人们收入减少了就会进一步地减少消费需求,从而引起新一轮国民产出的减少。如此反复,使国民产出成倍地减少。相反,税收减少,如政府缩小税基,降低税率或者增加税收优惠条件,减少的税收使人们的可支配收入增加,人们的消费需求和投资需求也相应地增加,引起国民产出和国民收入的增加,根据边际消费倾向,人们收入增加了就会进一步地增加消费需求,从而引起新一轮的国民产出增加,如此反复,使国民产出成倍地增加。

预算平衡乘数是指等量地增加和减少政府支出和税收所引起的国民产出变动的倍数。根据公式(4)导出预算平衡乘数:

$$预算平衡乘数=\frac{\partial Y}{\partial G}+\frac{\partial Y}{\partial T}=\frac{1}{1-b}+\frac{-b}{1-b}=1$$

从上式中可以看出预算平衡乘数等于政府支出乘数与税收乘数之和。因此政府等量地增加政府支出和税收,将引起国民产出也等量地增加。政府等量地减少政府支出和税收,将引起国民产出也等量地减少。

平衡预算乘数说明,当经济处于萧条时,政府可以通过适当增税来弥补等量的政府开支，这样既可以提高国民产出和就业水平，又可以避免财政赤字。但是在现实生活中，由于财政政策的实施会对金融市场产生影响，而货币市场和利率的变动又会反过来对财政政策产生影响，因此平衡预算乘数往往小于1。

(4) 公共产品理论

A. 公共产品的概念和特征

萨缪尔森在1954年发表的《公共支出纯理论分析》一书中提出了公共产品的概念。所谓公共产品(public goods)是指在消费上具有非竞争性的产品，即该产品一旦被提供，新增消费的边际成本为零。公共产品有两个明显特征：非排他性和非竞争性。非排他性指的是任何人都可以无偿地享用这种产品，或者说不能阻止任何人享用这种产品。非竞争性指的是当使用这种产品的消费者人数增加时，不会影响原来的消费者对该产品的消费，也不会增加社会成本，即新增消费者使用该种产品的边际成本为零。

按照是否同时具备非排他性和非竞争性两种特征，可以将公共产品分为纯公共产品和准公共产品。纯公共产品是指同时具备非排他性和非竞争性的产品，如国防、社会秩序等；准公共产品是指具备其中的一个特征，或者同时具备不充分的非竞争性和非排他性的特征，如高速公路、游泳池等。私人产品的排他性和竞争性决定了由市场提供可以保证资源的有效率配置。公共产品的两种特殊属性决定了消费者无论是否付费都可以同样地消费产品，因此消费者就会产生搭便车(free rider)的心理，即期望他人承担成本，而自己免费享用。如果单靠市场机制的调节，由私人部门提供公共产品通常不能够使其产量达到合理的水平，这时公共产品的产量会低于资源最优配置状态相应的产量水平。在这个市场配置资源失灵的领域，只能由政府发挥资源配置的作用，因此政府必须通过财政支出来提供公共产品以满足社会经济发展对公共产品的需求。对于准公共产品，由于其具备一种属性或具有两种不完全的属性，通常采取由政府和市场共同提供的方式。

B. 涉农领域的公共产品属性

涉农领域的很多产品是具有公共产品属性的，如大江大河的治理、治理水土流失及土地沙化、防护林建设，生态保护、社会福利、基础教育、道路、水利设施、病虫害防治、农业技术推广、农业信息平台建设、行政服务、治安、饮水、文化设施、广播电视、用电、通信、卫生防疫等，这些产品如果仅靠私人提供，仅靠市场调节，由于“搭便车”心理的存在，一定导致这方面的资源配置不足。因为私人在市场中提供产品的本意是追求利益最大化，但是公共产品的特性决定了私人在提供公共产品时并不能实现利益最大化，如果可以无偿地享受公共产品，他们必将会隐藏自己的需求，通过“搭便车”的行为来免费享受。因此财政应该承担起为涉农领域提供公共产品的责任，加大对农业科研的投入，加大对农民教育培训的投入，加强农村基础设施建设，保护农村生态环境，努力创造条件促使农民增收，增强农民生产生活的积极性。财政对农村的大力支持是农村建设和发展必不可少的条件。

(5) 外部效应理论

外部效应是指一方对另一方的非市场的影响，即指未能适当地反映在市场中的经济活动主体间的相互影响，是没有在正常的价格体系运行中得到反映的一个经济活动者对其他活动者福利的影响。按照外部效应的性质，可以分为正的外部效应和负的外部效应。如果一方对另一方产生了有益的福利影响，我们称一方对另一方产生了正的外部效应。反之，我们称其为产生了负的外部效应。

外部效应的存在是市场失灵的一种表现。在完全竞争的市场上，如果一个人的某种活动可以增进社会福利但自己却得不到报酬，他的这种活动的供给量必然低于社会最优水平。相反，如果一个人的某种行为会增加社会成本，但这种成本却不必由其本人承担，他的这种行为在量上会超过社会所希望达到的水平。图 2-4 说明供给量低于社会最优水平的情况。

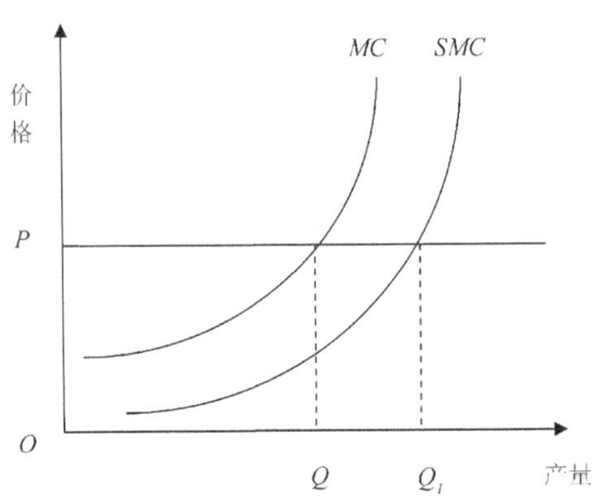

图 2-4　具有正的外部效应的产品的产量水平

资料来源：汪祥春、夏德仁. 西方经济学[M]. 第 2 版. 大连：东北财经大学出版社，2003. 295.

假定一个完全竞争的市场，产品提供者是一个价格的被动接受者，产品的需求曲线是位于现行市场价格 P 的水平线，Q 点是最大利润点，在这一点上产品供给者的边际成本是 MC。但是由于产品存在正的外部效应，即这种产品的提供会对其他产品产生有益的福利影响，因此社会边际成本为低于 MC 的 SMC，对于整个社会而言，最优的产量是 Q_1，此时由私人提供具有正的外部效应的产品的产量将低于社会所需的最优产量。外部性的存在也是市场失灵的一种表现，政府需要介入其中，使具有正的外部效应的产品产量满足社会需求。

涉农领域中有很多产品具有正的外部效应，例如我们前面提到的农村生产中的科学研究、对农民的教育与培训、农村生态环境的保护等，这些产品具有公共产品的属性，具有供给上的不可分割性和消费上的非排他性，对其他产品存在正的外部效应，这种外部效应又无法通过市场来衡量，但是这些领域需要相当大的资金投入，私人部门无力承担，即使可以由私人部门承担，也由于外部效应的存在使产品的供应量小于社会所需的最优供应量，因此这部分涉农领域的产品应该得到政府财政的有力支持。

2.2.2 财政支持新农村建设的客观必然性

(1)“三农”的发展离不开政府财力的支持

A. 农业发展需要财政的有力支持

农业是一项弱质产业，其生产要受到自然条件和动植物生产发育规律的制约。农业生产具有周期性和季节性，对耕地的依赖性也很强。在现代社会中，尽管人类靠天吃饭的局面已大为改观，但自然灾害和病虫害对农业的威胁并未消除。同时由于农业生产周期长，农产品需求弹性小，资金周转慢，这又使得农业中的很多资金、耕地、劳动力等要素资源向效益好、见效快的非农产业转移，使农业在各产业的发展中明显处于弱势，最终导致农业萎缩。建设社会主义新农村就是要大力发展农业生产，建设现代化农业。加快在农业领域的科技创新，提高农业劳动生产率，提高农业生产的科技化、现代化、生态化水平，转变农业的增长方式，发展农村循环经济，所有这些都需要财政的大力支持才能实现。政府应该给予农业特殊的保护和支持，以财力支持农业生产方式的转变以及农业科研的投入，使农业也能产业化、效益化，使农业有能力应对自然条件的变化和动植物发展规律的制约。农业的基础地位在任何时候都是不可动摇的，国家财力的支持以及对农业实行特殊的政策是农业能发挥基础地位的有力保障。

B. 农民增收需要财政的有力支持

农民主要以从事农业生产为主，然而农产品的生产具有市场风险，价格波动很大。这主要表现在农产品的需求量具有稳定性，需求价格弹性较低，而农产品的供给由于受到自然因素的影响经常会出现较大幅度的波动，由于供给的价格弹性大于需求的价格弹性，这将会引起农产品市场价格的波动，这对农民收入会产生巨大的影响，农民收入低，生产积极性不高，这也是导致农业生产萎缩的主要原因之一。图 2-5 揭示了农产品市场价格的变化趋势。

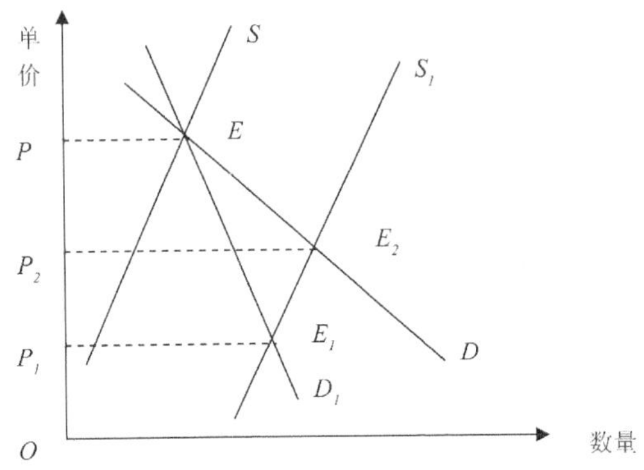

图 2-5　农产品市场价格的变化趋势

资料来源:沈淑霞.我国财政农业支出及其效率研究[D].中国农业大学博士学位论文,2004.24.

图中的 D 和 D_1 为农产品的需求曲线,其中,需求曲线 D_1 的需求价格弹性较小,S 和 S_1 为供给曲线,在短期内供给曲线的弹性较小。当供给增加由 S 向右移到 S_1,如果需求曲线为 D,因为其相对有弹性,新的均衡点为 E_2,新的均衡价格为 P_2,低于原均衡价格 P,如果需求曲线为 D_1,因为其相对弹性较小,新的均衡点为 E_1,新的均衡价格为 P_1,P_1 比 P_2 又有较大下降。由此可见,当供给曲线向右移动,农产品需求价格弹性越小,农产品市场价格下降的幅度就越大。反过来,对于农产品供给曲线的任何向左移动,需求价格弹性越小,农产品市场价格上涨的幅度就越大。农产品生产的这种市场风险导致农民有时是增产不增收,农民收入增长缓慢。新农村建设就是要千方百计地增加农民收入,提高农民生活水平,使农民过上宽裕的生活,针对农产品市场价格的特点,财政要加大对种粮农民的补贴力度,加快乡镇企业发展,加快农村剩余劳动力的顺利转移。同时为适应农业生产现代化的要求,需要培育懂文化、懂技术的新型农民,要加强农民的基础教育、加强对农民技能的培训,加快农村劳动力转移的就业培训,这些具有公共产品属性的领域,应该由政府财政作为投入主体。

C. 农村改革需要财政的有力支持

新农村建设就是要全面深化农村改革,加强农村基础设施建设,改善农村居住环境,加快农村医疗卫生体系改革,尽快建立农村社会保障体系,实施农村义务教育,发展农村社会公共事业,等等,这些具有公共产品属性和外部性领域的投入需要政府财力的有力支持。农村发展落后,城乡差距扩大其根本原因在于我国长期实行的城乡二元经济结构政策。因此打破城乡二元经济结构,实现城乡经济社会的一体化发展,创造多种条件吸纳和消化农村的剩余劳动力,提高农民待遇,保护农民的合法权益是新农村建设的一个有效途径,而所有这些举措不仅需要财力的支持,更需要国家财政政策的积极配合,如农村税费改革的深化、增加针对涉农领域的税收优惠,增加财政的转移支持等政策措施,都可以对农村的改革发展起到推波助澜的作用。

(2) 财政具备了支持新农村建设的实力

一是财政实力不断壮大。改革开放特别是1994年以来,全国财政收入快速增长,"十五"时期全国财政收入达到11.5万亿元,比"九五"时期增加6.4万亿元,增长126.5%;2008年全国财政收入为6.13万亿元,比2007年增长19.5%。2008年我国国内生产总值达到300 670亿元,比上年增长了9.0%①,在世界的排名从2002年的第六位上升到第三位②。经济实力和财政实力逐步增强并将进一步发展壮大。二是财政支出不断优化。随着市场经济体制的不断发展与完善,财政也逐步完成了由生产型财政向公共财政的转变,按照公共财政的要求进一步调整并优化了财政支出结构。财政投入逐步退出了竞争性和经营性领域,成为政府弥补市场失灵的重要手段,致力于满足公共需求、提供公共产品、加强公共服务,在资源配置、收入分配和合理促进经济稳定和发展方面发挥了重要作用。三是财政的宏观调控作用不断增强。20世纪90年代以来,根据经济发展的客观需要,我国先后实施了适度从紧的财政政策和积极的财政政策,2005年根据经济形势的变化实现了积极财政政策向稳健财政政策的转变,2008年为应对席卷全球的金融危机和经济危机,确保经济较快发展,我国政府再次使用积极财政政策,投资4万亿元促进经济增长。这些不同类型的财政政策在不同时期充分发挥了财政对经济的宏观调控作用,促进了经济平稳较快的发展。无论从经济实力和调控能力上,财政都具备了支持新农村建设的实力,财政完全可以承担起建设社会主义新农村的重大历史任务。

(3) 财政支持"三农"的稳定增长机制尚未真正形成

从理论上讲,无约束条件下市场各个生产要素的充分流动是获得要素最优配置的关键,在新农村建设中我们要充分发挥市场机制的积极作用,利用市场的力量合理配置资源。但是由于市场失灵现象的存在,如果仅由市场来配置新农村建设中的所有要素,必然导致要素缺失,使农村的物质资本

---

① 根据国家统计局统计公告相关数据整理 http://www.stats.gov.cn/tjgb/.

② 最新2008年世界各国一国内生产总值GDP排名[EB/OL]. http://hi.baidu.com/%CF%AE%C3%F7%D2%BB/blog/item/47cf640aead6c81894ca6bf8.html,2009-02-11.

积累和人力资本积累面临严重的障碍，这就需要政府的干预和介入。财政政策作为政府最重要的宏观调控手段之一，对一国的农村社会经济发展至关重要，在农村社会经济发展过程中是大有作为的。农业的发展、农民收入水平的提高、农民生活条件的改善以及农村改革发展所需的众多公共产品供应问题，都需要通过增加财政投入来解决。建设社会主义新农村就是要坚持"多予"的方针，形成财政支持"三农"的稳定长效机制。图 2-6 是我国自 1978 年以来各年份财政支农支出的变化图。

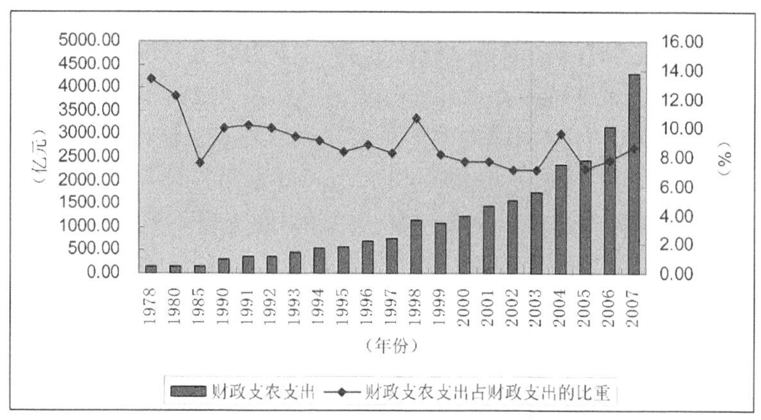

图 2-6　部分年份国家财政支农情况变化图

资料来源：2006 年以前数据根据中华人民共和国国家统计局．中国统计年鉴 2007[M]．北京：中国统计出版社，2007.282 整理而成，2007 年数据根据中国社会科学院农村发展研究所、国家统计局农村社会经济调查司．中国农村经济形势分析与预测（2007—2008）[M]．北京：社会文献出版社，2008.16.

图 2-6 显示出近 30 多年我国财政支农支出的绝对数量在逐步增加，从 1978 年的 150.66 亿元增加到 2007 年的 4 318 亿元，这些支出为农村经济发展提供了重要的财力保障。但是财政支农支出占财政总支出的比重并没有随着支农支出绝对量的增加而呈上涨的趋势，反而在有些年份出现了大幅下降的情况。相比我国农村庞大的人口，我国财政支农的人均投入量还很低，支农资金投入量与农业在国民经济中的基础地位和农村经济发展需求相比还有很大的差距。中国的新农村建设究竟需要多少资金？以韩国为例，韩国"新村运动"30 多年，韩国政府财政投入共达到了近 100 万亿韩元。尤其是目前，韩国每年的支农支出达到了财政总支出的 10%左右①。2007

① 王文举、王莹．韩国新村运动与中国新农村建设研究[J]．农村经济与科技]，2006，(10).78.

年我国财政支出共计 49 781.35 亿元[①]，如果按照 10%计算，当年的财政支农支出应达到 4 978 亿元人民币。然而从图中我们可以看出，除了个别年份以外，我国的财政支农支出占财政总支出的比例都在 10%以下，再加上长期以来我国财政支农资金管理分散，资金利用率低，挤占挪用现象普遍，违规违纪现象在各部门、各领域时有发生，使真正用于涉农领域的资金大为减少，这在相当大的程度上影响了财政支农资金使用的安全性和高效性，我国财政支持"三农"的稳定增长机制尚未真正形成。因此，在新农村建设过程中仍需不断加大财政支农的力度，财政仍应继续发挥其在新农村建设中的财力保障作用。

① 根据国家统计局统计公告相关数据整理 http://www.stats.gov.cn/tjgb/.

3 国外农村建设的经验借鉴

从世界范围来看，对农村进行改革是各个国家工业化和城市化进程中必须实施的重要战略之一。重新审视各国农村建设的过程，借鉴各国在财政方面的成功经验，对我国的新农村建设有着重要的现实意义。

3.1 韩国“新村运动”的经验借鉴

3.1.1 韩国“新村运动”的基本概况

20世纪50～60年代，韩国实行重工轻农的建设政策，先后实施了两个五年发展计划，确立了出口导向战略，重点扶持产业发展，工业化、城镇化步伐明显加快，但是却忽视了农业和农村的发展，使工农业发展严重失调。为此，韩国于70年代初调整了国家建设政策，把农村发展放在重要的位置上，开展了“新村运动”。

韩国政府首先从改善农民的居住条件入手，在“新村运动”初期对所有农村免费提供水泥，用于完善村内的基本设施，大多数地方从茅草房顶改造开始，然后是改造卫生间、水井，架桥、修路、盖会馆等等。除了继续强调修建村民会馆、自来水设施等公用设施，还鼓励新建住房和发展多种经营，对卓有成效的新农村建设提供贷款支持和各种优惠条件，鼓励科研人员到农村巡回讲学和推广科技文化知识与技术，从根本上提升农民的生活质量。随着农村建设的不断深入，政府从主导地位渐渐转变为民间自发的发展。政府为了实现地位转换，建立并完善了全国性的新农村运动民间组织，并为其制定发展规划和做好协调服务，培训、宣传工作完全由农协承担。自1988年以后，韩国的“新村运动”已经完全转变为国民自我发展。政府倡导全体公民自觉抵制各种不良社会现象，加强国民伦理道德建设，提升农村居民的共同体意识，强化农村民主与法制教育，后期的这种政府职能的弱化有利于推进农村的经济改革，有利于农村文化的发展和组织结构的建立。总的来说韩国的“新村运动”经历了以下五个发展阶段(见表3-1)：

表3—1 韩国“新村运动”的发展历程

时间	阶段	建设重点	特点(政府角色)
1971—1973	起步阶段	改善农民的生活和居住条件	政府主导，增加投入
1974—1976	拓展阶段	提升农民的生活质量，增加农民收入	政府对农村提供多种贷款和优惠政策，鼓励科技文化的推广
1977—1980	提高阶段	发展农牧业、农产品加工业和特色农业	由政府主导开始向自发转变
1981—1988	自发阶段	建立和完善新农村运动民间组织	政府政策指导，制定规划、提供支持和服务
1988年以后	自主阶段	加强教育及国民伦理道德建设、强化农村民主与法制教育	政府倡导，农民自主管理和发展

资料来源：根据北京农史研究会、陈水乡．北京市新农村建设的实践与探索[M]．第1版．北京：中国农业出版社，2007．317-318页整理

3.1.2 韩国“新村运动”的财政政策

(1) 增加财政投入

韩国“新村运动”开始，政府每年财政投入大约为1.4万亿韩元①，在新村运动启动的第一年，政府为全国3.5万个村每村分配335袋水泥，支援农民建设。第二年，政府对上一年工作积极，成效显著的1.6万多个村，又加拨了500袋水泥和1吨钢材。仅在1971—1978年的财政预算中，农村开发项目费用就增加了7.8倍，中央和地方财政投资合计增加了82倍②。伴随着国家财政收入的增加、财政状况的不断好转，政府每年对农村的财政投入达到了8万亿韩元。韩国“新村运动”30多年来，韩国政府财政投入共达到了近

① 王文举、王莹．韩国新村运动与中国新农村建设研究[J]．农村经济与科技，2006，(10)：78.

② 寻广新．韩国新村运动对我国建设社会主义新农村的启示[J]．中共云南省委党校学报，2006，(1)：35.

100 万亿韩元，目前韩国每年的财政支农支出大约占年财政支出的 10% 左右①。

(2) 实施价格支持政策

为了维护农民利益，确保农民收入的稳定增长，政府对农业生产资料进行补贴，对国内农产品生产进行保护。为了维持农产品的高价格，政府还对部分农产品实行“保底价格”，即当市场价格低于政府规定的价格底线时，政府给予价格补贴。如在 20 世纪 70 年代中期，政府为保护“统一系”水稻新品种的价格，实行购销倒挂的粮价双轨制，即政府从农民手中高价大量收购大米，然后再以低价供应给城市居民，差价由政府财政补贴，这样既稳定了种水稻农民的收入，又保证了城市粮食的供应。韩国政府还于 1984 年委托农业协同中央会(NACF)开始收购大米，农协只需支付市场价格与政府收购价格的价差及成本。

(3) 加大财政补贴力度

为了调动农民建设家园的积极性，韩国政府对表现不同的村庄实施不同的财政补贴标准，以此激励和发挥农民的积极性和创造性。政府根据各村建设家园的态度行为及基础设施情况，把全国村庄分为三级，分别对应三种补贴标准。级别高的得到高补贴；级别低的对应低补贴，划分的标准不是一成不变的。各村庄通过努力可晋升到更高等级，从而获得相应的政府财政支持。韩国的收入补贴制度还包括新环境农业直接支付补贴、提前退休农民的直接支付计划以及稻田直接支付计划。还有一些补贴制度是通过农协间接完成的，如韩国农协法规定对农业机械实行补贴，由农协半价供应给农户。

(4) 优惠的财政信贷政策

韩国政府为了支持“新村运动”，在逐步加大政府财政投入的同时，最大限度地向农民提供长达 30 年的贴息或低息贷款。“新村运动”30 多年来，政府通过农协组织向农民提供的长期贴息或低息贷款余额达到 5 万亿韩元。为支持农村经济发展，政府还积极争取国际组织贷款，多方面筹集社会资金，采用从“住宅彩券”中拿出部分资金等方式向农村发放支农资金。农协组织在农村的金融业中占有重要的位置，中央农协成立了农业银行，专门从事面向农村的金融服务，为农民提供低息贷款，最大限度地保障农民对资金的需求，银行利息差由政府补贴或者通过减免税收给予银行补贴。经过 30 多年的发展，农协的银行目前在全国已经建立了 1 300 多个分支机构，成为

① 王文举、王莹. 韩国新村运动与中国新农村建设研究[J]. 农村经济与科技，2006，(10)：78.

全国规模最大,机构网络最多的银行之一。

3.1.3 韩国"新村运动"的成效与经验

经过将近40年的建设发展,韩国的"新村运动"取得了巨大的成就:一是农民生活环境得到明显改善。到1977年,作为农村贫穷标志的草房顶全部换为彩钢或瓦顶。1978年,韩国98%的农户用上了电。1971—1975年,全国共架设桥梁6.5万座,每村都修了3.5米宽、长2～4公里的进村公路,新建自来水管4 440公里,新建会馆3.6万座①。二是农民收入水平得到明显提高。1970—1976年,城市居民户年均收入增长4.6%,而农民户均增幅达到9.5%,1974—1977年间,农村居民收入水平曾一度超过城市居民。1996年,韩国已完全实现了城乡居民收入均等②。三是农业生产得到明显发展。1970—1998年,韩国大米产量由393. 9万吨增加到509. 7万吨,增长了29.4%,大米产量在1978年和1988年达到高峰,超过600万吨③;同期,乳牛、猪、鸡的饲养量大幅度增长,部分农产品实现了由满足自给到出口创汇的转变。四是乡村文明得到明显提高。韩国"新村运动"的核心是教育和培训,从中央和地方都建立了相应的教育和培训机构,人才培养和国民素质提高是"新村运动"中无法用经济效益衡量的成就。五是城镇化水平得到了显著的提高。1970年韩国城市化率为55.3%,1980年为71.6%,1990年为84.4%,2000年到达90.2%。韩国在30年内城镇化水平提高了35个百分点,基本达到了发达国家的城市化水平④。

在韩国的"新村运动"中,主要有以下经验值得我国在新农村建设中借鉴:①政府在财力和物力上给予适当支持,通过多种途径来扶持"新村运动"。韩国政府在"新村运动"中起到了重大的推动作用。有学者将韩国的农村建设模式称之为政府推动的模式。②加快农村基础设施建设,始终以农民的增收为农村建设的核心,采取综合措施,广辟农民增收渠道。③充分认识到提高农民文化素质和技能水平对促进农村、农业发展的重要性,坚持新农村建设与培育新农民相结合,重视农民的道德教育与伦理教育。④充分调动农民参与农村建设的积极性,分阶段、循序渐进地进行农村建设,政府在不同的阶段充当不同的角色(见表3-1),在"新村运动"的初期,政府作

① 寻广新.韩国新村运动对我国建设社会主义新农村的启示[J].中共云南省委党校学报,2006,(1):36.

② 孙浩然.韩国新村运动及其对我国建设社会主义新农村的启示[J].理论学刊,2006,(5):77.

③ 刘淮洲.韩国新村运动的经验及启示[J].山东工商学院学报,2006,(12):19.

④ 陈昭玖.韩国新村运动的实践及对我国新农村建设的启示[J].农业经济问题,2006,(2):74.

为主导者,到新村运动后期,则突出农民的主导作用。⑤高度重视并发挥农村经济合作组织的作用。

3.2 日本新村建设的经验借鉴

3.2.1 日本新村建设的基本概况

日本的新村建设经历了三个阶段:第一个阶段是在20世纪50年代中期,当时的日本经历了二战,整个国家可谓满目疮痍。尽管日本政府采取了一系列措施使经济很快得到了复苏,但是农村仍然很落后。1955年日本农林大臣提出了“新农村建设构想”。日本开始了战后首次的新农村建设。这次新村建设主要是加强农村基础设施的建设,政府加大对农村建设的资金扶持力度,通过政府的财力支持,农村的农田基本建设、水利、农村通电等公共设施都在这一阶段得到了建立。随着日本经济的高速发展,城乡之间的差距并没有得到妥善解决,反而还有继续扩大之势。为了有效缓解这些矛盾,日本政府于1967年3月开始了第二阶段的新村建设。这次新村建设的主攻方向是提高农业经营现代化,为此,政府继续加大对农村基础设施建设的投资力度,强化农田水利、暗渠排灌、农用道路以及农业防灾等基础设施建设。采取措施改善农村生活环境,改建和新建农村住宅,充实学校、医疗单位,建立农村保障制度。这次的新村建设达到了预期目的,大大加快了日本农业与农村现代化的进程。

20世纪70年代末,日本开始了第三次新村建设,这次的新村建设也就是日本历史上著名的“造村运动”。经过了前两次的新村建设,日本农村在农业耕种方面基本实现了全机械化作业,可以释放出大量的农业劳动力到其他领域,同时由于工业化和城市化步伐的加快,客观上需要大量的劳动力资源来补充,农村剩余劳动力的大量转移使得农村人口出现了过疏的现象,长此下去会使农业生产力大幅下降,农村面临瓦解的危机。为了避免这种情况,日本政府开始再一次着手实施农村建设。在日本的“造村运动”中,最具有影响力的是平松守彦于1979年开始提倡的“一村一品”运动。所谓“一村一品”运动,实质上是一种在政府引导和扶持下,以行政区和地方特色产品为基础形成的区域经济发展模式。其宗旨就是要求每个村庄都要充分挖掘自身潜力和优势,至少开发出一种具有地方特色的拳头产品,并力图形成产业基地,打入国内外市场。“振兴1.5次产业”也是日本“造村运动”实施的重点,1.5次产业是指以农、林、牧、渔产品及其加工品为原料所进行的工业生产活动,通过这个生产活动增加农产品的附加值。由于该生产活动是介于第一产业和第二产业之间，所以称为 1.5 次产业。除此之外，此次新村建设还对农民进行了各种教育与培训，促进了农村文化的发展。

3.2.2 日本新村建设的财政政策

(1) 涉农领域的高投入政策

日本政府对农业和农村的支持力度和保护程度是发达国家中最高的。中央政府的财政拨款及贷款主要用于农村基础设施建设，地方政府除了财政拨款以及发行地方债券用于农村公共设施建设以外，还多方式、多渠道地对农村进行投资，保证了农业和农村发展的资金需要。1960 年日本用于农业机械的支出为 841 亿日元，1975 增加到 9 685 亿日元，增长了 10 倍多，70 年代中期已基本实现了从耕作、插秧到收获的全面机械化①。日本政府每年扶持农业的资金约为 3 万亿日元，占财政收入的 6%～7%②。日本国家财政的农林水预算从 1960 年的 1 319 亿日元增加到 2000 年的34 281亿日元，年平均增长 15.25%，1960 年、1980 年和 2000 年的农林水预算占国家财政预算的比重分别为 10.5%、11.7% 和 7.1%，分别相当于当年农业 GDP 的 9.3%、51.7%和 57%，再加上地方预算支出，日本财政支农资金超过了农业 GDP 总额③。据有关资料显示：2002 年日本财政资金投入于农村的生活基础设施项目已经达到 30%，通过各种渠道用于农业的投资高达农业总产值的 15 倍之多④。涉农领域的高投入保证了土地改良、水利建设等基础设施的建设，保证了农村教育、卫生、文化、信息等社会事业的发展，保证了科研推广、动植物防疫、农业灾害赔偿制度的实施，为农村发展提供了充足的后备保障。

(2) 实施价格支持制度

为了保证农民的产品能够顺利实现销售，充分补偿农业生产的成本，使农业生产有利可图。日本实行了各种各样的价格支持制度。如对土豆、甘薯、甜菜等实行最低价格保证制度；对大豆、油菜籽、牛奶制定目标价格差额补贴制度；对蔬菜、水果、蛋类等实行价格平准基金制度。为了抵御农产品市场价格大起大落的风险，由政府和农户共同出资建立了农产品价格风险基金，政府出资占其中的 70%，农民出资 30%，这部分风险基金由农林水产省负责管理。风险基金的用途是当农产品供过于求导致市场价格下降时，基金会大量收购以消化过剩部分，促使农产品价格回升，保护农民利益；当

---

① 韩冰．借鉴美日韩经验加快我国新农村建设[J]．经济前沿，2007，(2)：11.
② 程又中、胡宗山．国外农村建设的经验教训[J]．当代世界与社会主义，2007，(2)：101.
③ 温桂荣．国外财政支农政策的比较与借鉴[J]．湖南商学院学报，2006，(6)：19.
④ 黄立华．日本新农村建设及其对我国的启示[J]．长春大学学报，2007，(1)：22.

农产品供不应求导致价格上升时，基金会则卖出储备的农产品，促使价格回落①。根据经合组织(OECD)的估计，日本农业收入的一半以上来自于政府的支持②。

(3) 建立收入补贴制度

2000年日本政府为了补贴山区、半山区和平原地区之间生产成本的差异，颁布了《针对山区、半山区地区等的直接支付制度》，对该地区的农户进行直接收入支付补贴。为防止自主流通米价格下跌给生产大米的农户造成过大的冲击，由政府和农户共同出资建立稻作安定经营基金，政府出资其中的6%，农户出资其中的2%，这部分基金主要用作对流通米价格下跌带来的收入损失进行补贴，补贴对象是100%完成政府规定的生产调整任务的农户。除了以上两种补贴外，日本还对农民提供了灾害补贴、生产资料补贴和农业保险补贴。灾害补贴费用由国库承担，主要是尽可能减少由于灾害损失对农民收入水平和生活水平的影响。生产资料补贴主要是购置农业机械、建造农用设施方面的费用，50%可以从中央财政得到补贴，25%可以从都府县得到补贴，其余25%则可以从接受国家补贴的金融机构得到贷款，有些地方市町村财政还要补贴12.5 %③。农业保险补贴是实施农业保险制度下的一种补贴。日本农业保险是一种强制性的险种，由政府直接参与保险计划，保险对象是生产数量超过规定数额的农民和市场，农作物保费的50%～80%由政府补贴，这种保险制度和补偿措施对农民收入稳定起到了重要的支持作用。

(4) 建立低息贷款制度

资金筹措问题是农村建设的关键，为此，日本政府除了在财政投入上向农村倾斜以外，还在金融方面提供了很多优惠。日本政府长期对农户提供低息的优惠贷款，这种制度的实施得益于日本完善的融资体系。日本的农村金融体系由政策性金融与农协金融两大部分构成(见图3-1)。政策性金融是指政府于1953年根据《农林渔业金融公库法》全资成立的日本农林渔业金融公库，贷款范围主要是对土壤改良、造林、林间道路、渔港等生产性基础设施建设以及对维持和稳定农林渔业经营、改善农林渔业条件所需资金而提供的贷款。日本农协金融包括中央农林金库和全国信联协会、都道府县的信用联合会以及基层的协同组合三个层次，农协金融的贷款对象是分散的农户，贷款范围广泛，并不局限于农业生产，贷款条件优惠，而且不需要担

---

① 刘明慧.日本农村社会保障制度及其对中国的启示[J].市场周刊，2005，(9)：70.

② 陈磊、曲文俏.解读日本的造村运动[J].当代亚太，2006，(6)，31.

③ 许云波.我国财政支农支出结构分析[D].武汉大学硕士学位论文，2005.34.

保。根据有关资料显示,在农协的贷款余额中,对社员发放的农业和生活贷款占80%以上①。以这种融资制度为途径,日本政府每年面向农村提供了大量的低息优惠贷款,为农村与农业发展提供了良好的资金基础和资金保障。据统计,在20世纪90年代日本政府每年光是补贴付出的低息贷款额就约为15 000～20 000亿日元②。

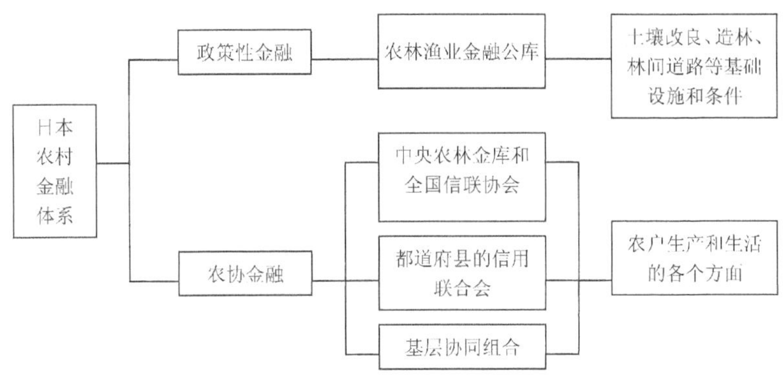

图3-1 日本农村金融体系构成图

资料来源:根据陈磊,曲文俏.解读日本的造村运动[J].当代亚太,2006,(6):33页整理。

(5) 优惠的税收政策

日本制定了很多针对涉农领域的税收优惠政策,这些优惠主要是通过农协来间接完成的。政府对农协一直实行低税率,农协的各种税率均比其他法人纳税税率低10%左右。如所得税,一般股份公司要按62%的税率缴纳,而农协只按39%的税率缴纳;再如法人税,一般企业的税率是35.5%,而农协的税率是27%;其他的各种地方税,一般企业要缴纳50%～60%,农协只缴纳43%③。

3.2.3 日本新村建设的成效与经验

经过长期建设,日本的农业得到了飞速发展,农业总产值由1955年的16 617亿元增至1962年的24 381亿日元,农户平均年纯收入也增长了4%。到20世纪70年代初,日本农业基本实现了机械化、化肥化、水利化和良种化。农业生产总值由1967年的41 661亿日元增至1979年的115 640亿日元,增幅高达177.6%。农民人均收入从1973年起就超过了城市居民,至

① 陈磊,曲文俏.解读日本的造村运动[J].当代亚太,2006,(6):33.
② 程又中、胡宗山.国外农村建设的经验教训[J].当代世界与社会主义,2007,(2):102.
③ 程又中、胡宗山.国外农村建设的经验教训[J].当代世界与社会主义,2007,(2):101.

1979年农户平均纯收入已达533.3万日元，比城市工薪家庭高出12.7%①，新村建设取得了明显效果，改变了农村面貌。始于70年代末的“造村运动”更加巩固了前两次新村运动的效果，消除了城乡差别。根据经合组织统计，2002年日本农户收入已经超过城市家庭，户均收入为550万日元，相当于4.4万美元，其中非农收入在农户收入中的比例高达86%②。“造村运动”还为非农产业开拓了农村市场，农民的富裕带动了农村强大的购买力，刺激了农村多元化消费，实现了日本农业和农村的现代化发展。

日本的新村运动有以下经验值得我们借鉴：一是重视法律法规及各种制度的建立。日本政府在农村建设的不同时期分别出台并修改了《农业法》、《农业协同组合法》、《农药取缔法》、《食品、农业、农村基本法》、《持续农业法》等法律法规，为农业和农村发展以及农村公共产品供给提供了法律与制度保证。二是政府充当发起者，并在资金、组织、规划和服务上给予大力支持，保证农业的迅速转型和农村的迅速发展。三是充分发挥农业协同组合的作用，激发农民的参与意识。在日本的农村建设中农协组织发挥了重大作用，日本政府的很多政策措施都是依靠农协组织推动和协助完成的，有学者把日本农村的建设模式称之为中介组织推动的模式，可见农协在日本农村建设中的作用。四是重视对农民的教育和培训，重视农业新技术的推广和改良。日本的农民教育供给主体具有多元化特征，分层次的教育机构可以给农民提供全方位的职业技术教育和培训，有利于在农业中推广和改良新技术。

3.3 美国农村建设的经验借鉴

3.3.1 美国农村建设的基本措施与成效

美国农村建设是典型的城市化带动农村的发展过程，可以说美国农村建设的过程就是美国农村城市化的过程。主要作法如下：一是以立法形式推动农村生产力的发展。美国有完善的农业立法体系，制定的农业法涉及面广，并适时对农业法进行修改和调整，使之能更好地维护农民利益。迄今为止，美国已经制定了30多种农业法规，覆盖了农业税收、土地使用、土地所有权、农业信贷、农业生产资料供应、农产品运输、农产品加工和环境保护等

① 黄立华．日本新农村建设及其对我国的启示[J]．长春大学学报，2007，(1)：21．

② Japanese Ministry of Agriculture, Forestry and Fisheries. http://www.maff.go.jp/eindex.html.

各个方面，健全的立法保护使农村建设进入了法制化的轨道，保证农村建设的顺利进行，做到了有法可依、有法必依。二是以“罗斯福新政”实施为起点，美国全面调整农业政策，以消除农业生产过剩和稳定农场主收益。1929—1933年，资本主义世界爆发了经济大危机之后，美国制定的罗斯福新政中就包括了重视并支持农业发展的内容。美国政府采取了农产品补贴、价格支持、信贷、保险等多种措施稳定农产品价格，提高农民收入和耕种的积极性。三是提供完备的面向农业和农村的服务体系，对农产品在生产和销售环节提供技术、科研、贷款、保险、市场等方面的援助。四是不断完善农村基础设施，为农民生产和生活的提高以及城乡一体化的发展创造条件。政府投入巨资修建驿道、开凿运河、铺设铁路和修建公路，努力改善国内的交通状况，并形成了较为完善的交通网络，加强了村与村之间以及城乡之间的联系，为农村建设奠定了城乡联系和经济交流的物质基础。五是以农村城市化带动农业劳动力的大规模转移。19世纪初，美国农村人口占总人口的95%左右。到1920年，美国城市人口首次超过农村人口占总人口的51.2%，到1930年前后，美国农村人口占总人口的比重降到43.8%，基本实现了农村的城市化。到20世纪70年代，美国农村和农业人口转移基本结束，美国一跃成为了世界上城市化高度发达的国家。

美国农村建设取得了重大的成效。①农民收入水平大幅提高。从20世纪80年代中期开始，美国家庭农场的收入就出现高于全国家庭平均收入的情况。在90年代中后期，家庭农场收入就已经持续超过全国家庭平均收入水平。②农村生产和生活环境得到了良好改善。农村基础设施完备，至1900年全国铁路总长度达到30多万公里。到20世纪60年代末，美国98%的农村地区实现了电气化[①]。③城乡差别不断缩小，实现了城乡一体化发展。20世纪70年代以后，美国城市人口开始出现向农村倒流的现象，农村优雅的生活环境、快捷的交通条件、便利的生活设施吸引了部分城市人口在农村居住，美国社会的城市化在向社会更高层次进步。

3.3.2 美国农村建设的财政政策

(1) 加大对涉农领域的投资

在20世纪40年代，美国就实现了农业的机械化和现代化，1959年人均国民生产总值就已超过1 000美元，成为世界上农业发达的工业化国家。尽管如此，政府仍然不断加大对涉农领域的投资。1985—1989年每年农业投资分别达到257.7亿美元、341.8亿美元、306.7亿美元、208.8亿美元和

① 刘瑞涵、李先德.美国农村建设的成效和问题[J].科学决策月刊，2006，(7)：50.

218.9亿美元①。美国对涉农领域的投资主要用于农民教育与培训、资源开发、基础设施建设、农业教育、科研和技术推广、资源利用与保护、乡村公用事业、保护农业的补偿性支出以及价格支持等，这些资金投入为农民生产状况的改变、生活水平的提高以及乡村面貌的改变创造了条件。

(2) 健全的农业补贴制度

美国对农业和农民健全的补贴制度是美国农业之所以能领先于世界的主要原因。美国的农业补贴制度涉及到生产、销售、国际贸易等多个环节，是一种全方位的综合补贴，归纳起来有以下几种：一是差额补贴。美国的农业部事先确定一个目标价格，如果商品贷款率高于目标价格或收获后全国平均市场价格低于目标价格，其差额由政府补贴给农民。二是直接收入补贴。对农民的补贴额度不与当年的种植面积和价格挂钩，农民自愿与政府签订“生产灵活性合同”，接受政府的固定补贴，农民可以自由种植合同内的土地，政府不予限制。三是反周期补贴。具体的操作方法也是事先由农业部确定一个目标价格，当市场价格加上“直接支付”高于目标价格时，不启动反周期支付，而当市场价格加上“直接支付”低于目标价格时，用反周期支付补偿两者之间的差价。四是销售贷款差额补贴。即政府预定一个农产品的销售价格，并以此价格贷款给农民。如农民收获后能在市场上卖到这个价格，政府就不给予补贴，如农民卖的价格低于此预定价格，二者之差就是政府给予农民的补贴。五是资源保护补贴。主要用于对土地耕种、农田水利、湿地、草地、农田与牧场等资源的补贴，还包括对自然灾害发生后的救援计划、投资补贴等。六是农产品贸易补贴。包括对出口信贷的担保、对国际市场上遭遇不公平竞争的出口进行补贴、对开拓有增产潜力的新兴市场给予贷款担保和贷款担保补贴等。健全的农业补贴制度，保证了农民收入、提高了农民从事农业生产的积极性，为农业和农村发展提供了强大的资金保障。据统计，从1996—2000年5年间，美国联邦政府向农民支付了616亿美元的现金补贴。布什总统签署的2002年农业安全和农村投资法案，计划在2002—2111年10年间向农业提供1 900亿美元(年均190亿美元)的巨额补贴②。

(3) 完善的融资体系

美国的农村融资体系是一个多元化、复合型的系统，它是以商业性金融为基础，以合作性金融为主体，以政策性金融为辅助的全方位的农村金融体系。不同的金融机构负责不同的业务，美国的商业性农村金融机构主要是

---

① 李双元、张华.国外农业财政投资及其借鉴[J].陕西农业科学，2000，(6)：31.

② 温桂荣.国外财政支农政策的比较与借鉴[J].湖南商学院学报，2006，(6)：18.

面向农户发放农业生产经营中的短、中期农业贷款。美国农村合作金融机构主要是向为农民服务的金融机构提供贷款和向农场主提供长期贷款，除此以外还负责中、短期的资金需求，以保证农场主日常农业生产资料的供应和与农业有关的其他业务活动。美国的政策性农村金融机构主要是针对扶贫、自然灾害以及低收入家庭和不能通过正常渠道获得充足资金的小企业等提供资金援助。美国完善的融资体系为农业和农村的现代化发展提供了强有力的资金支持。如美国政府对低收入的农民实行低息贷款，仅 1992 年就有 56 000 户农户接受了 23 亿美元的低息贷款①。

(4) 优惠的税收制度

美国没有设置对农业专门课征的税种，同时还为农业领域提供了很多税收优惠，保证农业生产的顺利进行。这些税收优惠主要有延期纳税、减税和免税政策。延期纳税就是可以将一部分尚未出售或虽已出售但未收到现金的产品延至下年度纳税。农民用于购买机器设备、生产用房以及饲养一年以上的牲畜开支等资本支出从当年收入中全部扣除，减轻纳税负担。对出售农业固定资产所得的 60%予以免税，只需按收入的 40%纳税，农场在遗产的纳税方面也有较大的优惠。

3.4　其他部分国家农村建设的经验借鉴

3.4.1　部分国家农村建设的概况

(1) 欧盟农村建设的概况

欧盟的农村建设主要经历了三个阶段：农村建设的初期通过对农业结构的调整来促进农村发展。1962 年欧共体建立了共同农业政策，其目标是要调整农业结构，采取对落后地区实施补贴、建立农业基金以及为农村提供技术和资金支持的方式促进农村发展。农村建设的中期是从以农业生产为农村建设的中心逐步转向关注农村的发展，对农产品以实施价格支持和直接补贴为主，控制农产品的生产和财政预算开支的过度增长，促进农业发展。农村建设的后期是要做到农业和农村的共同发展。1999 年欧共体对共同农业政策进行了彻底的修改，将共同农业政策转变为“共同农业和农村发展政策”，将农村发展作为共同农业政策的第二支柱，注重对农村生态环境的保护，进行国土治理，建立专项基金，加强对农村环境的综合治理。

---

① 程又中、胡宗山．国外农村建设的经验教训[J]．当代世界与社会主义，2007，(2)：102．

(2) 德国农村建设的概况

二战结束后，德国城乡差距不断加大，农业生产方式落后，大量农村人口外流，涌入城市后给城市带来了沉重的负担。20 世纪 50 年代，德国在巴伐利亚州进行农村的实验建设，随后在全国推广，希望通过土地整理、村庄改革等方式，推动农村的工业化和城市化。德国政府提出了“在农村生活，并不代表可以降低生活质量”的口号，德国联邦政府和各州政府依据《联邦—州改善农业结构和沿海地区保护共同任务法》出台了一系列资助和支持农业及农村发展的措施，其中包括对农业生产、农民收入、山区和贫瘠地区等的资助和补贴计划。2002 年至 2005 年间，德国政府共出资 4 500 万欧元，在 18 个农村地区开展了 500 多个资助项目①，政府资金的投入在农村产生了明显的效果，农村的基础设施得到完善，生产和生活条件以及农民待遇得到提高、农村面貌得到改善，农村吸引着更多的农民和城镇居民。

(3) 瑞士农村建设的概况

瑞士政府一直对农村的建设和发展非常重视，主要体现在对基础设施建设的投入和农村生态环境的改善等方面。瑞士农村生活设施齐全、交通便利、风景宜人，村民的教育、就医、取暖、用水等设施和条件都十分完善，农村成为人们居住和旅游的好地方，在农村中居住的绝大多数是城市居民。农村建设资金的来源一部分由政府投入，另一部分出自村民的税收与自筹。瑞士农村实行民主管理，由村长和 4 名委员构成了一个 5 人村民委员会来管理农村，还有两个独立的机构即年度预算编订委员会和预算监督执行委员会对其进行约束。村民委员会任期 5 年，由全体村民民主投票选举产生，负责税收的使用、土地和森林的管理等，大型项目的建立仍然需要全体村民投票表决。

(4) 巴西农村建设的概况

巴西是南美洲最大的国家，以咖啡、蔗糖、橙汁等农产品闻名世界，是世界第三大农产品出口国。巴西工业化和城市化发展比较迅速，但是农村发展却并没有以相同的步伐进行，农村环境恶化、生产和生活条件不足、教育落后、城乡差距日益加大、二元经济现象日益明显。面对这种情况，巴西政府逐渐意识到农业发展、农村建设是现代化建设进程中不可缺少的内容，否则将会给经济建设和国家发展带来严重的负面影响。20 世纪 90 年代以后，巴西政府出台了一系列关于农村建设的政策，其核心是对农村的土地进行改革，重点解决农村和农民的贫困问题。为了将农村人口留住，政府首先给无地的农民重新分配土地，同时还鼓励农业发达地区的农民到边远地区开

---

① 徐璞英. 国外农村建设的有关经验和做法[J]. 资料通讯，2006，(4)：46.

垦荒地，使农民都能有地可种。为了促进农业生产力的提高，政府对农户进行多渠道的资金和技术支持，如提供低息贷款、减免土地税等，解决了农民生产资金短缺的问题，提高了农民的生产积极性。为解决农民生活的后顾之忧，为其生活提供有力的保障，巴西政府还为农民建立了完善的社会保障体系，农民也可以享受退休金、疾病和工伤事故补贴等福利，可以与城里人享受同样的待遇。除此之外，巴西还加大对农村基础设施以及医疗卫生条件的投入，极大改善农村的生活条件和生活环境，重视对教育的投入，努力培养能适应市场竞争和发展的新型农民。

3.4.2　部分国家农村建设的财政政策

(1) 财政补贴政策

印度政府从 20 世纪 70 年代后期就开始不断加强对农业的投资，1992 年政府用于农业的投资达 988 亿卢比，占总支出 12 096 亿卢比的 8.17%①。印度财政对涉农领域进行各种财政补贴与资助，这些领域主要包括灌溉设施、生产设施、肥料等。德国政府对农业的补贴包括技术革新补贴、生产资料补贴等，同时还在农村的基础设施建设和农业科研领域进行了大量的投资，并且重点是对农村社会保障体系的建立和完善进行财力支持。法国政府在财政预算中列出了巨额补贴以确保农业和农村发展。英国政府对建设与农业有关的工程设施和公用设施，如水利工程、供电网、农场之间的交通网及田间排水供水等设施，都给予总费用 2/3 的财政补助。法国对农村建设的工程费用也进行补贴，但实行分类补贴，对不同项目的工程费用补贴不同的额度，如灌溉补贴占工程费用总额的 60%，建筑占 25%～50%，农村道路占 25%，排水占 15%～33%②。2003 年，法国农业的公共财政支持总额为 288.3 亿欧元，比 2002 年增加了 2.3%。法国政府还采取各种丰厚的奖金鼓励大企业到农业地区办工厂，以刺激和带动农村地区的发展，1966—1976 年 10 年间，享受“国家发展奖金”的企业共有 4 405 家，金额达 33.29 亿法郎，在落后地区发放的“领土整治补助金”也达 30 亿法郎③。其他发达国家在农村建设的过程中，也都通过采取发行债券、公共财政或其他方式由政府筹集资金投入到农村道路、水利、农民住房、自来水等基础设施的建设中。

(2) 最低限价政策

印度政府对主要粮食实行法定限价，保证在农产品市场价格波动时，国

---

① 财政部农业司. 国外农业与农业财政政策[M]. 第 1 版. 北京：:经济科学出版社，1998.69.
② 赵红. 国外农业财政政策的考察[J]. 财经论丛，1995，(6)：44.
③ 李冬洁. 国外投资农村的经验[J]. 人民论坛，2006，(9).

家按规定价格收购农民的粮食，维护农民收益。尿素是印度化肥的主要原料之一，为保持价格稳定，印度对尿素实行政府定价的方式，同时对生产和进口尿素的厂商进行运费补贴，既维护了厂商利益，又保持了尿素的低价格，保证了农业生产的供应。印度还对农业的灌溉用电也给予了财政支持，从而稳定价格，保证农业生产的顺利进行。巴西政府定期公布部分产品的最低价格，生产者只要将这些产品卖给政府，就能享受到最低保护价，保护种植农民的利益。

(3) 优惠的涉农税制

德国在农村建设和农业发展过程中，制定了很多优惠的税收政策。德国的农业土地占整个土地面积的80%，但农业土地税收只占整个土地税收的40%，对于土地所得税，政府也只对60%的应税额征税，其余给予免收①。在商品税制方面，德国农产品的增值税比一般商品的增值税要低大约5个百分点，而法国一些农产品的增值税要比一般商品的增值税低大约10个百分点。在所得税方面，法国对农林业所得征收所得税时会把家庭以及人口的因素考虑在内，家庭人口多、负担重的可以享受税率上的优惠。巴西政府规定，对于土地利用率在90%以上，占地25公顷以下，居住在农村的农场主可对其免征农业土地税。匈牙利政府规定可对受灾的农场和农民以及从事生态农业的生产者减免所得税，对年营业额少于100万福林的小型农户免征营业税等。印度政府对农产品免征农业所得税，对出口农产品免征出口赢利税，对进口商品实施高关税，以避免对国内市场所造成的冲击，保护国内产品的竞争力。

(4) 低息贷款政策

法国政府在农村改革和实现农业现代化的过程中，面向农业经营者所提供的优惠贷款起到了非常重要作用。到20世纪70年代中期，法国政府提供的农业贷款总额高达900亿法郎。利率比一般贷款的利率低一半左右②。从1990年起，法国政府每年都组织各个商业银行支农贴息贷款的利率投标。投标的利率一般都比市场利率要低，政府授予参加投标利率最低的银行代表政府负责发放支农贴息贷款的资格。1996年法国政府经过招标确定的农业贴息贷款定标利率为7.5%；其中国家财政向银行支付的贴息为3%，农民支付的市场利率为4.5%③。巴西政府为保障农业生产者能够得到充足的资

① 宰守鹏.英、德、芬三国农业财政政策的比较—兼论对我国的启示[J].财会研究，2002，(1)：59.

② 林凤.国外农村建设的基本经验及其对我国建设社会主义新农村的启示[J].经济研究参考，2006，(73)：28—29.

③ 陈孟平.转轨时期政府财政支农方式研究[J].北京社会科学研究，2000，(2)：21.

金，向生产者提供低息或无息贷款，这些低息或无息贷款是通过农业发展银行向农户发放的，由政府负责补贴由于优惠的贷款利率与国内金融市场间的差额而给银行带来的损失，1991 年政府安排这类财政贴息贷款共 45 亿美元①。

(5) 农业保险制度

加拿大政府通过财政资助为农作物建立保险基金，以最大限度减少因灾害造成的农业生产损失，联邦财政、省财政和愿意参保的农民共同承担保险基金。当农作物受灾后农民的收获低于保险产量的差额由农作物保险基金支付。巴西政府鼓励农产品出口，对农产品出口实施了一系列优惠政策，包括为农产品提供保险、贷款、为农产品建立出口保障基金以降低出口风险。

3.5 共性与启示

3.5.1 财政政策的启示

(1) 增加涉农领域的投入

政府资金的强大支持是各国财政支持农村建设的主要手段。各国的农村建设尽管采取的方式不同，政府在其中所担任的角色也不相同，但所有国家的农村建设都有一个共同特征，就是政府对涉农领域的财政支持比以往任何时候的力度都要大。涉农领域中的很多产品具有公共产品的性质，比如水利灌溉设施、道路、通讯设施、大型电网的建设、教育、医疗卫生、社会保障等，这些产品耗资巨大，但又是保证农业持续稳定增长和农村经济良性发展的重要条件。由于非排他性和非竞争性以及“搭便车”现象的存在，任何私人主体都无法满足公共产品的需求，而满足农村公共产品的需求是农村建设的前提条件和重要基础，因此这部分资金投入都由政府财政首当其冲的承担。

我国这几年也采取了很多措施以增加涉农领域的财政投入，如取消了对农民征收了几千年的农业税，并出台了针对粮农、农机、良种的补贴政策，增加了农民种粮的积极性。但是与发达国家相比，我国的财政支农力度还很低，据有关资料显示，目前美国对农业的综合支持量为 9.5%，欧共体为 25%，日本为 41%，而我国对农业的综合支持量只有 2%②。因此继续加大

① 赵红. 国外农业财政政策的考察[J]. 财经论丛，1995，(6)：44.

② 转载于陈庆萍.外国农业财税政策对我国财政支农的启示[J]. 经济问题探索，2004，(11)：124.

我国对涉农领域的财政投入，调整财政投入的结构，加强投入资金的监督管理是财政支持新农村建设要做的一件十分重要的也是事关全局的工作。

(2) 财政补贴和价格支持政策

财政补贴和价格支持政策是西方国家农村建设中经常使用的财政政策，也是最能起到对农产品和农民进行保护和照顾的政策。农产品的需求相对稳定，而农产品的供给由于受到气候等等多种因素的影响相对于需求是不稳定的，因此农产品的市场价格通常会出现波动，农产品价格上涨，生产者获利，但却无法保障城市居民的基本生活；农产品价格下跌，生产者亏损，农民没有了生产的积极性，纷纷从事其他有利润的活动，这会导致农业生产萎缩和农村发展滞后。因此，政府通常都会对农产品实行最低限价，当市场价格下跌时，由政府以事先公布的最低价格负责收购农户手中的农产品，避免农户因价格变动而造成损失，保证农户的生产利益。当市场价格上涨时，由政府出售部分农产品，以平抑价格，保证农产品市场的稳定发展。除了对产品进行支持以外，政府还经常对生产者进行生产、销售和出口方面的补贴，对农村的大型水利设施建造、水田转产、教育、技术推广、农村环境等方面的财政补贴也是进行农村建设最重要的资金投入渠道。政府的财政补贴是对农村建设强大的资金注入，保证了农村建设的顺利进行。

我国对农产品的补贴现状与发达国家相比，补贴水平显然不高，财政实际补贴的比率大约是2%～3%①。除了补贴力度较弱以外，我国的财政支农补贴还存在以下问题，使之没有发挥理想的效果：一是我国目前财政补贴的范围虽然比较普遍，但是由于补贴面广、很分散，难以集中发挥作用，补贴的效果较差。二是我国财政对农业的很多补贴以“暗补”为主，因此对生产的直接刺激力度不大，容易流失。从我国过去的做法来看，最主要的补贴是进行价格支持，采用保护价格收购措施，而价格支持是需要削减的“黄箱”政策，而且根据近几年的情况来看，补贴效果并不是很好。因此在我国的新农村建设中，要借鉴发达国家经验，充分利用财政农业补贴的政策工具，改革和完善我国的财政补贴制度，发挥财政补贴对一国农业的支持和保护作用，发挥财政补贴在新农村建设中的重要作用。

(3) 税收优惠政策

税收是财政收入的重要来源，也是政府调节经济的主要杠杆，政府在制定税制时，可以通过对征税的宽窄、税率的高低、税收优惠条件的调整，对特定的经济活动起到鼓励和限制作用。各国在农村建设的过程中，通过税收

① 中外农业补贴的比较及中国农业补贴的政策调整[EB/OL]. http://www.china-ah.com/news/ 2005/04/04/2585.html，2002－11－20.

政策的制定体现了国家对农业和农产品的优惠和照顾。各国的涉农税制虽然各有特点，也存在差异，但基本都没有设立对于农业单独征收的税种，通过各种优惠措施来均衡农业与非农业的税收负担，农村与城市、农业与非农业都采取一套税制，并且单独对农业和涉农领域规定更多的税收优惠条件，以减轻农民的税收负担，确保农民稳定增收，体现政府扶持农业和农村的思想。商品税制定方面，很多国家都将农产品视为一般商品，与其他非农商品一样征收商品税，所谓的优惠就是将农产品作为商品中的一个特殊税目在征收上给予减免或者降低税率。所得税制定方面，一般都将涉农领域的所得包含在个人所得税和公司所得税中，并根据农业生产的基本特征和农民的收入来源特征计算所得，税率也比较优惠。财产税制定方面，各国基本没有专门设立农用土地税，但并不等于说这些国家就放弃这部分税源，有的国家把农业用地直接纳入土地税的征税范围，也有的国家直接将其纳入财产税。很多国家对涉农领域税收的优惠是通过农协来协助完成的，也就是说相同的征税对象，对农协实行诸如低税率的优惠，而对一般纳税人实行正常的税收制度。

我国税制的制定，一是要体现公平原则。农业领域与非农领域、农村居民和城市居民的纳税负担应该大体相同，减除农民的不合理税负，不加重涉农领域的税收负担。二是要体现国家新农村建设的政策倾向。对于涉农领域的税制应该制定更多的减免政策及税率优惠政策，鼓励企业和投资者将资金和技术投入到农村，鼓励农民从事农业生产，体现国家对农业和农村发展的扶持倾向，引导社会资金向农村流向。三是要体现简便原则。便于征税人和纳税人计算，尽量减少征税和纳税的成本。四是要体现税收中性原则。尽量减少税收活动对农村建设和发展的干预作用，充分发挥农民生产和生活的积极性，充分调动资源投入农村领域，使税收在经济发展中真正起到调节作用。

(4) 财政信贷政策

资金短缺是农村建设最大的制约因素，除了对涉农领域增加财政支出以外，对农户和农业生产者提供优惠条件的低息贷款，也是帮助解决农村建设资金短缺问题的一个很好的途径。很多在农村建设中取得重大成就的国家都有非常健全的财政金融体系，多元化的融资体系可以满足农村建设的各种资金需求。有的金融机构只针对大型基础设施提供贷款，有的金融机构可以针对分散农户提供生活设施等琐碎项目的贷款，不同的贷款机构满足不同的需求。很多农村的金融机构以较高的存款利率吸收村民的闲散资金，又以较低的贷款利率借贷给农户使用，政府通过农业金融机构向农户或向涉农领域的重大建设项目发放低息或无息贷款,贷款条件通常比较宽松,申请标准也比较低,由于贷款利率低于国内金融市场的利率而造成的利息损失,或者由于存贷差额而造成的损失由政府财政补贴给农业金融机构,既保证了金融机构的利益,又极大解决了资金的短缺问题。贷款的用途不仅仅局限于农业生产,农民可以贷款用于改善生活设施和生活条件,改善居住环境。面向农村领域提供优惠贷款是农村改革和建设的成功经验之一,但同时需要有充足的政府财力作为坚强的支持后盾。

我国农村经济长期以来就处于资金不足的状态,政府对涉农领域除了增加财政投资以外,良好的融资体系也可以尽可能的满足农村大型项目和农户生产建设的资金短缺问题。但是我国目前的金融体系难以满足涉农领域的资金借贷需求,官方银行尽管贷款利率比较优惠,但贷款的条件严格,贷款的额度还经常受到限制,很多农民只能选择向民间借款,但是民间融资利率偏高。发达国家的金融结构具有多元化特征,能满足不同方面的资金需求,既有政府所有的金融机构,又有民间互助合作性质的金融机构,还有政府官办和民间协作相结合的金融机构,完善的涉农融资金融体系,能多渠道、全方位地筹集信贷资金。因此启动金融手段、完善现有的财政信贷制度势在必行。

3.5.2 其他方面的启示

(1) 发挥政府的主导作用

从各国农村建设的成功经验中可以看出,农村的建设离不开政府的大力支持。各国政府对农村建设的主导作用一般体现在以下几个方面:一是由政府充当农村建设的发起者和倡导者。二是政府对农村建设进行整体和长远的规划并提供制度上的保证。三是政府对农村建设提供财力和物力上的支持。需要明确的是政府主导作用主要体现在农村建设的初期,这时政府要组织和发动农民进行农村各项设施的建设,投入资金,制定建设的规划。在农村建设的中后期,由于建设工作在前期政府的推动下已经逐步进入正轨,政府的地位应由主导转向扶持,政府的作用主要集中在完善和修改农村建设的相关法律法规制度,积极开拓国际间的农业合作等宏观调控方面。尽管各国政府在农村建设过程中调控和参与的范围各有不同,在农村建设的不同发展阶段发挥作用的程度有强有弱,但是政府在农村建设中的主导地位是各国农村建设能够取得成功的有力保障。

(2) 充分调动农民的主体力量,发挥农村经济合作组织的作用

农村建设的主体力量是农民,调动农民参与建设家园的积极性是农村

建设成败的关键。在各国的农村建设中，农村经济合作组织（即农协）在组织与调动农民建设农村的过程中发挥了重大作用，尤其在政府退出建设的主导地位后，很多建设都是由农协来协助完成的，如政府对农村的财力和物力支持以及对农民发放的优惠贷款都是通过农协来实施的。我国农村在人民公社解散、家庭联产承包制实施后，一直未能形成一个强有力的组织体系。目前我国农民的组织化程度只有3.5%，成为世界上农民组织化程度最低的国家之一①，这与国际发展的大趋势和农民的需求是不相符合的。加入WTO后，来自于国内外农业市场的竞争越来越严酷，处于松散状态下的农民无法应对这样的竞争以及诸如向农村基础设施等公共产品属性较强的建设，因此借鉴国际经验，引导农民以自愿为基础，在政府的支持和保护下，成立新型的农民合作经济组织对于成功地推进新农村建设是十分必要的。

(3) 重视相关法律、法规及各种制度的建设

建立和健全相关法律、法规与制度，创造良好的法制与制度环境是农村建设的前提条件。在世界范围内，凡是农村建设搞得很成功的国家，都十分重视法律、法规及各项制度的建设。我国在新农村建设中，也应该加强法律法规的建立，将农村建设置于法制轨道，将其法制化、固定化。首先要注意废除和修改已经过时的相关法律、法规，同时还要细化、完善现有的法律、法规，并且适应新的形势制定、出台新的相关法律、法规，以逐步加快农村建设的制度化、法制化的步伐，做到依法办事。

(4) 加强农村基础设施建设，增加农村公共产品的供给

农村基础设施建设是农村经济持续发展的基础。城乡差距不断扩大主要体现在农村的生产和生活条件和城市的生产和生活条件差距过大。各国在农村建设中都十分注重保证农村公共产品的供给。在长期实行的二元经济结构的条件下，我国城市与农村的公共产品没有实现均等化，这将会严重影响新农村建设的步伐。我国必须高度重视并解决农村公共产品的供给问题，可以根据公共产品的特征决定财政投入的力度，动员社会各界力量，保证农村公共产品的供应。纯公共产品应该完全由政府出资，准公共产品可以由政府和农民个人共同负担。建立规范的转移支付制度和金融融资体系，为公共产品的资金投入提供有利的保障，确保农村公共产品的有效供给，为我国的新农村建设提供坚实的动力。

(5) 重视对农民的教育培训和科学技术的推广

人力资源是新农村建设最重要的资源。发达国家和地区在农村建设中都十分重视农民的教育问题，采取各种措施提高农民的文化素质、综合素质

① 黄立华. 日本新农村建设及其对我国的启示[J].长春大学学报，2007，(1)：24.

和思想认识水平以适应知识经济的发展。农村建设中的农业科研、农业教育和农业技术由于具有公共产品的性质，在推广的过程中需要依靠政府的财力支持。目前我国农村劳动力的整体素质不高，影响了农业和农村现代化的建设。巨大的农民人口数量使农民教育成为一项艰巨的任务。在农村教育中，要全面实行农村义务教育，加大农村义务教育资金的投入力度，开展多层次、有重点的农业技术培训和职业教育，发挥大学和科研机构在农民培训方面的作用，适时开展远程教育、网上交流，使农民能方便快捷地进行自我培训，促进城乡文化交流，切实改变农村落后的文化氛围，加强农村文化建设。

4 财政支持新农村建设的现状分析

4.1 现行税收制度支持新农村建设的现状分析

4.1.1 现行税收政策在支持新农村建设中的积极作用

农业是弱势产业，又是国民经济中的基础产业，需要国家在政策上给予适当的倾斜。税收是国家进行宏观调控的重要经济杠杆，目前我国已经制定和采取了一系列税收政策措施，这些税收政策体现了国家对“三农”发展和新农村建设的扶持态度。以下简要地对我国现行税制中有关向“三农”方面倾斜的政策作以概述：

(1) 增值税

我国增值税对农业生产资料生产、销售以及农产品销售、加工等几个环节实行税收优惠政策。在农业生产资料的销售环节，对饲料、化肥、农药、农机、农膜的生产销售或进口，按 13%的低税率征收。在农产品销售环节，首先对粮食、食用植物油按 13%的低税率征收；其次对从事农业生产的单位和个人销售自产的农产品免税；第三，增值税一般纳税人购进的免税农产品可以按 13%的扣除率计算进项税额；第四，对销售农产品及以销售农产品为主的个体工商户，增值税起征点一律确定为月销售额 5 000 元。在农产品加工环节，对于综合利用农林水产废弃物生产的产品、电力、热力等经有关部门认定，可享受国家资源综合利用的优惠税收政策，一般是减半征收增值税、免税或先征后退。

(2) 消费税

对于作为农业生产资料的农用拖拉机、收割机、手扶拖拉机专用轮胎免征消费税。

(3) 营业税

首先,对农业机耕、排灌、病虫害防治、植保、农牧保险及相关技术培训业务,家禽、牲畜、水生动物的配种和疾病防治等农业服务项目免税。其次,将土地使用权转让给农业生产者用于农业生产取得的收入项目,经税务机关审核批准,可以免税。第三,科研单位、大中专院校服务于农业的技术成果转让、技术培训、技术咨询、技术服务、技术承包所取得的收入免征营业税。第四,提高个人、个体工商户和销售农产品的个体工商户的营业税起征点。将按期纳税的营业税起征点幅度由月销售 200 至 800 元提高到 1 000 至 5 000 元。同时大幅度提高纳税人按次缴纳营业税的起征点。

(4) 企业所得税

十届全国人大五次会议通过的《中华人民共和国企业所得税法》规定对企业从事农、林、牧、渔业项目的所得免征或减征企业所得税,所称"农、林、牧、渔业项目"具体指蔬菜、谷物、薯类、油料、豆类、棉花、麻类、糖料、水果、坚果的种植;农作物新品种的选育;中药材的种植;林木的培育和种植;牲畜、家禽的饲养;林产品的采集;灌溉、农产品初加工、兽医、农技推广、农机作业和维修等农、林、牧、渔服务业项目;远洋捕捞。花卉、茶以及其他饮料作物和香料作物的种植;海水养殖、内陆养殖。税法还规定对公布前已经批准设立,按现行税法的规定享受 15%和 24%等低税率优惠的老企业,可以在新税法施行后 5 年内享受低税率过渡照顾,并在 5 年内逐步过渡到新的税率。

(5) 个人所得税

首先,对个人或个体户从事种植业、养殖业、饲养业、捕捞业取得的所得暂不征收个人所得税。对以家庭或几个人合伙为经营单位从事饲养业的,不再征收个人所得税。其次,对进入各类市场销售自产农产品的农民取得的所得暂不征收个人所得税。第三,乡镇企业职工和农民取得的青苗补偿费暂不征收个人所得税。销售自产农产品的农民取得的所得暂不征收个人所得税。第四,无固定生产经营场所的流动性农村小商小贩,不必办理税务登记。

(6) 其他税种

城镇土地使用税方面,对农业用地和农民居住房屋及土地免税。耕地占用税方面,对具有农业户口的居民在规定用地标准范围内占用耕地新建自用住宅减半征税。印花税方面,国家指定的收购部门与村民委员、农民个人书立的农副产品收购合同,农牧业保险合同免税。房产税方面,农业用地和农民居住房屋及土地免税。契税方面,承受荒山、荒沟、荒山、荒滩土地使用权,并专用于农业生产的免税,土地使用权的转让不包括农村集体土地承包经营权的转移的部分不用交契税。

应当肯定，上述税收政策具有一定的支持农业和农村发展的导向作用，再加上政府在其他方面有关措施的相互配合，现行税收政策在促进农业生产、农民增收和农村发展方面发挥了积极的作用。

4.1.2 现行税收政策在支持新农村建设中的不足之处

由于我国的农业和农村问题沉积已久，再加上我国长久以来实行的是向城市偏向的二元税收制度，制定税收政策时更多地考虑到对城市和工业发展的调节和支持作用，而对农村和农业发展关注的力度不够，现行税收政策所发挥出的积极作用远远不能满足新农村建设的需要。

(1) 总体阐述现行税收政策在支持新农村建设中的不足

A. 现行税制存在的问题

2006 年 1 月 1 日，《中华人民共和国农业税条例》(1958 年)正式废止，这意味着在中国延续 2 600 多年的“皇粮国税”——农业税正式走进历史，它不仅吹响了中国建设社会主义新农村的嘹亮号角，同时也为中国八亿农民带来了福音和希望，中国从此进入了“后农业税时代”。但是建设社会主义新农村仅仅依靠免除农业税是不够的，取消农业税虽然可以减轻农民负担，但从理论上，现行税制与社会主义市场经济所要求的现代化最优税制还有相当的距离。取消农业税后，我国现行税制在支持新农村建设中还有以下几方面的不足：

一是现行税制中缺乏能有效调节农业和农村经济的主体税种。我国原有的农业税兼有土地税、收益税、商品税的性质，是农村的主体税种，它不仅是取得财政收入的重要手段，也是加强农业土地资源管理、调节农用土地级差收益、农业经营所得、农产品增值额以及农民收入的重要杠杆。取消农业税在减轻农民负担、增加农民收入、促进农村经济发展等方面发挥了巨大的作用，但是也使现有税制失去了有效调节农业土地级差收益和农民收入的功能，这不利于农业和农村经济的和谐、健康发展。

二是现行税制中农民的税收负担仍然比较重。取消农业税并不意味着农民不需要承担纳税义务，农民不是农业税的纳税人，但可能是其他税种的纳税人，农业税的取消只是降低了农民的税收负担，并没有取消农民税收负担。取消农业税的初衷就是要缩小城乡税制差异，减轻农民负担，使农民轻装上阵，提高农民生产和生活的积极性。但事实上，农业税取消后农民的税收负担仍然比较重，不利于农民增收以及农业和农村的发展。表现为农民的直接税收负担下降的很明显，但是间接税收负担依然比较重。我国的税制结构以商品税为主，而商品税的一个特点就是可以转嫁，农民在消费商品、享受服务的过程中均承担着商品税的税收负担。同时我国现行税制对农业的一些优惠政策在贯彻落实的过程中没有真正达到惠农的目的，反而使农民的负担增加了。如国家对农业生产资料，饲料、农膜、农机具、化肥、农药、种子、种苗等等，从生产到销售环节都实行减免退税政策，但是这些优惠政策是一种间接的隐性的支农政策，而且主要是针对涉农企业的，农民并没有感受到直接的收益。很多享受着减免税收优惠的企业单位和个人，为了自身利益，擅自提高生产资料价格，把已被减免的税收又暗地里转嫁到农民头上，从农民手中赚取超值利润。税收优惠政策的实施偏离了政策制定时的初衷，不仅没有照顾到农民利益，使之减轻负担，反而让生产厂家或经销商得到了便宜，没有体现出工业反哺农业的原则。

三是没有建立城乡统一的税制体系。农业税取消后，城乡税制的差异大大缩小，城市和农村普遍征收增值税、消费税、营业税、企业所得税、个人所得税、契税、印花税等。财产税方面，城乡税制还存在着差异，如在城镇使用土地要交纳城镇土地使用税，在农村占用耕地建房和从事非农业生产要缴纳耕地占用税；对城镇的房产缴纳房产税，对农村的房产不征收房产税等等。另外，城市维护建设税方面，农民由于是三大商品税的纳税人，因此也会负担一定的城建税，但是城市维护建设税的税收却专款专用于城市的维护建设。城乡税制的这些差异不利于从观念上和制度上消除城乡差别、不利于建立统一的城乡大市场，更不利于推进社会主义新农村建设。

B. 涉农税收优惠政策存在的问题

一是现行税收优惠政策不够系统，各项政策之间存在着相互抵触的现象。现行各项涉农税收政策比较零散，不够系统，缺乏具有纲领性的重点政策。一些涉农税收政策的内在联系有待于进一步加强。比如对农村个体工商业户实行增值税和营业税的起征点制度，意在减轻负担，以利于农民休养生息。但是增值税、营业税优惠了，个人所得税却又由于应税所得额的增加而增加，两项政策相互间存在矛盾，政策效果减弱。

二是现行税收优惠政策不利于促进农业结构的调整和农业产业化。目前对涉农领域的税收优惠政策有一定局限性，可以概括为“五多五少”，具体来说农村种植业产品税收优惠相对较多，养殖业产品税收优惠相对较少；农产品生产环节税收优惠相对较多，销售环节税收优惠相对较少；农产品初加工环节税收优惠相对较多，深加工环节税收优惠相对较少；涉农科技支持方面税收优惠相对较多，资金支持方面税收优惠相对较少；农村经商的个体户税收优惠相对较多，从事加工的个体户税收优惠相对较少等。这些政策难以体现税收公平原则，同时也不利于农村产业结构调整和农业的产业化，不利于增加农产品的市场竞争力。

三是税收优惠政策存在城乡差异。目前许多税收优惠政策存在城乡差异，农民和农村难以享受。比如城市职工下岗再就业和企业吸收下岗职工再就业有税收优惠，但众多农村富余劳动力在非农地区、非农产业的企业上岗就业或自谋职业，对用工单位和劳动者本人则无税收优惠。劳动就业服务企业减免税政策和军队退役干部就业的税收优惠政策也只局限于城市就业人员，农村人员都不能享受。又如对来自农村地区的商品税要附征城市维护建设税，但对乡村建设维护缺少专门的或比较充裕的资金。税收优惠政策没有体现出农村与城市、农业与工业、农民与工人之间的平等。

(2) 部分税种在支持新农村建设中存在的不足

A. 现行增值税在支持新农村建设方面的不足

一是现行增值税制度使农业生产经营者的实际税负较高。农民是农产品的主要生产者和经营者，是税法中增值税的纳税义务人。我国现行增值税暂行条例第十五条第一款规定对农业生产者销售自产的农产品实行免税制度。但是由于增值税具有商品税税负转嫁的特征以及增值税实行税款抵扣制的特殊管理模式，在实际操作中并没有真正地消除农民所承受的增值税负担。首先，增值税是一种商品税，是在商品流通的环节征收，当农民以农业生产经营者的身份在市场中购买农业生产资料时，其购买价格中包含了相应的增值税税款。其次，增值税的税款抵扣制度对农业生产者不适用。增值税暂行条例中规定农业生产者销售自产的农产品是免税的，同时还规定销售免税产品不能开具增值税专用发票。专用发票是增值税中法定的抵扣进项税额的凭证。也就是说，即使农业生产经营者的经营已达到增值税一般纳税人规模，且会计核算健全，能够取得购买农业生产资料进项税的专用发票，但因其不能开具销项税的专用发票，使其抵扣凭证不全，就不能享受增值税的抵扣待遇。尽管国家对农业生产资料(如饲料、化肥、农药、农机、农膜等)实行13%的低税率，但由于无法开出增值税专用发票，使这部分13%的进项税额也不能抵扣，成为了农业生产经营者的实际税收负担。由此可见，农业生产经营者负担了比工商业经营者更高的税收负担。这不仅没有体现出对农民减负的要求，也不符合税收的公平原则。

二是现行增值税制度不利于农产品加工业的发展。首先，农产品的初级加工业和深加工业[①]税负不均等。农产品初级加工企业由于可以从农民

---

① 为了方便讨论，在此我们简单定义为企业外购初级农业产品生产、加工后销售的产品仍然属于财政部、国家税务总局《农业产品征税范围注释》中所列征税农业产品的为初级加工业，其他的为深加工业。

手中或者小规模纳税人手中收购，因此可按买价的13%计算扣除率，而买价是含税的价格；农产品深加工企业的原料供应者一般都能开出增值税的专用发票，而增值税专用发票中开具的价格是不含税价格，按照买价抵扣的增值税进项税额要高于凭增值税专用发票抵扣的进项税额，所以说相比较农产品深加工企业来说，初级加工企业负担的税负较低，税收待遇不一致。其次，抵扣率设计的不科学，对农产品深加工企业存在着“高征低扣”的问题。如果加工企业生产出的产品不属于《农业产品征税范围注释》中所列的征税农业产品，则对该产品适用17%的税率征税，但是另一方面这些企业使用的原材料大多是税率为13%的农产品，这就存在着“高征低扣”的问题。在不考虑人工等费用情况下，即使本环节没有实现增值，原价进、原价出，也要缴纳1.53%［卖价/(1＋17%)×17%－购进农产品买价×13%］或者3%［卖价/(1＋17%)×17%－买价/(1＋13%)×13%］的增值税。以17%的税率征收销项税，以13%的抵扣率抵扣进项税，增加了以农产品为原材料的深加工企业的增值税负担，造成农产品深加工企业的税负高于一般工业企业，不利于农产品深加工企业的生存发展，从而影响了整个农业生产的健康发展，进而将影响到整个国民经济的增长速度。

三是增值税的税收征管困难。现行增值税中关于自行开具收购发票抵扣税款的办法不便于税收管理。第一，收购凭证的格式和内容，全国没有统一规定，各地税务机关自行设计、印刷，并无任何防伪标记。由于收购凭证开具、使用和收购对象的特殊性，税务机关不可能像对增值税专用发票那样严格管理。第二，收购发票由收购者自行开具，税务机关对供货方的身份难以确定，收购者从无证经营户中购进或从经营单位中购进农业产品，可以在数量和价格上大做文章。由于所收购的农业产品涉及全国各地，税务部门要对有疑问的收购发票进行调查核实很不现实。第三，对违规处罚缺少依据。对收购发票的违规处罚比照《中华人民共和国发票管理办法》的有关规定处理，处罚力度不大，起不到威慑作用。如果按《中华人民共和国税收征收管理法》第五章第六十三条关于偷税的定义来认定，似乎只是和“在账薄上多列支出”比较相近，但从法理上理解，这一条应该理解为通过这种手段造成少缴企业所得税的后果，如果理解为少缴增值税则有些牵强①。

B. 现行消费税在支持新农村建设方面的不足

2008年新修订的《中华人民共和国消费税暂行条例》仍然沿袭1993年的规定，在征税税目中包含汽油、柴油、摩托车这三类税目。汽油和柴油(下

① 陈作明. 新农村建设背景下的农产品加工业税收政策研究[D]. 华中师范大学硕士学位论文,2006. 14.

称燃油)是农用机械的动力来源,农用机械的所有者(主要是农民)和接受农用机械服务的消费者(也主要是农民)无疑是农用燃油消费税的直接或间接承担者。这不仅增加了农民的税收负担,也不利于农业机械化的适用和推广。当前摩托车的主要消费群体是农民,是城郊和农村地区农民、工人用于农业生产运输和代步的主要工具,几乎相当于他们的生活必需品,对摩托车征收消费税,也就使农民成为了此项税款的主要承担者,这违背了消费税最初征收的初衷。

C. 现行个人所得税在支持新农村建设方面的不足

城乡居民在缴纳工资薪金所得税方面存在差别待遇。工资薪金所得,是指个人因任职或者受雇而取得的工资、薪金、奖金、年终加薪、劳动分红、津贴、补贴以及与任职或者受雇有关的其他所得。我国现行个人所得税法规定,个人所得税中的工资薪金所得以每月收入额减除 3 500 元后的余额为基础计算应纳税额,也就是说一个人的月收入高于 3 500 元就应缴纳个人所得税,否则就不用缴纳。对于城市的职工来说,除了每月的收入额可以减除 3 500元以外,还有一些收入是不征收个人所得税的,因此可以不计入在工资薪金的应纳税所得额中,如独生子女补贴、托儿补贴费、差旅费津贴、误餐补助、职工交纳的养老保险、医疗保险、住房公积金等,这样看来对于城市职工来说实际的费用扣除额是超过 3 500 元的,而对于很多进城务工的工资薪金所得达到起征点的农民来说,由于其从事的工作得不到上述待遇,有的单位甚至不为其交纳各种养老保险和医疗保险以及住房公积金,这些进城务工的农民就不能享受在个人所得税 3 500 元法定扣除范围之外的扣除项目,相当于他们实际税负增加,有失公平原则。同时由于现行的个人所得税实行综合费用扣除①的方式,每个人的工资薪金所得一次性减除 3 500 元后,再计算应纳税额,但是很多农民取得的收入是全家唯一的生活来源,他们的个人收入就是家庭收入,没有把这一点考虑进去在计算个人应纳所得税时一律减除 3 500 元,同样也会使农民的税负增加,有失公平原则。

4.1.3 现行农村税收征管工作存在的问题

(1) 农村税收征管硬环境存在的问题

一是农村税收的征管难度较大。我国农村地域广泛,同时农村经济多以个体经济为主,个体经济分布广、流动性大,税源零星分散,发展极不平衡,基层地税分局(所)难以全面、准确地掌握纳税人的真实经营活动,造成税务机关对农村的税源底数不清、监控不力。同时我国广大农村地区交通

① 所谓综合扣除费用就是在计算每一项所得时,费用是综合扣除的,只计算一次。

不便，通常是一个分局要负责 3～4 个乡镇的税收征管，管理面相对偏大，除了分局驻地乡镇缴纳税收方便以外，其他乡镇的纳税人往来一次纳税可能需要花费半天甚至是一天的时间，有时由于办税材料准备的不齐，可能还得需要再来一趟。对于很多农民来说，即使有了纳税意识也往往会由于时间成本太高或者嫌麻烦而不愿缴纳税收，增加了农村税收征管工作的难度。

二是计算机网络的依托作用在农村税收征管工作中远未得到充分的发挥。首先，很多农村地区欠发达，计算机还谈不上被广泛应用，对纳税人纳税资料的收集、处理，特别是对农村个体工商户纳税人的资料收集、处理还是要靠人工操作，计算机还未能在税源管理和纳税管理中发挥作用，税收管理手段落后，管理效率低下。其次，计算机网络难以形成。由于基层税务部门缺乏既懂税收业务又精通计算机的“应用复合型人才”，计算机整体运用水平较低，无法建立起与工商、国税、地税之间的信息网络，农村的信息共享工作受到限制，造成相关部门之间配合不力，进而影响了农村的税收征管工作。

(2) 农村税收征管软环境存在的问题

一是征纳双方的素质有待于提高。一方面是税务人员的素质有待于提高。部分税务干部没有树立“为纳税人服务”的思想意识，“高高在上”的官僚作风仍然存在。部分税务干部业务水平不高，办事效率低，工作不负责任，有的纳税人花了半天时间来到办税大厅，却经常会碰到经办人员不在无人代班，多次办不成事也是常有的；碰到服务意识差的税务人员，有时还要遭受“冷眼”，这都会引起纳税人的逆反心理，打击他们的纳税积极性。还有少数税务干部在执法中仍然存在收“人情税”、“关系税”和随意执法的现象，大事化小、小事化了，导致了征收工作中的税款流失。另一方面是纳税人的纳税意识有待于加强。我国农村纳税人由于文化水平较低等原因，税收法律意识普遍较差，大多数农民主观上不愿纳税，纳税人自行申报纳税变成了自由申报纳税，增大了税收征管的难度。

二是税收服务环境有待于进一步加强。首先，对税收优惠政策宣传和辅导的广度和深度不够，政策宣传还未做到家喻户晓，一些优惠政策农民还不太了解，宣传和服务不够个性化，没有体现农村特色。税务部门在帮助农民用好、用足优惠政策方面的积极性还有待于进一步发挥。其次，办税大厅缺少以人为本的服务理念，办税流程不科学，初次来办理税务登记、申报纳税的乡镇企业常常不知所措。

4.2 现行财政支出政策支持新农村建设的现状分析

4.2.1 现行财政支出政策在支持新农村建设中取得的成绩

中央财政现有直接支持“三农”的资金15类，包括基本建设投资，农业科学事业费、科技三项费用、支援农村生产支出、农业综合开发支出、农林水气等部门事业费、支援不发达地区支出、水利建设基金、农产品政策性补贴支出、农村中小学教育支出、农村卫生支出、农村救济支出、农业生产资料价格补贴。这一口径是目前中央财政支持“三农”支出的最大口径，基本涵盖了中央财政支持“三农”的各个方面。近年来，中央财政在支持“三农”方面做了大量工作，取得了显著成绩：一是大幅度增加了财政投入。2001—2005年间用于“三农”的资金达到11 300多亿元，5年年均递增17%，2006—2008年的3年间，财政支农资金分别达到3 173亿元、4 318亿元和5 955亿元，3年年均增长16.66%。二是促进了粮食稳定生产和农民持续增收。2004年以来，为了促进粮食生产和农民增收，中央陆续出台了一系列政策，包括对种粮农民实行直接补贴、良种补贴、农机购置补贴，支持农业科技推广，加大支持农村劳动力转移就业培训力度等等，取得了显著成果。2008年财政支出用于粮食直补、农资综合补贴、良种补贴、农机具购置补贴资金达1 030亿元，比上年增长一倍①。2004年和2005年两年间，我国粮食增产累计在1 000亿元左右，农民增收的幅度保持在6%以上，成为20世纪90年代中期以来最好的时期。2008年粮食种植面积10 670万公顷，比上年增加106万公顷，全年粮食产量52 850万吨，比上年增加2 690万吨，增产5.4%，实现自1985年以来首次连续5年增产②。三是推动了生态建设。1998年以来，我国先后实施了“天然林保护”、“退耕还林”等重点林业生态建设工程，积极开展森林生态效益补偿，促进了林业生态建设的稳步推进。各级财政部门还积极支持防护林体系、防沙治沙、水土保持和退木还草等建设，为生态农业的发展做出了积极的努力。四是推进了农村的扶贫开发。2001年，党中央、国务院制定并颁布实施了《中国农村扶贫开发纲要(2001—2010年)》(以下简称《纲要》)，随着《纲要》的颁布，各级财政部门不断加大对农村扶贫开发的资金投入，2001—2005年间，各级财政用于农村扶贫开发的投入752亿元，其中中央财政扶贫投入572亿元，在增加投入的同时，各级财政部门还积

---

① 温家宝总理政府工作报告[EB/OL]. http://finance.21cn.com/jjbd/2009/03/05/5953564.shtml,2009-3-5.

② 国家统计局统计公告 http://www.stats.gov.cn/tjgb/.

极调整财政扶贫的思路，支持整村推进和以龙头企业带动扶贫，大胆尝试扶贫开发贷款贴息方式的改革，积极探索财政扶贫的有效途径。五是强化监督管理，提高了财政支农工作的法制化、规范化水平。“十五”期间不断地完善各项管理制度，加强财政支农资金使用管理的检查监督，增强和提高了财政资金分配的公平性、合理性和透明性①。

4.2.2 现行财政支出政策在支持新农村建设中存在的问题

新农村建设需要大量的资金投入，推进新农村建设，必须建立以政府为主导、社会各界和农民相结合的投入机制。回良玉副总理在建设社会主义新农村专题研讨班的专题讲座中强调指出：建设新农村需要大量投入，虽然不能也不可能全靠国家，但国家要承担起必要的责任，充分发挥主导作用。因此要求财政在安排支出政策时要尽可能地保证农村建设发展的需要，保证对农村建设和发展领域的资金投入。但在实际操作中，由于财政政策出现偏差，财政支出政策在涉农领域中的投入不仅总量不足，而且投入结构和比例也不合理，致使财政支农政策在支持农业发展和农村建设的过程中没有达到预期的效果，具体表现在以下几个方面：

(1) 财政支农支出总量不足

近年来，随着我国财政实力的增强以及对“三农”的关注和重视，中央财政用于支持农村的投入数量不断增加。但是财政投入涉农领域的总量还是不足以保证新农村建设的各项需求，财政支农投入总量不足主要表现在：

A. 各年度财政支农支出不均衡

1998—2007 年，中央财政直接用于“三农”的资金累计达到 20 542.87 亿元，其中 1998 年财政支农资金合计 1 154.76 亿元，2007 年为 4 318.00 亿元，财政支农支出的年平均增长率为 15.78%，但是每年的投入量和增长量却极不平衡，甚至波动很大。1998—2007 年这 10 年间每年的增长率分别为 50.68%、－5.98%、13.43%、18.29%、8.51%、10.99%、33.24%、4.82%、29.49%、36.09%，其中 1998 年财政支农的增长幅度最高，达到 50.68%，而下一年 1999 年的财政支农支出不仅没有提高，反而降低，增长幅度为－5.98%，各年财政支农幅度变动很大，没有形成财政支农稳定的增长机制。从图 4－1 中我们可以清晰地看出，尽管各年财政支农支出的绝对数额呈逐年上升的趋势，但是各年财政支农支出占当年财政总支出的比重却呈逐年下降的趋势，其中在 1985 年、1998 年和 2004 年前后还出现了较大的波动，

① 中国农村财政研究会. 全国财政支持新农村建设研讨会优秀论文汇编(2006)[C].第 1 版. 北京：中国财政经济出版社，2007. 9.

财政支农支出占财政总支出的比重在 1985 年出现了先急剧下降，而后又上升的局面，而在 1998 年和 2004 年这两年里则呈现出了先突然上升，又接着继续下降的趋势，财政支农投入政策的不稳定，难以为农村的持续快速发展提供稳定的财力支持。

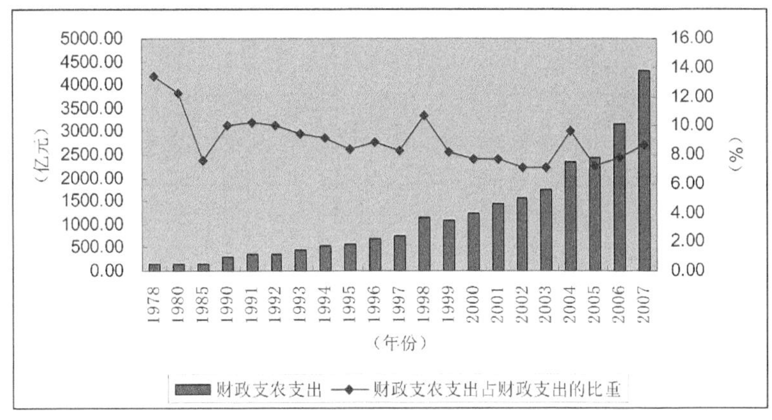

图 4-1　各年财政支农支出占当年财政总支出的比重图

资料来源：2006 年以前数据根据中华人民共和国国家统计局. 中国统计年鉴 2007[M]. 北京：中国统计出版社，2007.282 整理而成，2007 年数据根据中国社会科学院农村发展研究所、国家统计局农村社会经济调查司. 中国农村经济形势分析与预测(2007—2008)[M]. 北京：社会文献出版社，2008.16.

B. 财政支农支出占财政总支出和 GDP 的份额少且不均衡

首先是财政支农支出在财政总支出中所占的份额低。从图 4-1 中可以看出，除了个别年份以外，财政支农支出在财政总支出中所占的比重基本在 10%以下，财政支农支出难以满足农业发展和农村建设的需要。其次是财政支农支出在 GDP 中所占的份额较少。在我国，政府对农业提供的财政支持仅占农业本身 GDP 的 5%～6%。而在美国、加拿大、澳大利亚等农业发达国家，这一数据达到 25%以上，日本、以色列等国甚至高达 45%～95%，即使在印度这样的发展中国家，财政对农业的投资也占农业 GDP 的 10%①。无论是相对于西方的发达国家还是发展中国家，我国财政对农业的投入都是相当低的。最后，从表 4-1 和图 4-2 中可以看出，在 2000 年以前，财政支农支出与 GDP 和农业 GDP 的关系几乎无规律可循，财政支农支出并没有随着 GDP 和农业 GDP 的增长而增加，反而是随意性很大，尤其是 1998 年前后的变化更加明显。1998 年在 GDP 和农业 GDP 比前一年都下降的情况下，财政支农支出却比 1997 年增长了 41 个百分点。2000 年以后，财政支

① 刘笑萍. 中国新农村建设筹资政策研究[M]. 第 1 版. 北京：经济科学出版社，2007.133.

农支出与GDP和农业GDP的变化逐渐趋于一致，但增幅的频率仍然不同，如2004年在GDP较上一年增长不到5个百分点时，财政支农支出较上一年增长了22个百分点，农业GDP较上一年增长了18个百分点。2006年在GDP与农业GDP比上一年都略有下降的情况下，财政支农支出比上年增长了24个百分点。

表4-1 我国财政支农支出增长率与GDP、农业GDP增长率对比表

年份	财政支农支出的增长率(%)	GDP增长率(%)	农业GDP的增长率(%)
1980	−13.98	11.89	7.98
1981	−26.50	7.61	13.70
1982	9.33	8.83	13.97
1983	10.27	12.01	11.31
1984	6.34	20.89	17.07
1985	8.73	25.08	10.72
1986	19.91	13.97	8.75
1987	6.25	17.36	15.93
1988	9.38	24.75	19.56
1989	24.23	12.96	10.36
1990	15.76	9.86	18.66
1991	12.90	16.68	5.54
1992	8.19	23.61	9.82
1993	17.13	31.24	18.70
1994	21.01	36.41	37.46
1995	7.87	26.13	26.78
1996	21.83	17.08	15.49
1997	9.42	10.95	3.04
1998	50.68	6.87	2.60
1999	−5.98	6.25	−0.32
2000	13.43	10.64	1.18
2001	18.29	10.52	5.60
2002	8.51	9.74	4.79
2003	10.99	12.87	5.11

（续表）

年份	财政支农支出的增长率(%)	GDP 增长率(%)	农业 GDP 的增长率(%)
2004	33.24	17.71	23.19
2005	4.82	14.60	4.70
2006	29.49	15.67	7.23
2007	36.09	17.75	16.87

资料来源：根据中华人民共和国国家统计局．中国统计年鉴 2008[M]．北京：中国统计出版社，2008.261、264.整理．

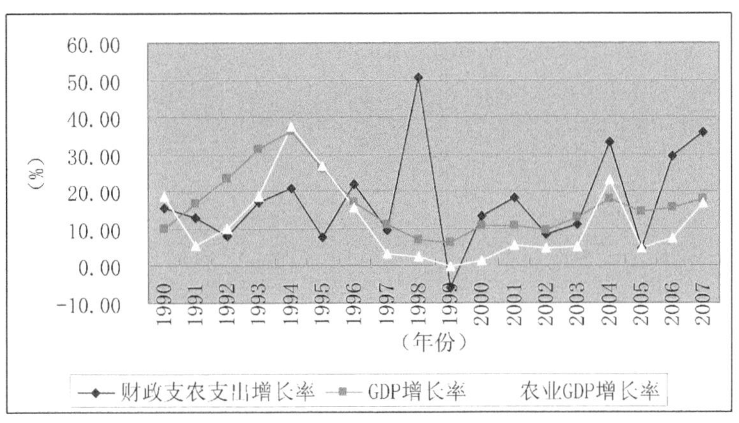

图 4－2　我国财政支农支出增长率与 GDP 增长率、农业 GDP 增长率对比图

资料来源：据表 4－1 的数据绘制．

C. 财政支农支出的增长速度低于财政收入的增长速度

《中华人民共和国农业法》第四十二条规定："国家逐步提高农业投入的总体水平。国家财政每年对农业总投入的增长幅度应当高于国家财政经常性收入的增长幅度"。但在实际操作过程中，由于财政支农政策出现偏差，农业投入不足且比例失调，达不到增长的幅度。1998 年全国财政收入为 9 876亿元，2007 年全国财政收入为 51 322 亿元，这八年间财政收入年均增长率为 20.09%，而财政支农支出在 1998 年为 1 155 亿元，2007 年为 4 318 亿元，年均增长率为 15.78%，低于这八年间财政收入的增长幅度①。表 4－2 是我国财政支农收支的历年情况，从表中可以明显看出，自 1985 年以来，财

① 数据根据中国统计年鉴 2008[M]，中国统计出版社，第 282 页整理而成。

政支农收支就一直是收大于支，而且收支差额增长的趋势非常明显。这就是国家通过财政手段，从农村汲取资金优先发展工业，以农村支持城市建设的结果。1985 年之后，财政涉农收入与支出的差额逐步增加，农业创造的价值源源不断地流向城市，为工业化发展和城市建设提供了巨大的资金支持和稳定动力。在农业对工业化发展作出贡献的同时，却使得农业自身投入不足，农业和农村发展的资金短缺致使农业生产和农村发展陷入停滞状态，城乡差距不断扩大，二元经济现象不断加剧。

表 4－2　财政支农收支历年情况①　　单位：亿元

年份	财政支农收入			财政支农支出	收入-支出	收入与支出的比值
	农业各税	乡镇企业税收	合计			
1980	28	26	54	150	－96	0.36
1981	28	34	62	110	－48	0.56
1982	29	54	74	120	－46	0.62
1983	33	59	92	133	－41	0.39
1984	35	70	125	141	－16	0.89
1985	42	137	179	154	25	1.16
1986	45	177	222	184	37	1.21
1987	51	222	273	196	77	1.39
1988	74	310	384	214	170	1.79
1989	85	333	418	266	152	1.57
1990	88	283	371	308	63	1.20
1991	91	344	435	348	87	1.25
1992	119	494	613	376	237	1.63
1993	126	863	989	440	548	2.25
1994	231	1035	1266	533	734	2.38
1995	278	1280	1558	575	983	2.71
1996	369	1436	1805	700	1105	2.58
1997	397	1475	1872	766	1106	2.44
1998	399	1583	1982	1155	827	1.72
1999	424	1789	2213	1086	1127	2.04
2000	465	1996	2461	1280	1181	1.92
2001	482	2803	2790	1516	1274	1.84

① 表中的数值均为四舍五入后的结果。

（续表）

年份	财政支农收入			财政支农支出	收入-支出	收入与支出的比值
	农业各税	乡镇企业税收	合计			
2002	718	2694	3504	1528	1976	2.29
2003	872	3130	4002	1754	2248	2.28
2004	902	3658	4560	2338	2222	1.95
2005	936	5181	6117	2450	3667	2.50
2006	1084	6105	7189	3173	4016	2.27
2007	1439	7366	8805	4318	4487	2.04

资料来源：根据刘笑萍．中国新农村建设筹资政策研究[M]．第1版．北京：经济科学出版社，2007．135.中国乡镇企业及农产品加工业编辑委员会．中国乡镇企业及农产品加工业年鉴[M]（2002—2007）．北京：中国农业出版社和中华人民共和国国家统计局．中国统计年鉴2007[M]．北京：中国统计出版社，2007.280、282．中国社会科学院农村发展研究所、国家统计局农村社会经济调查司．中国农村经济形势分析与预测（2007—2008）[M]．北京：社会文献出版社，2008.16.以及中国乡镇企业进入新一轮发展时期[EB/OL]．http://www.raresd.com/raresdin/brownew.asp? n_ID=4660，2008-06-18.

从图4-3中可以形象地看出，各时期财政支农收入与财政支农支出的比值虽然有升有降，但总体上是呈现上升的趋势。自1985年以后比值就一直大于1，说明财政支农收入大于财政支农支出，1996年的比值达到了最高点为2.58，之后略有降低，在2002年和2003年又再一次达到了2.29和2.28。财政支农投入不仅低而且各时期投入不均衡，因此在新农村建设中，加大农业发展和农村建设的资金投入，建立稳定增长的财政支农资金投入机制是非常重要的。

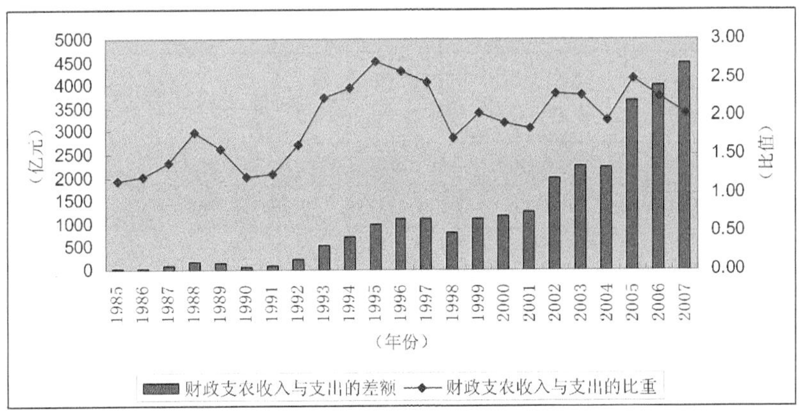

图4-3 我国财政支农收入与支出的差额及比值图

资料来源：根据表4-2的数据绘制而成。

(2) 财政涉农支出结构不合理

我国财政支农支出主要包括五大方面内容:农业基本建设支出、农业事业费、支援农村生产支出、科技三项费用以及农村救济费。从以往的统计数据来看,我国财政支农支出的结构比例不合理,支农资金没有得到很好的利用。

A. 直接用于生产性支出的比重过低,涉农事业费比例过高

近几年,我国财政支农资金直接用于生产性的支出比较少,非生产性支出多,经常出现行政费挤占事业费、事业费挤占生产性支出的现象。据有关资料表明,自1998年以来,我国农村财政资金用于涉农部门的事业经费开支总体占到了60%~70%,最高年份达到了73%,其中2004年占64%,在事业费居高不下的情况下,农业事业费内部比例结构失调,即人员机构经费增长较快,业务费增长较为缓慢,形成一种"有钱养兵,无钱打仗"的局面①。

B. 科技三项费用比例偏低,农业科研投资严重不足

财政对农业科技三项费用的投入占财政总支出的比例有所上升,但总体水平较低,不利于农业生产率的提高。从表4-3中可以看出,财政对农业科技三项费用的支出虽然逐年增加,但是在财政支农总支出中所占的比例还是相当低的,都维持在1%以下。农业科技三项费用占农业总产值的比重低于发展中国家0.55%的平均水平,与发达国家2.5%的比重水平更是相差甚远②。图4-4是2006年我国财政支农支出的比例图,2006年我国财政支农支出合计达到3172.97亿元,但是用到科技三项费用的支出仅有21.42亿元,仅占支农总支出的0.68%,这是一个非常小的比例,几乎都可以忽略不计。这说明国家对农业可持续发展的科技投入没有足够的重视,这不利于我国农业的长期稳定发展。

表4-3 农业科技三项费用在财政支农支出中的比重 亿元

年份	农业科技三项费用支出	财政支农支出	占财政支农支出的比重(%)	农业总产值	占农业总产值的比重(%)
1992	3.00	376.02	0.80	5 866.6	0.05
1993	3.00	440.45	0.68	6 963.8	0.04
1994	3.00	532.98	0.56	9 572.7	0.03
1995	3.00	574.93	0.52	12 135.8	0.02
1996	4.94	700.43	0.71	14 015.4	0.04

① 刘笑萍. 中国新农村建设筹资政策研究[M].第1版.北京:经济科学出版社,2007.139.

② 朱新武、雷霆. 社会主义新农村建设的财政支农政策创新探讨[J]. 经济问题,2006,(12):49.

（续表）

年份	农业科技三项费用支出	财政支农支出	占财政支农支出的比重(%)	农业总产值	占农业总产值的比重(%)
1997	5.48	766.39	0.72	14 441.9	0.04
1998	9.14	1 154.76	0.79	14 817.6	0.06
1999	9.13	1 085.76	0.84	14 770	0.06
2000	9.78	1 231.54	0.79	14 944.7	0.07
2001	10.28	1 456.73	0.71	15 781.3	0.07
2002	9.88	1 580.76	0.63	16 537	0.06
2003	12.43	1 754.45	0.71	17 381.7	0.07
2004	15.61	2 337.63	0.67	21 412.7	0.07
2005	19.90	2 450.31	0.81	22 420	0.09
2006	21.42	3 172.97	0.68	24 040	0.09

资料来源：根据中华人民共和国国家统计局．中国统计年鉴 2008[M]．北京：中国统计出版社，2008.57、282 整理而成．

图 4－4　2006 年我国财政支农支出结构比例图

资料来源：根据中华人民共和国国家统计局．中国统计年鉴 2007[M]．北京：中国统计出版社，2007.57、280、282 页整理而成．

C. 直接用于改善农业生产条件和农民生活条件的基础设施投资比例偏小，并呈现下降趋势

作为农村生产发展重要物质基础的农村基础设施建设一直没有受到政府财政投入的足够重视，近几年来中央财政在安排财政支农支出时，在农业基本建设投入的资金数量不仅增长缓慢，还显示出了在财政支农资金总量比重中不断下降的趋势。从表 4－4 中可以看出，农业基本建设投资的增长是极其缓慢的，1998 年是 480.81 亿元，占财政支农总支出的 39.9%，达到了有史以来的最高点，随后就持续下降，2000 年在财政支农支出相比 1998 年增加了 76.78 亿元的同时，农业基本建设支出却降到了 141.46 亿元，在 2003 年、2004 年略有增长之后，又呈现出缓慢的下降趋势。而且除了个别年份

外,农业基本建设支出在财政支农总支出的比重都在20%左右,2006年达到了历史的最低点,仅为15.89%。近几年来农业基本建设支出在财政支农总支出中不断下降的趋势通过图4-5可以清晰地表达出来。

表4-4　农业基本建设支出在财政支农支出中的比重

年份	农业基本建设支出	财政支农支出	占财政支农支出的比重(%)
1990	66.71	307.84	21.67
1991	75.49	347.57	21.72
1992	85.00	376.02	22.61
1993	95.00	440.45	21.57
1994	107.00	532.98	20.08
1995	110.00	574.93	19.13
1996	141.51	700.43	20.20
1997	159.78	766.39	20.85
1998	460.70	1 154.76	39.9
1999	357.00	1 085.76	32.88
2000	141.46	1 231.54	33.65
2001	480.81	1 456.73	33.01
2002	423.80	1 580.76	26.81
2003	527.36	1 754.45	30.06
2004	542.36	2 337.63	23.2
2005	512.63	2 450.31	20.92
2006	504.28	3 172.97	15.89

资料来源:根据中华人民共和国国家统计局.中国统计年鉴2007[M].北京:中国统计出版社,2007.282整理而成.

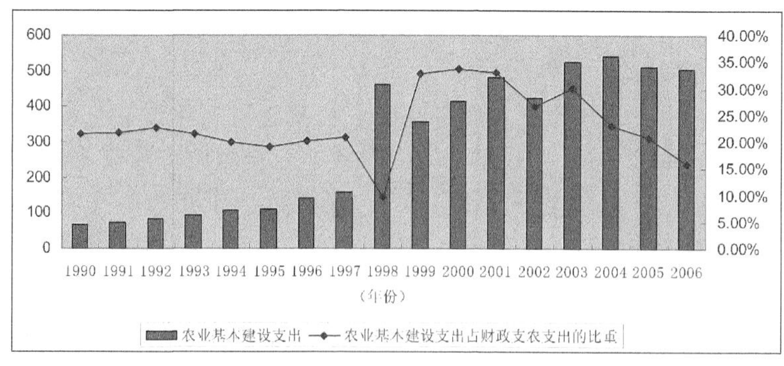

图4-5　历年来农业基本建设支出及其所占财政支农支出的比重

资料来源:根据表4—4数据绘制而成.

D. 财政对涉农领域的间接支持多于直接支持

由于管理体制和财力有限等因素，我国政府对涉农领域的财政资金投入主要以间接支持为主，财政的投资和补贴措施大部分是覆盖社会各行各业，是基于全社会总体效益提高的一种投资和补贴，农民从中直接获得的利益很少。在我国的财政性支农建设资金中，直接用于中小农业基础设施建设的比重小，用于农民生产和生活直接相关的支持也有限，不像发达国家有较大比重的财政支出直接用于农民或农场主收入补贴。间接支持的方式由于中间环节过多，容易造成大量资金的流失，难以发挥支持农业和农村的作用。在间接的支持方式下，农民得到的实惠资金比投资比重低。

(3) 财政支农补贴不合理

A. 财政补贴支农总量偏小，稳定增长机制尚未形成

与发达国家相比，我国财政支农补贴水平不高，补贴总量根本达不到WTO《农业协定》中“黄箱补贴”允许的8.5%的水平，虽然近几年财政用于“三农”的财政补贴数量不断增加，但是年度间不均衡，特别是一些地方财政补贴支农投入不足、城乡财政资源配置不对称的状况没有彻底改观。按照WTO《农业协定》，我国可利用的支农补贴分为以下两方面：一是“黄箱补贴”，即对农产品价格提供直接支持的、必须承担削减义务的补贴。根据WTO黄箱政策规定，我国今后每年对农业的综合支持量不能超过480亿元人民币，而现有补贴大约平均每年仅276亿元人民币，离480亿元尚有很大的活动空间①。目前我国“黄箱政策”在基期农业总产值中仅占3.3%，这与我国8.5%的微量允许标准量相比还有较大的利用空间②。二是“绿箱补贴”，即对农产品价格不直接提供支持的、不必承担削减义务的补贴。我国“绿箱政策”支持项目的补贴存在着更大的空间，在一些项目上还是空白，如农产品市场促销服务、生产者收入稳定、收入保险、退耕还林、结构调整投资补贴计划等方面缺乏投入。

B. 财政补贴结构不合理，补贴效率低下

目前我国“绿箱补贴”量较多但结构不尽合理，如我国每年平均支出1514.2亿元人民币，主要对农业提供的“一般服务”补贴达785.6亿人民币(约95亿美元)，占“绿箱政策”补贴的52%；其次是粮食安全储备补贴，约383.8亿元(约46.4亿美元)，占25%；自然灾害救济、扶贫、农业生态环境建

① 当前我国财政农业补贴中存在的问题与对策[EB/OL]. http://www.5151doc.com/xzlw/caizheng/yanjiu/200806/107959.html，2008-06-22.

② 张媛. 新农村建设视野下财政支农政策的完善[J]. 乐山师范学院学报，2007，(6)：71.

设支持等所占比重较小，而对农民的直接收入支持、结构调整补贴等，尚未列入财政预算科目①。同时我国的"绿箱政策"对农业支持最大的特点是政府机构费用较高、间接补贴较高，而直接转移给农民的支付极少，与国际上其他国家相比，中国政府的财政支农补贴政策对于增加生产、促进增长和稳定供给、维护安全有一定的倾向性，而对于缩小城乡差距和促进社会公平的目标关注不够。

C. 财政补贴方式不合理，农民得到的实惠少

可以通过两种途径实现对以农业生产者为受益对象的农业补贴：一是通过财政预算直接补贴农业生产者；二是通过政府实施价格干预，使农产品的销售价格对农业生产者有利。尽管主要发达国家在农业补贴方式的选择上总体趋于削弱价格干预对农业生产者的支持，但目前价格干预仍然是这些国家实现农业补贴的重要途径。1999—2001 年间，OECD 成员国、澳大利亚、美国、日本和韩国由消费者承担价格干预而实现的农业补贴占对农业生产者支持总量的比重分别为：64%、9%、36%、90%、95%。日本农业生产者收入总额中有 60%来自政府补贴；2000 年美国对小麦的直接补贴每吨 45 美元，玉米为 27 美元，欧盟对每吨谷物的补贴为 55 美元。我国对农业的补贴多集中在流通环节，对农民直接补贴少，价格干预补贴农业生产者为负数，农业生产者受益较少，基本上是消费者受益。目前，财政用于农村的支出约三分之一是农产品政策补贴（粮价补贴和和粮食风险基金）。其中支出多数还是直接用于流通环节的补贴，最终落到农民头上的不足 50%②。财政补贴的最终目标应该是使农民受益，但是由于补贴方式不合理，降低了农民的受益程度，影响了财政支农补贴效益的发挥。

(4) 农村公共产品供给不足

受二元经济体制的影响，我国在安排财政制度时长期忽视向农村提供必要的公共产品，农村公共产品长期供给不足，城乡公共产品的供给水平完全失衡，农民没有享受到本该享受的权益。

A. 政府财政用于农村生产发展方面的公共产品供给不足

农村小型农田水利建设、农村道路建设、农业科技推广等本应该由财政投入的领域由于种种原因造成了财政投入的缺位，农村生产和生活条件的改变不是很明显。据统计，全国仍有近 4 万个建制村不通公路，近 1 万个乡镇不通沥青、水泥路，四级和等外路占农村公路总量的 90%，全国农村自来

① 当前我国财政补贴农业中存在的问题与对策[EB/OL]. http://www.5151doc.com/xzlw/caizheng/yanjiu/200806/107959.html，2008-06-22.

② 马云峰."三农"的财政政策缺陷与弥补[J]. 辽东学院学报，2005，(3)：36.

水的普及率只有60%，不少省份如贵州、宁夏还不到30%①。据人民银行统计，全国10个特大城市基础设施建设投资占整个社会总投资额的30%，而世界银行认为，正常的城市技术设施投资应占整个社会投资总额的15%以下②，显然我国财政投入城市基础设施建设的比重过大，在财力资源有限的情况下，必然使农村公共产品的供给总量不足，扩大了城乡差距，不利于和谐农村和和谐社会的建设。

B. 政府财政用于农村社会发展方面的公共产品供给不足

农村社会发展的公共产品尤其是涉及到农村社会可持续发展的公共产品供给不足，包括农村义务教育、农村医疗卫生、农村环境保护等，这些公共产品供给不足直接影响了农村社会长期稳定、健康、有序的发展。目前我国农村文盲率仍高达10.7%，农民平均受教育年限不足7.7年，初中及以上文化程度的占39.1%，远低于城市人口65.4%的水平，其中具有高中文化程度的人口，农村只有4.87%，城市则为22.17%。文盲以及小学文化程度的人口，在农村高达60.9%，而城市只有34.6%③。这些都表明农村处于"教育贫困"状态。我国医疗资源80%集中在城市，占全国总人口近60%的农民享受了20%左右的医疗卫生资源，全国仍有1%的乡镇没有卫生院。据卫生部估计，全国农村人口中有40%～60%看不起病或因病致贫。一些贫困地区，尤其是西部贫困地区农村，有60%～80%的患病农民死在家中。农村每千农业人口乡镇卫生院床位数0.76张，每千农业人口乡村医生和卫生员仅0.98人，中西部地区农村卫生院危房率为33%，80%的乡镇卫生院需要装备或更新X光机等常规医疗设备。

农村公共产品的有效供给不足，既严重地制约农业和农村经济的发展，影响农村居民物质文化生活的改善，也是造成农民负担过重、收入增加困难的主要原因。建设社会主义新农村，促进城乡经济社会发展的一体化，要求在财政支出上要一视同仁，在公共产品的供给上要城乡同等对待，保证农村居民和城市居民拥有同等的享受公共产品的权利，提供适合于农业生产和农村发展的物质条件和良好环境。应当进一步优化财政支出政策，保证农村公共产品的供给，让公共财政的阳光普照农村。

---

① 贾晓俊. 新农村建设中的农村公共产品供给分析[J]. 生产力研究，2006，(12)：50.

② 熊毅. 多视野中的新农村建设重点问题探析[J]. 广东经济管理学院学报，2006，(8)：27.

③ 张晓山. 关于社会主义新农村建设几个理论问题和实践问题的初步探索[J]. 调研世界，2006，(9)：36.

4.3 财政管理体制存在的问题

4.3.1 现行转移支付制度在支持新农村建设中存在的问题

1994年的分税制改革主要着眼于界定中央和省级政府的事权(支出责任)。中央规定中央财政主要承担国家安全、外交和中央国家机关运转所需经费,调整国民经济结构、协调地区发展、实施宏观调控所必要的支出以及由中央直接管理的事业发展支出。地方财政主要承担本地区政权机关运转所需支出以及本地区经济、事业发展所需支出。但是对于不同级别地方政府之间的分工,却没有作出明确规定。各地区在划分地方政府上下级之间分工时,也参照了中央和地方划分事权的思路,但由于地区差距很大,具体做法存在很大差异。这样就形成了政府之间分工犬牙交错、相互重叠的局面。在把经济增长作为主要业绩衡量标准的情况下,各级政府都将大量的可支配资金投向了能马上带来经济效益的建设上,而对于像基础教育、卫生支出等不能马上带来经济效益的领域,各级政府则往往借助其相对于下级政府的权威和主导性力量,将投资和建设的职责层层下压给低一级政府,结果就出现了事权层层下放的趋势。

在划分事权的同时,分税制改革还划分了财权,财权的划分也同样是主要着眼于划分中央和省级政府之间的财权,对于不同级别地方政府之间的划分没有做出明确规定。地方政府在与下级政府划分财权时,就会凭借其主导地位采取有利于自身的分配方案。税源丰沛、税额稳定且征收方便的税收被上级政府层层截留;而留给基层政府的都是一些税源分散、征收成本高的收入,最后出现了财力层层集中的局面。事权层层下放,财权层层集中,这种财力和事权配置的逆向运动,使基层政府在承担相应责任的同时,却不拥有相应的财力。“巧妇难为无米之炊”,在基层政府财力有限的情况下,很多地区连维持机构运转都已经十分吃力,更别提什么建设新型农村、发展社会事业了。这种财政管理体制对于基层政府进行新农村建设是一个极大的挑战。根据分税制改革暴露出的问题,近年来中央政府已经采取了一些措施,如把基础教育、工商、公安、土地管理等支出责任上收到县,实行“省直管县”改革试点,增加中央对落后地区的转移支付等。但要彻底解决这个问题,必须建立起比较完善的转移支付制度,明确各级政府的事权,使基层政府拥有一定的配套财力,发挥其在新农村建设中的优势作用。

4.3.2 支农资金管理方面存在的不足

(1) 支农资金来源渠道多,难以形成整体合力

支农资金来源渠道主要有计委、农业、水务、林业、扶贫、金融、财政等部门;资金投入又分属基本建设投入、财政专项投入、政策信贷投资等不同内容;具体的支农专项资金又涉及交通、教育、卫生、社保、民委等不同部门;不同部门内部又涉及到不同的条块管理。这种过散、过小、过乱、过杂的资金投入机制,导致了支农项目和支农资金的肢解化、零散化,难以发挥资金的集聚效应和整体合力。

(2) 支农资金管理分散,存在多头管理的问题

现阶段,我国直接分配和管理支农资金的中央部门有国家发改委、财政部、扶贫办、农业部、科技部、林业局、水利部等多个部委,这些部门又自上而下地设有管理和分配农业资金的机构,形成了纵横交错的资金分配管理机构。支农资金分属多个部门管理,各部门对资金使用的要求和规定又不同,由于缺乏统一规范的资金管理制度,致使政府各部门之间职责不清、相互之间缺乏有机协调,资金分配各自为政,支农资金的使用难以反映农民的意愿,出现生产与市场、生产与科研相脱节,重复和交叉现象严重。现行支农资金的多头管理体制,导致资金管理层次多,过程长,流速慢,容易造成支农资金的逐级漏损,时常出现同一个项目多个部门管理,加大了资金管理成本,增加了资金监管的难度,难以发挥财政支农效用。

(3) 支农资金管理随意性大,缺乏有效的监督检查机制

支农资金的管理不够规范,预算资金的分配、调整随意性较大,审批手续复杂,程序较多,没有形成制度化、公开化、科学化的流程,存在一定的盲目性和随意性。财政对资金的监督检查受部门分割的影响,不能够做到全程跟踪问效,监督部门职权不明,审计职能交叉重叠,对支农项目违规操作、弄虚作假等审计死角监管乏力。总之,跟踪监督和绩效评估没有制度化、科学化,项目实施效果较差,严重影响了建设项目的投资效果,挫伤了农民发展生产、建设新农村的积极性。因此,要提高财政支农资金的使用效益,就必须探索整合目前由不同渠道管理的涉农投入,加强对支农资金的管理和监督,发挥现有财政资金对农业、农民和农村的支持作用和集聚效应。

5 支持新农村建设的财政收入政策

财政收入是一定量的货币收入，是国家为了满足社会的公共需要，依据政治和经济权利，参与社会产品分配与再分配活动而取得的由国家支配的一定量的社会产品价值①。现代社会中，政府取得财政收入的形式主要有税收收入、规费收入、债务收入以及其他收入；前两项收入也叫经常性收入，后两项收入也叫非经常性收入或者临时性收入。在财政收入的所有形式中，税收收入是财政收入的主要来源。根据财政收入的来源以及不同来源在财政收入中的重要性，以下分别从税收、规费、公债以及其他收入四个方面提出财政收入政策在新农村建设中进一步优化和完善的建议。

5.1 新农村建设的税收政策思路

5.1.1 税收政策的构成及效应分析

(1) 税收政策的含义

税收政策是指政府为实现一定的社会经济目标，选择确立的税收分配活动的指导思想、原则以及相应的税收措施。税收政策贯穿于税收分配活动的全过程，包括税收立法、税收执法和税收司法各个环节。税收是政府财政收入的主要来源，在市场经济下，更是政府对宏观经济调控的重要手段，税收对经济宏观调控的作用主要表现在以下两个方面：一是可以调节总供给和总需求的缺口；二是可以调节收入分配的关系。前一方面的调节是自动稳定过程的调节，后一方面的调节是相机抉择过程的调节。在经济的繁荣时期，国民收入增加，政府按照固定的税率征收的税收也相应增加，人们将手中更多的部分用于交税，可支配收入随之减少，消费减少，从而减轻了

① 蒙丽珍、李星华. 财政与金融[M]. 第1版. 大连：东北财经大学出版社，2001. 50.

需求过旺的压力，这是一个自发的过程，是税收发挥自动稳定机制的调节作用。如果此时总需求仍然很旺，与总供给的缺口仍然很大，政府就可以采取诸如扩大税基、提高税率、减少税收优惠条件等相机抉择的税收政策，进一步减少人们的可支配收入，缓解供求的缺口。在经济衰退时期，国民收入下降，国家按照不变的税率征收的税收就会相应减少，个人的可支配收入增加，这在一定程度上增加了社会总需求，这也是税收的自动调节作用，如果此时总需求仍然不足，政府同样可以采取诸如缩小税基、降低税率、增加税收优惠等相机抉择的税收政策，进一步增加人们的可支配收入，刺激总需求，促进经济增长。

(2) 税收政策的构成分析

税收政策是国家政策的重要组成部分，是国家对经济进行宏观调控的重要工具，研究在新农村建设中如何通过制定有利于农村发展的税收政策，从而实现农村的稳定和繁荣、实现城乡经济社会一体化的发展目标，必须对税收政策的各个组成部分进行简要的描述，只有税收政策的各个部分相互协调配合，才能实现税收政策对社会经济的调控职能。一般来说，税收政策在实施过程中是由政策主体、政策目标、政策手段、传导机制共同组成的。

A. 税收政策主体

税收政策主体是指税收政策的制定者和执行者。在我国，税收政策的制定者主要是指中央政府，税收政策的执行者除了各级税务机关以外，还包括海关和财政机关。税收政策主体的行为规范程度直接决定着税收政策效应的发挥程度。比如，随着经济体制改革的深入，地方政府已经有了较大的自主权，既是税收政策的执行者，又是税收政策的制定者。但是有的地方政府在招商引资过程中，只考虑本地区的局部利益，纷纷出台诸如像财政返还等变相的税收优惠政策，在成功完成了吸引外资目标的同时，却导致了税收恶性竞争的出现，以牺牲全局利益为沉重代价，违背了税收政策制定者的初衷。再比如，税收政策的具体执行者——税务人员，在工作中除了按照法律制度和岗位责任制的要求执行税收政策以外，不可避免地会追求不同于税收政策目标的个人目标，即希望能从中获得相当的满足。由于委托代理关系以及信息不对称现象的存在，国家无法准确地判断税务人员的行为是在维护国家利益还是在谋求自身利益，由此导致了道德风险问题——寻租现象的出现以及国家税款的大量流失，造成税收政策目标的偏失，降低了税收效应。

B. 税收政策目标

税收政策目标就是税收政策所要达到的目的，也是税收政策所要实现的期望值。税收政策作为一国经济政策的重要组成部分，其目标应该与该国的经济政策目标相一致。经济增长、物价稳定、充分就业以及国际收支平衡是当今世界各国对经济实行宏观调控的四大目标，它们自然也就成为了税收政策的重要目标。除此之外，调节收入分配、实现社会公平、促进区域间协调发展、吸引外资、鼓励出口等同样也是税收政策的主要目标。当然由于上述的这些目标之间存在着一定的矛盾性，不可能同时实现，在一定的时期内，根据所处的经济环境和面临的经济形势，税收政策可能仅以其中的一个或者几个目标为主。

在新农村建设的过程中，要通过制定和执行一系列支农惠农的税收政策，达到实现农村经济的飞速发展、农村剩余劳动力的合理转移、充分就业、农产品物价的稳定从而保证农民的基本收入和消费的目标，最终实现城乡经济社会发展的一体化，这与国家经济建设的目标是完全一致的。

C. 税收政策手段

税收政策手段就是税收政策主体选择的用以达到税收政策目标的各种税收工具。从根本上讲，实现税收政策目标可选择的手段只有两种，一种是增加税收，另一种是减少税收。具体来说：增税的手段包括开征新税种、扩大现有税种的征税范围，提高部分税种的税率以及减少税收优惠等；减税的手段包括停征某种税、缩小现有税种的征税范围、提高起征点和免征额、降低部分税种的税率以及增加税收优惠等。在税收政策的所有手段中，税收优惠政策比较灵活，是各国在运用税收政策调节经济的过程中最为常用的一种手段。

税收政策要促进新农村建设，既可以采用增税的办法，如开征一项新的税种，将所有的税收收入全部投入到涉农领域，增加农村领域的投资；也可以采取减税的办法，减轻农民负担，提高涉农领域生产的积极性，吸引和带动更多的资源参与到农村的建设和发展中。

D. 税收政策传导机制

税收政策传导机制就是在税收政策发挥作用的过程中，通过一定的传导媒介，将所采取的税收手段作用于经济活动中，从而实现税收主体制定的税收政策目标，达到对经济的宏观调控目的。通过税收政策的传导机制，各种政策手段相互作用形成了一个有机整体。在市场经济条件下，税收政策的传导媒介主要有价格机制和收入分配。

以个人所得税为例，无论是实施增税政策还是减税政策都将直接影响个人的可支配收入，进而影响个人的消费水平和储蓄水平，甚至会使个人在工作与闲暇之间进行重新选择，最终影响社会总产出。再以商品税中的消费税为例，政府对某种商品征收消费税，会增加生产这种产品的成本，出于经济利益的考虑，企业会节约使用某种资源；同时由于商品税有很强的税负转嫁功能，对某种商品征收消费税，一定会使该种商品的价格有所提高，提高的价格在一定程度上抑制了部分消费，相应地压缩了生产，导致资源的节约使用，达到政府征税的目的。

(3) 税收政策的效应分析

税收政策的效应就是税收政策实施后对消费者选择以及生产者决策的影响，也就是我们通常所说的税收的调节作用。在当前的经济背景下研究税收政策的效应，把握税收政策发挥杠杆作用的机理，才能遵循经济规律，更客观地分析现行税收政策的不足，从而设计出能够促进新农村建设的科学合理的税收政策。

税收是凭借国家的政治权力而强制性征收的，对于生产经营者来说，税收就像工资、机器设备一样是生产经营过程中必须付出的成本，因此政府在制定税收政策时，征税范围宽窄的确定、税率种类的选择等都会对企业的税后净利润产生不同的影响，进而影响企业在再生产和再投资过程中的反应，这种反应就是税收对生产经营活动产生的效应。不仅如此，税收对消费者的消费选择也会产生影响，政府征税一方面会引起消费者的可支配收入发生变化，另一方面会引起相关商品价格的变化，消费者从效应最大化的角度出发在选择消费组合时必然会对这些变化作出反应，这就产生了税收对消费活动的效应。税收效应在理论上一般分为替代效应和收入效应两个方面，结合新农村建设的实际情况，本书重点从生产和消费两个方面分析税收的收入效应和替代效应。

A. 税收对生产的替代效应和收入效应

政府对某种商品征税，会使企业生产这种商品的成本提高，企业从利润最大化的角度出发，必然会减少对征税商品的生产，增加无税或者轻税商品的生产。税收的生产替代效应就是由于政府征税，致使企业以无税或者轻税商品替代征税商品的生产。图 5 - 1 中，假定厂商只生产 X 和 Y 两种商品，TT 是企业的生产可能性曲线，即在企业现有的资源和技术条件下，生产两种产品的最大产量的各种组合。在政府没有征税前，TT 与无差异曲线 I 在 E 点相切，在这一点产品的边际转换率等于消费者的边际替代率，i 是 I 和 TT 在 E 点的公切线，其斜率对于 I 来说，表示商品 X 和商品 Y 在征税前的边际替代率(数量上等于两种商品的价格之比)，对于 TT 来说，表示边际转换率(数量上等于两种商品的成本之比)。此时企业按照 E 点所对应的最优组合生产 OX 数量的 X 产品和 OY 数量的 Y 产品，实现利润最大化。假

定现在政府决定对 X 商品征税，对 Y 商品不征税。厂商生产 X 商品的成本增加，商品 X 与商品 Y 的边际成本之比，即边际转换率也相应提高(图中 i_1 反映了这种趋势)。在新的边际成本比率下，TT 与无差异曲线 I_1 相交于 E_1 点，这一点表明在政府征税后，企业按照 E_1 点所对应的最优组合生产 OX_1 数量的 X 产品和 OY_1 数量的 Y 产品，取得最大化利润。从图中，我们可以明显看出，在政府实行对 X 商品征税，对 Y 商品不征税的税收政策后，企业增加了 Y 商品的生产数量，相应地减少了 X 商品的生产数量，即以无税的 Y 商品部分替代了征税的 X 商品的生产。具体的替代程度要受到 X 商品税负的轻重以及 X 商品需求价格弹性的大小等因素的影响。

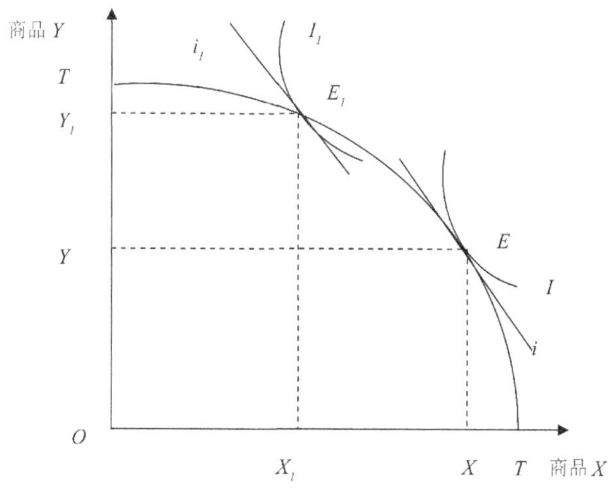

图 5-1　税收对生产的替代效应

税收的生产收入效应，是指政府征税必然使企业的税后净利润减少，由于企业的可支配收入降低，客观上使企业购买生产要素的投入也会相应地减少，进而降低生产的数量。图 5-2 中，仍然假定厂商只生产 X 和 Y 两种商品，在政府没有征税前，TT 与无差异曲线 I 在 E 点相切，此时企业按照 E 点所对应的最优组合生产 OX 数量的 X 产品和 OY 数量的 Y 产品，实现利润最大化。现在假定政府要对企业征收一定数额的收入税，征税的结果使得企业的可支配收入减少，生产可能性曲线向内移至 T_1T_1，新的生产可能性曲线与无差异曲线 I_1 相交于 E_1 点，企业按照 E_1 点所对应的最优组合生产 OX_1 数量的 X 产品和 OY_1 数量的 Y 产品，取得最大化利润。从图中，我们可以明显看出，由于政府征税，企业可支配收入减少，改变了企业的生产决策，相应地减少了商品 X 和商品 Y 的生产数量。

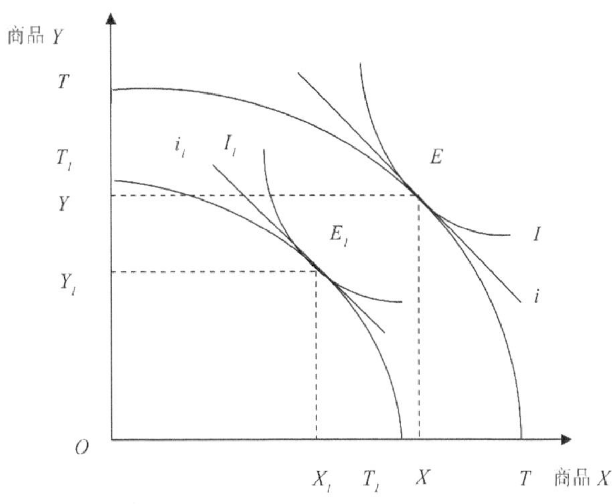

图 5-2　税收对生产的收入效应

从上述的分析中可以得出，我国建设社会主义新农村的过程中可以充分发挥税收政策对生产的调节作用，减少农产品和涉农领域相关产品的税收负担，对其免税或者增加税收优惠，增加这些产品的生产量；对于乡镇企业和在农村投资兴办的企业实行一定范围和一定时期的所得税减免或者其他税收优惠，吸引投资，鼓励这些企业的发展，这样不仅能促进乡村繁荣，还能促进农村剩余劳动力的合理安置。

B. 税收对消费的替代效应和收入效应

政府对某种商品征税，必然会引起此种商品市场价格上涨，征税商品对其他商品的市场价格之比也会发生变化。消费者在选择商品时，必然会减少对征税商品的购买量，增加对无税或者轻税商品的购买量。税收的消费替代效应就是由于政府征税，致使消费者在进行消费选择时以无税或者轻税商品替代征税商品的购买。图 5-3 中，假设消费者可选择的商品只有 X 和 Y 两种，政府征税前消费者的预算线为 AB，代表消费者在现有的收入水平下，可购买的两种商品的各种组合。预算线与无差异曲线 I 在 E 点相交，表明在 E 点消费 OX 数量的 X 商品和 OY 数量的 Y 商品会实现效应最大化。现在假设政府对 X 商品征税，对 Y 商品不征税，X 商品的价格就会提高，Y 商品价格不变，导致 X 商品对 Y 商品的相对价格提高，预算线的斜率提高，预算线由 AB 由移至 AD，AD 与新的无差异曲线 I_1 相交于 E_1 点，此时消费者要实现效用最大化应该消费 OX_1 数量的 X 商品和 OY_1 数量的 Y 商品。从图中可以明显看出，政府对 X 商品征税收，消费者用更多的 Y 商品

替代了 X 商品的消费。商品的边际税率越大，替代的效应就会越强。

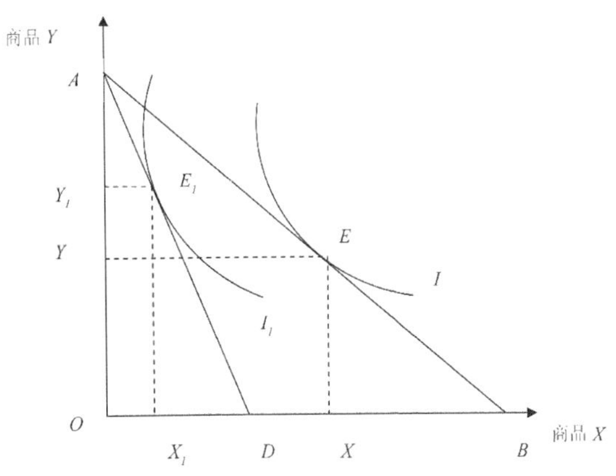

图 5-3　税收对消费的替代效应

税收对消费的收入效应，是指政府征税使消费者的可支配收入减少，在较低的收入水平下，消费者必然减少商品的消费量。以对消费者征收个人所得税为例阐述税收对消费的收入效应，图 5-4 中，消费者在征税前的预算线是 AB，政府征收个人所得税直接表现为个人的可支配收入减少，预算线向内移至 CD，CD 与无差异曲线 I_1 相交于 E_1 点，在这一点两种商品的消费数量均比以前有所减少，由于征收个人所得税在降低纳税人购买力的同时，不会对商品的价格产生影响，因此两种商品的相对价格不变，消费者的消费结构不变，但是消费的数量大大降低。

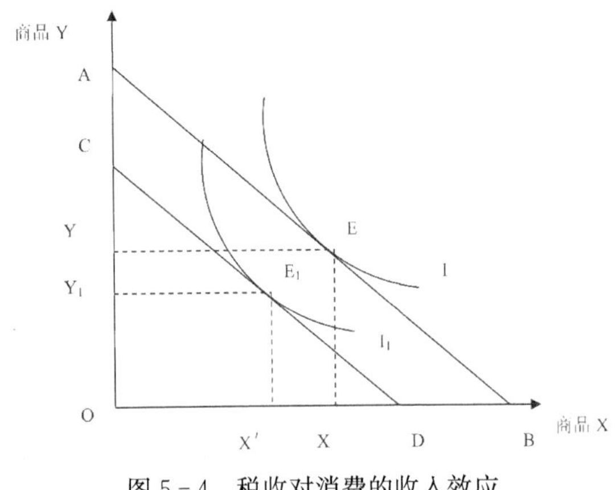

图 5-4　税收对消费的收入效应

从上述分析中可以得出，我国建设社会主义新农村的过程中可以充分地发挥税收政策对消费的调节作用，建立城乡统一的税收制度，在采取措施确保农民收入提高的同时，通过税收政策的制定，减少农民税收负担，增加农民消费，提高农民生活水平，这不仅是新农村建设的目的，同时还可以有效启动农民消费市场，对于扩大内需、促进经济增长都有十分重要的意义。

5.1.2 进一步调整税收政策的原则与基本思路

(1) 税收政策调整的原则

一是公平原则。税收政策的调整必须以税收的公平原则为前提。税收公平包括普遍征税和平等征税两方面，即对所有有纳税能力的人都应毫无例外地征税，国家征税的比例或数额与纳税人的负担能力相称。在我国农业属于弱势产业，收益低，自我积累能力差；农民属于国民中的弱势群体，在就业、社会保障、接受教育等方面与城市居民存在着较大的差距，在创造收入上很难平等竞争。税收政策的调整必须考虑到这些差距，尽量简化税收制度，优化税制结构，营造平等的税收环境，消除二元税制给农民带来的不公平税收待遇，促进纳税人之间的平等竞争和城乡经济社会的协调发展。二是效率原则。效率原则是指以尽可能小的税收成本取得尽可能大的税收收益。税收收益不仅包括取得的税收收入总量，还涵盖因税收的调控带来的产业结构优化、资源配置效率的提高、促进社会经济稳定发展所产生的间接效益。税收政策的调整必须坚持效率原则，税收制度要科学简便，最大限度地节省征纳双方的费用。通过税收调控，更大程度地发挥市场在资源配置中的基础性作用，促进社会资源产生最大的效益，实现城乡经济社会的协调发展。三是量能原则。税收是政府对社会产品再分配的工具，量能赋税是衡量一种税收制度是否完善、合理的重要标准。量能原则就是要综合考虑纳税人的经济状况和实际负担，对经济能力或纳税能力相同的纳税人征收相同的税款，对经济能力或纳税能力不同的纳税人征收不同的税款，使城乡之间经济能力不同的纳税人的税收负担与其纳税能力相适应，实现纳税人之间的税负水平相对均衡，从而促进经济公平和社会公平。四是法治化原则。当前农村税收中的主要问题就是由于缺少必要的法律约束而导致的农村税、费混乱。因此，要在深化农村税费改革的基础上依法定税、依法定费。通过立法明确各级政府间事权和财权的划分，确定合理的财政转移支付框架，确保各级政府的收入和它的职责相对应，使税、费各归其位①。

(2) 税收政策调整的基本思路

A. 现行税收政策调整的途径

① 袁芬. 税收在促进社会主义新农村建设中的作用[D]. 厦门大学硕士学位论文，2006. 29.

税收制度是指社会不同利益主体之间进行税收博弈的基本规则，税制变迁是指新的税收制度全部或部分替代原有税收制度的过程。税制变迁的方式有很多种，具体到支持新农村建设的税制变迁路径可以有以下四种：一是开征新税。其目的在于增强发展农业、建设农村的意识，同时增加财政收入，为新农村建设提供资金支持，取得“双赢”的效果。二是增补旧税。在现有税制的基础上，根据庇古税原则增加相应的税收项目，以补充和完善原有的税收体系。三是改革旧税。对现行税种进行适当改革，包括扩大或缩小征税范围，改变或对现有税率进行差别设计，对税收优惠条件进行适当调整等。四是替代旧税。实施彻底的税制改革，以统筹城乡的一元税收体系取代现有的偏向城市的二元税收体系。以上四种税制变迁路径，前两种属于对税收体系的“微调”，是在保持原有税收体系不变的情况下进行的改革操作，而后两种属于对原有税收体系的“大换血”，是对原有的税收体系进行彻底的改革。鉴于目前我国尚处于社会主义初级阶段，市场经济发展还不完善，经济社会建设财力吃紧，新农村建设资金不足等实际状况，在进行支持新农村建设的税收制度改革时，应该采取渐进的方式，减少税制改革的成本，在确保我国宏观经济主体总体税收负担不变的前提下，调整微观主体税负，采取开征新税和改革旧税相结合的方式，发挥税收的职能作用，促进农业生产的发展和农民增收目标的实现。当这一阶段的税制改革取得良好效果时，再进行下一步的改革，遵循“税制从简、税负从轻、绿色环保、自主创新”这一思想的指导，构建支持社会主义新农村建设的税收政策新格局。

B. 税收政策调整的基本立足点

一是税收政策的调整要能推进现代农业的发展和农业产业化经营。新农村建设要推进现代农业的发展，要注重人与自然的和谐相处，体现在税收政策上要大力实施对农村生态保护和发展农村循环经济的税收政策。凡是对农业生态起保护作用，有利于农业可持续发展的，在税收政策上要给予鼓励；凡是不利于农业生态发展，不利于农业可持续发展的，在税收政策上应该给予适当限制。积极探索农业科技创新方面的优惠政策，促进农业科研机构、高等院校积极参与研究开发农业优良品种和农业生产技术，鼓励生产优质高效无公害的绿色食品。在税收推进农业产业化经营方面。国家一方面要集中扶持一批规模大、竞争力强、效益好、带动农民增产增收作用显著的骨干龙头企业，提高农业产业化经营程度；另一方面也要加大一般性农产品生产经营活动的税收扶持力度。

二是税收政策的调整要能减轻农民负担，促进农民增收。新农村建设的核心内容就是要促进农民增收。从短期来看农民增收难的一个重要原因就是农民负担过重,如前所述,现行税制中农民间接地承受了很多的税收负担,因此在税制的调整中,要注重农民的减负问题,尽量减少农民的间接税负。农民增收难的另一个比较重要的原因就是在农村中滞留了过多的劳动力,为此应该探索有利于城乡居民双向流动的税收政策,充分拓展第二、三产业的就业空间,广辟农业增收渠道。税收政策要能促进农村中的富余劳动力向城市转移,比照城市对下岗再就业人员的政策优惠,对吸纳农村富余劳动力就业的城市产业部门也应给予一定的税收优惠。为给回乡创业的农民创造优质的税收环境,予以适当的税收支持。从长远来看,农民增收的根本途径源于农民自身素质和自身能力的提高,为此应通过税收政策的调整激励社会办学力量向农民开展各种教育和培训课程,增加农民受教育的机会,拓宽农民就业的领域,这不仅能促进农村劳动力资源在城乡之间的健康转移,也为科技成果在农村的推广和应用创造条件。

三是税收政策的调整要能吸引涉农领域的投资、探索新农村建设收入来源的新途径。社会主义新农村建设的首要问题是资金问题,在我国政府财力有限的情况下,除了要发挥政府对新农村建设的主导作用外,还要适当地引导社会资本向农村转移,鼓励社会各方力量参与新农村建设以减轻政府的财政压力。要发挥农村信贷机构对新农村建设的支持作用,税制的调整要能体现对农村信贷的扶持。针对目前农村资金严重匮乏且外流的现实,对支农资金信贷的各类金融机构应该提供更为宽松的税收环境,对于农村金融机构以及生产金融机构投资于农村经济建设,也要给予一定的税收优惠政策,扭转农村经济发展严重贫血的情况。除此之外,通过税收政策的导向作用,吸收其他领域的资金投入农村,如制定优惠的税收政策鼓励民营资本投向农村等,开辟新农村建设的资金来源新途径。

5.1.3 税收政策调整的具体构想

发展现代农业、增加农民收入、改善农村面貌、培养新型农民、增加农业和农村投入、深化农村改革是社会主义新农村建设的基本蓝图,这六个方面既为税收支持新农村建设提出了新课题和新要求,也为税收支持社会主义新农村建设提供了发挥空间。在税制完善的过程中要坚持科学的发展观,充分体现对农业发展、农村增收、农村建设的政策倾斜和财力扶持,为新农村建设创造良好的环境。

(1) 增值税的调整

增值税是对我国境内销售货物或提供加工、修理、修配劳务,以及进口货物的单位和个人,就其取得的货物或应税劳务的销售额,以及进口货物的金额计算税款，并实行税款抵扣制度的一种商品税。增值税与其它商品课税相比较，不同之处在于不是按销售全额征税，而是以增值额征税。它的作用在于能避免重复征税，较好地体现税负公平、鼓励竞争的原则。我国现行增值税实行价外计税的办法，即应税项目中不含有增值税，增值税在价格之外额外收取。

A. 对自产自销农产品的农业生产者实行增值税的退税政策

我国现行税法规定对农业生产者销售自产农产品免征增值税，生产自产农产品的农民不是增值税的纳税人，不会产生销项税额，所以农民购买农机、农药、农膜、农用机械、化肥等农业生产资料所包含的进项税额不能抵扣，全部由自己承担。为了减轻农民负担，体现税收的公平原则，建议对农民自产自销的农产品所包含的增值税进项税额实行退税政策。可以借鉴增值税一般纳税人购入农业生产者自产自销农产品时，依据所取得的收购凭证按13%抵扣进项税额的办法，只要农民购入农用机械、化肥等农业生产资料，凭借所取得的普通发票或其他销售凭证，经税务机关审核通过后，即可对农业生产资料所含的进项税额实行退税。这种方法能使农民最直接地感受到政府对农业的扶持和对农民的关注。对国家来说，涉及的环节也比较少，但是办理退税一定会对税务机关产生影响，当前农村主要以一家一户的小农生产为主，涉及面广且比较分散，对他们办理退税一定会大大增加税务机关的工作量和征税成本。在实际执行中为了减轻税务部门的工作负担，可以通过农村社会化服务组织代理农民办理退税事宜。

B. 对农产品加工企业实行增值税即征即退政策

为鼓励农产品加工企业的发展，制定相应的对农产品加工业的税收优惠政策。建议经省级人民政府认定，对于农产品加工型的龙头企业按13%或17%的税率征收增值税后，对其增值税实际税负超过2%的部分，实行即征即退政策。这类企业的基本条件是能带动农户生产，并与农户建立利益共享机制。在目前税制较为稳定的前提下，应给予地方政府一定的税收政策调整权，以利于地方政府根据区域经济的发展状况利用税收手段调控经济结构。

C. 改革农产品收购凭证的抵扣条件和抵扣方式

鉴于现行的农产品收购发票抵扣税款的方式为税务征管工作带来了一定的困难，建议改购进扣税法为实耗扣税法。实耗扣税法就是纳税人当月允许抵扣进项税额的农产品不以收购金额为准，而以当月生产领用原材料实际耗用的金额为准，纳税人的其它成本仍以合法抵扣凭证为准。对购进的农产品，其进项税额申报抵扣的时间不是在购进入库时，而是在领用消耗时，根据领用原材料的多少进行申报抵扣。其计算公式为：当期准予抵扣的农产品进项税额＝当期准予扣除的外购农产品买价×13%，当期准予扣除的外购农产品买价＝期初库存的外购应税农产品买价＋当期购进的应税农产品买价－期末库存的外购应税农产品买价。纳税人购进时将计提的农产品进项税额列入“待扣税费——农产品待抵扣税金”科目，实际抵扣时，按当月实际耗用的农产品成本计算出应抵扣的进项税额，从“待扣税金——农产品待抵扣税金”转入“应交税费——应交增值税(进项税额)”科目。在这种方法下，农产品收购凭证不再是纳税人计提进项税额的依据，而只是一种普通的购货付款凭证，这样不仅有利于从根本上解决收购发票管理难的问题，还可以有效地控制虚假申报，避免纳税人一方面抵扣税款，另一方面不计提销项税的双向逃税行为，有利于农产品加工行业的税款均衡入库。

(2) 消费税的调整

消费税是对特定的消费品征收的一种税，其目的是为了体现国家产业政策，调节产品结构，保护稀缺资源消费品和抑制过度消费。消费税属于商品税，具有税负转嫁的特性，同时也是价内税，只要消费者购买了应税消费品，其购买价格中自然包含了相应的税金，消费者也就自然而然地承担了这部分税金。

在消费税方面主要是完善有关消费税的税收优惠政策。在消费税的调整中应注重不增加农民的纳税负担，本着窄税基的原则，不宜再扩大消费税的征收范围，同时对涉农领域内的部分应税消费品实行税收优惠。比如：为了鼓励农业生产者在农业生产中采用机械化作业，推进农业机械化的进程，可以对农业生产用的汽油和柴油暂停征收消费税。为了与工业用汽油和柴油区别开来，主管税务机关应该根据辖区内农业机械的数量，核定年度、季度农用燃油配额，农业机械所有者可以凭农业机械所有权证和当地政府出具的用途证明使用免税燃油。再比如：2008 年新修订后的消费税对排量 250 毫升(含 250 毫升)以下的摩托车，按 3%的低税率征收消费税。但考虑到当前由于国民收入的普遍提高和一些城市限制摩托车的行驶，摩托车的消费群体主要是农民，对于农民的这种基本生活设施，应给予税收上的照顾，因此可以考虑取消对排量 250 毫升(含 250 毫升)以下的摩托车征收消费税的规定。

(3) 个人所得税的调整

个人所得税是对个人(自然人)取得的各项应税所得征收的一种税，是世界各国普遍开征的一个税种。征收个人所得税有利于维护国家权益、调节个人收入水平、提高个人纳税意识，同时也对国家财政筹集资金具有十分重要的作用。目前个人所得税采用分项征收综合扣除费用的办法，所谓分项征收就是将个人的所得分为十一项，针对每一项所得分别设计不同的费用扣除方式和适用税率，将采用不同的计算方法计算出来的各项个人所得的应纳税额相加总就是在这一时期内一个人应向税务机关缴纳的个人所得税额。所谓综合扣除费用就是在计算每一项所得时，费用是综合扣除的，只计算一次。这种形式的个人所得税有利于提高税收征收管理的效率，但是不利于税收公平原则的贯彻，个人所得税未来的改革方向是逐步实行综合分项扣除费用的方法计征个人所得税。

A. 扩大个人所得税的征收范围，对农民征收个人所得税

将现行个人所得税的征收范围扩大到农村，使广大农民也成为个人所得税的纳税义务人，建立城乡统一的个人所得税制。目前绝大部分农民的收入水平比较低，对其开征个人所得税，大多数农民会因为没有达到起征点而不必负担此项税收，不会增加农民的负担，还会在一定程度上调节农村行业差别和农户收入悬殊的问题，有利于社会公平目标的实现，同时对农民征收个人所得税还可以增加财政收入，为新农村建设筹措资金，更加有利于建立城乡一体化的公平税制。

B. 扩大个人所得税的税收优惠范围

对农民开征个人所得税，为了不使农民增加更多的税收负担，在实际执行时，要注意税收优惠政策的运用。目前能涉及到个人所得税的农民主要是从事种植业、林业、畜牧业和渔业的生产者，如果他们在一年内的生产销售金额在扣除生产、销售成本和基本生活费用(比照工资薪金所得扣除标准)之后，纯收益达到了个人所得税起征点的，应当依法缴纳个人所得税。当然，鉴于目前农村社会保障制度还不完善的实际情况，其扣除因素还可以考虑得更全面些，扣除标准还可以适当提高，但这应是暂时性的。由于林业的生长周期较长，且具有重要的生态、环保价值，可以对林业经营者免征所得税。适当扩大进城务工农民(即农民工①)的工资薪金所得税前的费用扣除标准，如果农民工的工资单无社会保险、无住房公积金、交通通信补贴、误餐补贴等税前扣除项目，应给予工资总额的 30%～40%的税前扣除。目前个人所得税采用分项征收综合扣除费用的办法，从各国实行个人所得税的情况看，多数都实行综合分项扣除费用的方法，实行分项扣除费用要考虑的因素很多，会涉及到更多的环节，增加税务管理的成本和难度，在我国实行对个人所得税的分项课征制以及日后实行分项与综合课征制时，仍然可采取综合扣除费用；但最终实行综合课征制时，就应该采用分项扣除费用的方

① 有关于农村剩余劳动力转移和农民工的具体内容详见第六章第六节，在此不作赘述。

法计算应纳税所得额。

(4) 开征社会主义新农村建设税①

将现行的城市维护建设税改为社会主义新农村建设税，专款专用于农村公共事业的发展，开辟新农村建设的筹资新渠道。理由有三:第一，目前征收的城市维护税税收收入规模小，不能满足城市建设的基本需要。根据建设部的统计数据显示，2007 年城市完成市政公用设施固定资产投资6 422 亿元，全年城市市政公用设施新增固定资产 3 348 亿元②，而当年的城市维护建设税仅有 1 156 亿元③，远远少于财政对市政建设的投入。第二，城市维护建设税实际上成为了农村资金向城市流动的合法渠道。城市维护建设税是国家以缴纳增值税、消费税、营业税(下称“三税”)的单位和个人实际缴纳的“三税”税额为依据而征收的一种税。农村企业从事工业生产和商品流通业务，就成为增值税的纳税人，有时还是消费税的纳税人，而农业生产者从事交通运输业、建筑业、旅游饮食服务业以及转让无形资产、销售不动产，就成为营业税的纳税人，而所有缴纳“三税”的农业企业和农业生产者都是城市维护建设税的纳税人，所缴纳的税款最终用于城市建设，农村的资源用来支持城市的发展建设，这是违背新时期“工业反哺农业”、“城市反哺农村”的要求的。第三，征收城市维护建设税增加了农民的税收负担，不利于税收公平原则。由于纳税人可以将缴纳的城市维护建设税计入成本，继而通过产品价格予以转嫁，所以农业生产资料和应税消费品的购买者、营业税的应税劳务消费者是城市维护建设税的最终承担者。当农民购买上述货物和消费上述劳务时，就承担着上述税收，但此项税收却全部用于城市的建设，农民却不能直接地感受到市政建设给自身带来的优越，所付出的成本与收益不相符。

鉴于以上原因，建议将城市维护建设税改为新农村建设税。专款专用于农村公共事业发展，使之成为地方税收的一个独立税种。新农村建设税维持现行城市维护建设税的税率不变，其纳税义务人应设定为:在中华人民共和国境内从事生产、经营活动的单位和个人。新农村建设税是一种具有收益性质的特定目的税，其收入全部纳入地方财政预算，用于农村的公用事业和公共设施的维护和建设。

---

① 马衍伟. 推进社会主义新农村建设的税收政策建议[J]. 税务研究，2006，(7):22.

② 中华人民共和国住房和城乡建设部. 2007 年城市、县城和村镇建设统计公告[EB/OL]. http://www.cin.gov.cn/hytj/jshytjgb/200806/t20080624_173507.htm. 2008-06-24.

③ 国家税务总局. 2007 年税收收入统计[EB/OL]. http://www.cin.gov.cn/hytj/jshytjgb/200806/t20080624_173507.htm. 2008-01-17.

(5) 开征环境保护方面的税种

A. 开征环保税种的依据与必要性

环境保护税简称环保税,它不是一个独立具体的税种,而是对污染破坏环境的产品和行为进行征收的多个税种组合的集合体。环保税在西方国家已开征多年,正处于蓬勃发展的阶段,是各国保护环境的主要手段。开征环保税符合税收的公平原则,本着"谁污染、谁负担"的原则,将污染者的外部成本内在化,使污染者的边际私人成本等于边际社会成本,使其利润水平合理化,污染者由于面临着真实的成本和收益,必然能抑制或减少污染量,最终实现资源的优化配置。同时征收上来的环保税可以以专款专用的形式投入到生态环境的治理中,加大治理环境的力度,具有一定的财政效应。

环保税在中国仍然是一个新概念,在我国目前的税制体系中尚未设立以保护环境为课税目的的独立税种,只有少量涉及生态环保内容的税收措施散见于资源税、消费税、城建税和车船税等有关规定中。据统计,近几年来这几项税收收入占国家税收总收入的比重只有 8%左右,不足以对循环经济产生巨大的影响,达不到运用税收手段保护自然生态环境、促进资源节约利用的预期效果。保护和改善农业生态环境,合理、永续地利用自然资源是农业可持续发展的目标之一,也是新农村建设的重要内容。当前我国的环境污染形式十分严峻,世界银行环境与经济专家最近撰写的《关于中国环境污染状况的调查报告》指出,中国大城市的环境污染状况目前是全世界最严重的,中国环境污染的规模居世界首位,全球空气污染最严重的 20 个城市有 10 个在中国。加强环境保护,开征环境保护税刻不容缓。新农村建设不仅仅是建几栋新房子,修几条公路,更要保护绿水青山,保持生态平衡,可以通过开征环境保护税抑制污染,保护与改善生态环境。开征环保税具体来说可以开征污染物排放税、燃料税、白色污染税等税种,达到实现农村可持续发展的目的。

B. 开征环保税种的具体构想

第一,关于环境保护税种的纳税人、课税对象和税率的设计。

本着"污染者付费"的原则,将环保税的纳税人设计为在中国境内排放污染的单位和个人,目前征收环保税应以企业、企业型单位和个体经营者为主,可以考虑对居民个人和行政单位暂缓征收。考虑到可行性以及税收征管水平,目前将环保税的课税对象确定为各种废气、废水、固体废物、使用不易降解的包装物的行为和原煤、石化产品、天然气等纳入征税范围。环保税应采用比例税率和定额税率两种形式,比例税率适用于像不可降解的塑料包装物等需要以纳税人的销售收入作为计税依据、采用从价定率的计税方法征税的项目;定额税率适用于像废气、废渣、废水等以排放量为计税依据、采用从量定额计税方法征税的项目。

第二,具体税种的设计。

水污染税。水污染税的纳税义务人为排放废水的单位和个人。课税对象为我国境内的企事业单位、个体经营者及城镇居民排放的含有污染物的废水。对企业排放的废水,以实际排放量为计税依据,实行从量定额的征收。并根据废水中各种污染物质的含量设计累进税率,以促进废水循环利用。对城镇排放的生活废水,以居民用水量为计税依据,采用无差别的定额税率。

空气污染税。空气污染税的纳税义务人为排放烟尘、扬尘和有害气体的单位和个人。课税对象为我国境内的企事业单位及个体经营者的锅炉、工业窑煤及其他各种设备、设施在生产活动中排放的烟尘和有害气体。在计税方法上以烟尘和有害气体的排放量为计税依据,根据浓度设计累进税率,从量征收。

垃圾污染税。垃圾污染税的纳税义务人为我国境内排放固体废弃物的单位和个体经营者。课税对象为排放的各种固体废弃物。在税率的设计上对环境危害程度大的污染物的税率应该高于危害程度小的税率。

第三,关于环保税的税收征管和税款使用投向。

本着"地方污染地方治"的原则,应将环保税设计成一个地方税种,由地税局负责征收。但由于环保税需要确定纳税人的排污量,专业技术要求较高。因此,环保税的征收应由环保部门负责定期测定排污量,税务部门负责具体的税款征收,充分发挥两个部门的业务专长。

环保税应本着"专款专用"的原则,作为政府用于环境保护和循环经济发展的专项资金,并加强对其用途的审计监督,防止被挤占和挪用。鉴于环境的准公共产品性质以及污染的成本外溢效应,环保税收入应该实行分成,地方可掌握75%左右,中央掌握25%左右,由中央统一在各地区之间调剂使用,这样可以充分调动中央和地方两个积极性,在全国范围内有效保护环境,推动我国经济的可持续发展。

(6) 对其他税种的调整

A. 房产税、城镇土地使用税及车船税的调整

改革房产税和城镇土地使用税,建立完善的房地产税制。将现行房产税和城镇土地使用税"两税合一"合并为房产税,合并后的房产税要扩大征税范围,实行宽税基的广泛征收,更好地发挥房产税的调节作用。对于负担房地产税有困难的低收入者,如下岗职工、贫苦农民、孤寡老人和遭受天灾

人祸的纳税人给予税收减免，体现政府的人文关怀。对房产税设计规范的计税依据，合理制定税率。鉴于我国地域辽阔，各地的状况千差万别，建议国家出台统一的税率幅度范围、房产评估标准以及相关的政策和规定，由各省(直辖市、自治区)人民政府根据国家的这些规定和政策，因地制宜地制定适用税率，使纳税人的税负保持在适当水平。

车船税方面，建议取消对二轮摩托车、三轮摩托车等机动车，人力驾驶、畜力驾驶、自行车等非机动车，拖拉机、非机动船所征收的车船税。原因在于这部分车船的使用者或经营者绝大部分是农民，上述车船在使用中具有非营利性，而且上述项目车船税的税率本身也比较低的，对于财政收入的意义也不太明显，取消对上述项目的征税还可以减轻农民的税收负担。

B. 营业税与企业所得税方面的优惠

税收优惠是税式支出的一种形式，是政府为了鼓励某些特殊部门、企业在经济或社会事业发展中的行为，以税收优惠的形式让利于纳税人而放弃的收入。正确运用税收优惠可以发挥税收在农业生产、农民增收和农村发展方面的调节作用，保证农村经济和整个国民经济持续快速增长。因此在税收政策的制定和调整时，都会通过恰当地采用税收优惠政策体现对某一产业或者某一领域的扶持倾向，发挥税收对经济的调节和导向作用。除了以上提到的税种所涉及的税收优惠以外，在营业税和企业所得税方面还应考虑增加以下针对涉农领域的税收优惠：

农业生产方面。为了发展农村经济、消化转移农村剩余劳动力，对从事种植业、养殖业、农林产品和渔业类初级加工的龙头企业取得的所得，暂免征收企业所得税。为了扩大促进再就业政策的实施面，对带动农户数量达到一定标准的、带动农民年均增收且已形成产供销一条龙、解决当地农民就业占生产人员总数的比例超过10%未达到35%的龙头企业，可在5年内减征或免征企业所得税，鼓励农村剩余劳动力离土不离乡就地进入工厂就业，缓解城市就业压力。对于新办的从事农产品深加工的高新技术产业，自获利年度起前2年免征企业所得税，第3至第5年减半征收企业所得税。对于农民工回乡创办的企业，应从其获利年度起计算其减免期，在3～5年内可以免缴营业税、企业所得税等税种。

社会事业方面。为了支持农村医疗事业的发展，建议将农村合作医疗机构视为非营利性医疗机构，对其从事医疗服务取得的收入免征营业税和企业所得税。对社会力量投资创办的农村医疗机构，在运营初期给予定期减免营业税和企业所得税的优惠。为鼓励对农民和农民工提供技术教育和职业教育，对向农民提供技术培训和非农职业技能培训的单位或个人免予征收营业税和企业所得税。对向农民工再就业提供服务的中介机构进行的技术转让、技术咨询、技术培训而获得的收入应免予征收营业税和企业所得税。对专门服务于农村的教育、科技、文化卫生等服务产业和专门服务于农村的交通运输、通讯、广播、有线电视、电力部分的企业,给予适当的企业所得税税收优惠政策以推动城乡经济一体化的发展。对从事治理农村大气、水系、土壤等污染的企业免征营业税和企业所得税,以促进城乡经济的可持续发展。对在农村从事旅游、观光农业、休闲农业等新兴产业的企业,给予营业税和企业所得税优惠以增加农村就业和农民收入。

解决资金短缺方面。针对目前农村资金严重外流的现实,当务之急是建立农村资金回流的财政金融投入机制。对农业发展银行、农业银行、国家开发银行等的农业贷款收入或支农资金信贷均应比照农村信用社按3%的税率征收营业税,在企业所得税上实施所获利润"减二免三"的税收优惠政策,即前2年所获利免征企业所得税,第3至第5年减半征收企业所得税。对民间金融组织出台相应的税收优惠政策,对投入农业的民间资金,给予减征或免征利息收入营业税的优惠,从根本上扭转农村资金外流、农村经济发展"贫血"的局面。

5.1.4 完善农村税收征管工作

农村一直是税务征管工作的重点和难点,受二元城乡税制的影响以及农村税源分散、征税成本较高、税额比重偏低、技术手段落后等因素的制约,农村税收的征收管理机制一直未能确立起来,《中华人民共和国税收征收管理法》对此也未作出明确规定。建设社会主义新农村、建立统一城乡的税收制度,也对农村的税收征管工作提出了新的要求和挑战。进一步优化农村税收征管工作,建立统一城乡的税收征管体系,不仅是新农村建设的要求,同时也是建立现代税收征管模式的需要。现阶段完善农村税收征管工作可以从以下几个方面入手:

(1) 做好税法宣传,提高农民的法制观念和纳税意识

由于农村地区的文化程度较低,很多农民对税法知识比较陌生,有的农民认为收费也是税收,对税收概念认识不清,对纳税人的权利和义务更是不清楚,也就不可避免地出现农民在税款征收过程中的拒绝缴纳和抗税的行为。建设社会主义新农村也是全面提高农民的文明程度和法制意识的一项重要手段。要将"社会主义税收取之于民、用之用民"、"依法纳税光荣、偷税抗税可耻"等法制思想广泛传播。税务部门不仅要充分利用税法宣传月活动开展形式多样的税法宣传,而且要把税法知识的宣传贯穿于税务工作的

始终,常抓不懈。要采取通俗易懂、老少皆宜的方式宣传税法,创作影视、小说、戏剧、曲艺等群众喜闻乐见的文化作品,让农民在娱乐、生活中了解和学习税收知识。广播、电视、报社等宣传部门要协助税务机关搞好税法教育,使广大群众对我国的税收法律法规有一定的认识。

(2) 建立多样化的农村税收征管模式,降低税收成本

首先,加强对农村的税源监控。结合农村税种的特点,加强对农村私人建房、私房出租、矿产资源以及房产税、城镇土地使用税、印花税、土地增值税等地方小税种的税源管理。针对社会主义新农村建设的实际,认真做好城乡结合部、旧村部改扩建、村间道路及其配套工程项目等税源管理。要加强农村税源跟踪监控,提高分析预测能力,查找征管问题,及时采取应对举措,确保农村重点税源及时、足额、均衡入库。其次,针对农村的特点和需求,因地制宜地调整基层征管机构。由于农村涉及地税部门的税种比较多,为了方便纳税人,可以与国税部门进行协调,考虑由地税部门对农民和农村小企业进行管理和提供服务。在税款征收上实行定点办公与送服务上门相结合的方式。第三,要进一步减化办税程序。减少办税环节,简化办税流程,办税窗口的设置也要尽量方便纳税人,归并简化各种办税表单、手续,多渠道为纳税人免费提供各种纳税表单,提高办税效率。第四,突出重点,提高效能。对重点发展的农村企业,努力做到手续从简、审批从快、期限从宽,切实提高服务效能等。第五,加快农村税收信息化建设。在有条件的地方推行电话申报、网上办税等简便快捷的税收征收方式,逐步构建信息化的农村税收征管模式。

(3) 优化纳税服务,为农民创造良好的税收征纳环境

近年来,纳税服务已成为世界各国税收征管发展的一种潮流和趋势,据有关测算表明,一份纳税服务方面的努力,相当于50份税务监督打击方面的收获。在农村的税收征管工作中应着重在以下几方面强化纳税服务。首先,要建立税收优惠政策提醒告知制度。针对农村信息不畅通的特点,税务部门要将出台于不同时期、不同经济背景下散见于各种法规、文件和补充规定中的农业税收优惠政策进行清理、归集和分类,汇编成册,使支持农业发展的税收政策公开、易得,便于操作,告知农村纳税人应遵循的注意事项和各项税收优惠,使农民能充分利用国家的惠农支农政策,促进村镇的致富和发展。其次,推行农村税务公开制度。为消除农民相互之间的疑虑和攀比心理,在一定范围内对税收政策、办税程序及纳税人的税收定额、纳税处罚、停歇业管理等内容真公开、常公开,增加税收执法的透明度。第三,要积极开展针对农民的纳税辅导、纳税评估、查前告知等人性化服务举措,尤其对

于新创业的农民，要提供优质的纳税申报服务和财务会计支持，帮助企业建账建制，规范财务核算。提高纳税人依法纳税的自觉性，避免因不知法而违法或享受不到优惠政策。第四，做好对农村各类新兴经济合作组织的管理和服务工作。与有关部门做好协调，将为各类新兴经济组织办理税务登记的有关手续纳入税务部门正常的管理和服务系列，税务部门要经常进行政策的宣传辅导，把各项优惠政策落实到位。

(4) 提高农村税收征管人员素质，建立科学的地税干部管理机制

人是一切管理的能动因素，要运用税收政策促进社会主义新农村建设，自然对税收政策的执行者——税务人员的业务素质和道德素质提出了更高要求。首先，要加强对农村基层分局人员的业务培训。培训的重点集中在税收改革、业务技能、查账技巧等方面。通过集中的培训学习、剖析案例，提高农村基层分局税务人员的业务水平，以适应法制化、规范化、社会化和现代化农村税收征管工作的需要。其次，强化"两权"监督，最大限度地减少农村基层分局地税干部在地税执法中自由裁量权的随意性。完善公开办税、民主评定税负制度，力求做到公平、公正，杜绝"人情税"、"关系税"等不良行为，确保地税干部队伍健康的成长。第三，完善责任追究制度。对那些工作拖拉，不负责任的干部实行责任追究，坚决纠正拖沓、推诿现象，树立"务实、高效"的工作作风。同时，实行个人收入与税收任务挂钩，调动农村基层分局干部职工的工作积极性。第四，完善干部管理职责。对农村基层分局的工作人员职能进一步划清划细，包括分局长、副分局长、站长、办税服务厅工作人员、片管员的工作职责，使每一位干部职工都能做到职能清楚、责任明确，彻底解决各分局之间、各工作人员之间职责不清，相互扯皮的现象，进一步提高工作效能。

(5) 建立广泛的农村护税协税体系

与城市税收相比较，农村税收具有点多、线长、面广、隐蔽性、易逝性等特点，同时农村税源还具有分布分散零星的特点，在这种情况下单纯依靠税务机关的力量显然不够，必须要借助社会各方力量共同做好农村的税收征管工作。农村协税护税组织的建立，应按照政府领导、乡镇操作、税务指导、部门协作的工作思路，逐步建立县乡村三级协税护税网络。将协税护税工作落实到人，并采取切实有效的措施保证协税护税工作的规范、有序进行。

5.2 完善新农村建设的规费制度

5.2.1 继续深化农村税费改革

(1) 农村税费改革取得的成就

农村税费改革取得主要成果体现在：一是农民负担减轻，农民利益得到初步维护。据统计，2006 年全国农民负担与农村税费改革前 1999 年相比，总额减少了约 1 250 亿元，人均减负约 140 元①。二是初步理顺了农村分配关系，大体上规范了农村税费制度。农村税费改革按照"减轻、规范、稳定"的原则，积极稳妥地贯彻实施"三取消、两调整、一改革"，三个取消即取消乡统筹费、农村教育集资等专门面向农民征收的行政事业性收费和政府性基金集资、取消屠宰税、取消统一规定的劳动积累工和义务工。两项调整即调整农业税政策和农业特产税政策(现已取消)。一项改革即改革村提留征收使用办法，按农业税正税附加的 20%，妥善解决村级干部报酬、办公经费，村内集体生产公益事业，实行"一事一议"，由村民大会民主决定。三是促进农村上层建筑的变革，推动了乡镇机构的改革。农村税费改革加快了乡镇机构改革步伐，转变了乡镇政府职能，撤并机构、精简人员，减少"吃饭财政"。同时也促进了村级组织的正常运转，有计划地推进村级拆并工作，降低村级运行成本。四是密切了党群和干群关系，维护了农村社会稳定。农村税费改革不仅规范了农民应缴纳的"税"和"费"，还通过一系列的税费改革宣传，使农民明确了自身应尽的义务和应承担的责任。在农村征税过程中为了方便农民，还聘请了协税员专门帮助农民解决相关的纳税事宜，农民消除了疑虑、积极配合，大大减缓了税费收缴的难度。党和政府在农民群众中的威信进一步提高，有力地促进农村经济的稳定和发展。

(2) 继续深化农村税费改革需要逐步解决的几个问题②

一是农村税费改革后，乡村两级财力缺口加大。实行农村税费改革后，乡镇可用财力都有不同程度的减少，尤其是村级财力减少的幅度更大。一方面，由于税费改革取消了乡统筹费、农村教育集资等专门面向农民征收的行政事业性收费和政府性基金，取消了屠宰税，2006 年全面取消了农业税和农业特产税，农村的税收收入和收费收入较之以前少了很多。而另一方面，乡镇机构的改革需要一个过程，短时期内乡镇机构的支出不会减少，这就造

---

① 张通. 支持新农村建设的财政政策研究[J]. 财政研究，2007，(5)：17.

② 赵全厚. 论公共收费[M]. 第 1 版. 北京：经济科学出版社，2007. 245 - 248.

成了乡镇机构收不抵支的局面，加大了乡财政收支的矛盾。改革前后相比，村级收入减幅达到60%～70%，实现运转的难度较大。村级财务出现严重缺口，不仅使一些农业生产基本建设投资、公益事业项目投资受到严重影响，同时还会引发乡村的债务危机，使乡村的债务难以消化。

二是农村基础设施建设与公益事业的发展面临着新的困难。长期以来由于我国一直实行偏向城市的公共产品供给制度，加之国家财力对农村的投入不足，一些本应该由公共财政负担的诸如农村道路、水利、电力等农村公共产品和乡村卫生、教育等农村公共服务一直依靠农民出钱出力完成，这虽然对推进农村基础设施建设和农村社会事业发展起到了一定的推动作用，但是却极大加重了农民的负担。建设社会主义新农村就要建立覆盖城乡的公共财政体制，使财政承担起应负的责任，但是在短期内财政投入农业和农村的增加程度是有限的，目前财政的转移支付仅能使乡镇维持“保运转、保吃饭”，对于农村的建设发展没有了资金来源，加之农村“一事一议”难度较大，造成新的项目难以启动，无法改变农村落后的局面，制约了农村经济和农村社会的发展。

三是农村义务教育经费保障遇到困难。由于制度改革的不衔接，农村税费改革在一定程度上加重了农村教育经费短缺的程度。农村税费改革取消了农村教育集资和农村教育费附加，这使本来已经拮据的农村教育经费更加短缺，给农村基础教育的发展和农村学校的正常运转带来了重重困难。2007年政府将农村义务教育全面纳入财政保障范围，全部免除了对全国农村义务教育阶段学生的学杂费，并免费提供教科书，对家庭经济困难的寄宿生提供生活补助，在财政预算中安排乡村两级办学和危房改造所需资金。但是由于税费改革后，县乡财政原本就减少，有的甚至连发工资都很难，就更别提向农村义务教育的投入。尽管中央政府给予了地方专项转移支付补助，但农村义务教育的经费困境仍然是制约农村义务教育实施的重要障碍。

四是农村税费改革后农民负担反弹的隐患依然存在。农村税费改革使农民负担明显减轻，农村税费改革已得到广大农民群众的拥护和支持。但是在取得成绩的同时也应该看到农民负担反弹的隐患依然存在，原因在于税费改革并没有从根源上消除导致农民负担加重的“顽疾”，表现为：首先农村税费改革未能有效地解决基层事业单位经常性支出过大的问题。其次，一些地方领导为了某种目的，经常会上一些超出本地区财政负担能力的项目，直接加重农民负担。最后，还有一些单位违规犯禁、不顾中央的三令五申向农民乱收费和“搭车收费”，加重了农民负担。因此，要使农民真正“减负”的任务依然很艰巨，防止农民负担反弹的工作依然很突出。

农村税费改革是一项对农村经济乃至全国经济发展有着深远影响的重大改革，对减轻农民负担、促进农民增收、激发农民积极性，维护社会公平与和谐都有着重要的作用。随着新农村建设的逐步推进，覆盖城乡的公共财政体制的逐步建立，城乡一体化的税收制度和经济制度的逐步完善，农村税费改革工作所面临的很多问题将会被妥善解决，农村税费改革工作将朝着更加规范化、制度化的方向迈进，同时也会对社会主义新农村建设起到推波助澜的作用。

5.2.2 建立规范化的农村规费机制

农村税费改革是治理农村乱收费的有效手段，反过来，完善农村的规费制度，规范农村的规费管理也是巩固农村税费改革成果的重要措施，两者互为因果、相辅相成。农村税费改革不是简单的费改税、以税统费，取缔收费，而是税费各归其位。不能因为农村长期存在的“乱收费”现象，在农村税费改革中就完全否定规费在财政收入和农村收入中的作用。根据公共财政理论，税收和规费是财政收入的两种形式，在财政收入中各有定位。税收主要服务于纯公共产品，而规费主要服务于准公共产品，规范的财政收入机制应当是税费并存的。从农村公共产品供给的角度来说，完全由政府提供农村所有的公共产品在目前是不现实的，也是不科学的，而且根据公共产品的特性，某些农村的公共产品可以通过规费的方式来解决，这也符合支付与受益相对称的原则。规费收入不仅可以有效解决我国农村公共产品供给短缺的问题，而且也是一种更为公平和有效的方式。在社会主义新农村建设中要正确地认识规费的作用和意义，在改革农村税制、深化农村税费改革的同时，应当重新构建合理的农村规费制度，规范农村规费机制，即要发挥规费在公共财政中的作用，又不给农民增加额外负担，让税费各归其位。

(1) 农村乱收费的原因分析

农村乱收费的根本原因在于没有形成对规费主体有效的约束机制，这种约束机制包括外部的制度约束和内在的利益约束。

对规费主体外部制度约束机制的缺乏主要表现为：政府与农民之间的利益关系缺乏保障。为了减轻农民负担，遏制农村乱收费，中央一再出台了很多政策，但是由于缺乏规范政府与公民之间利益分配机制的法律制度保障，在实际执行中，中央的文件精神对政府行为的约束力会随着传递层次的增加而减弱。同时又没有明确的法律、法规保护农民的合法权益，所以地方政府就可能利用手中的行政管理权力，通过合法或不合法的手段尽可能地向农民多收取费用。我国现行规费实行中央和省两级管理，按隶属关系分别由国务院或省级财政、物价部门组织实施，涉及农民利益的规费还须经过农民负担监督部门审查同意，此外，在一些文件中还赋予了地方政府出台审批附加费、建设费、基金的职能。这种多头控制、相互交织的规定必然造成规费管理主体分散，为乱收费项目的出台提供了机会。

对规费主体内在利益约束机制的缺乏主要变现为：很多地方政府都将规费任务的完成情况作为干部政绩考核制度的重要内容，有的甚至与个人的降级和津贴挂钩，其结果造成农村各部门想方设法、巧立名目收取费用，使一些不合理的规费屡禁不止。同时大多数农村基层机构改革力度不够，干部超编现象普遍，财政供养的人员一直居高不下，乡镇开支必然急剧增加，在财政转移支付能力有限的情况下，只能通过收取费用弥补财力缺口。

(2) 建立规范化的农村规费机制

A. 健全规费立法，使农村规费有法可依

建立农村的规费公示制度，使公众明白交费的程序和必要性，加强社会各界对农村规费的监督管理，消除收费者与缴费者的信息不对称，提高政府的自我约束力。要向社会公众公布有关规费项目的一切法规文件以及中央和省级政府规费项目的目录，建立持证收费制度和专用票据使用制度等。建立对乱收费行为的处罚制度，处罚项目应包括：对规费单位及责任人的处罚，对审批过程中徇私舞弊、玩忽职守、越权审批等责任人的处罚，对各级政府部门及审计、物价、财政等部门工作人员的处罚等。增加各级政府包括农村政府工作人员乱收费的风险和成本。

B. 构建操作规范的规费制度，使农民负担合理

合理确定农村规费的内容，除了村内的一部分公益事业以外，农村其他公共产品原则上都应当比照城镇，按照城镇"国民待遇"的要求，由国家来承担和提供。农村义务教育和农村基层政权运转所需的经费应该完全由国家承担。可以保留一些以提供准公共产品为目的的合理规费，不过以提供公共产品为目的单独向农民收取的费用应予以取消，即使保留的部分也要严格按照村民自治的原则，实行民主议事、民主管理，村级组织不可越俎代庖，乡镇政权更不得收取除法定税以外的费用。对于农村目前收取的兴办其他集体生产、公益事业所需的资金，应建立一套村民公决的规范程序和监督机制，督促其做到程序合法、民主，资金使用正当合理，财务合理公开透明，并对筹资实行控制。对农村中的农机作业、畜禽防疫等收取经营服务性费用，应由各级政府组织物价、农业、财政、教育等部门进行整顿，加强监督。

C. 继续深化县级以下政府的机构改革，减少县乡政府开支压力

一是建立和健全以县级政府为中心的农村政府机构，合理确定本级政

府及所属乡镇政府的机构数量和人员编制。取消乡级财政预算，形成县级政府统一预算、乡镇分级管理的新型农村财政管理体制。二是加快农村政府职能转变，将过多过散的乡镇事业单位合并，组建综合性的较大规模的“服务中心”，扶持鼓励条件成熟的事业单位转为企业，实现社会事业投资主体和举办主体的多元化。对村组织目前所具有的一部分政府职能要由乡镇政府收回权力，使村委会真正成为村民自治的组织者、领导者，而非一级政权组织。三是加大农村政府用人制度的改革力度。对一些重要职位，要实行面向全社会的公开招聘制度。改革干部业绩考核办法，坚决禁止将干部个人收入与完成的政府收入挂钩的做法。对公共部门工作人员的任用取消终身制，采取竞争上岗。

此外，为了解决农村税费改革后乡村两级财力缺口加大的问题，应尽量避免基层政府以规费弥补财力缺口的行为，要规范省级以下政府的财政转移支付制度。要按规定将中央和省两级财政转移支付的资金调度比例逐步核实到县，并划出一定比例的资金用于村级开支，以确保用于各村组织资金缺口的转移支付落实到位。扩大省级财政转移支付的范围。将各种补助统一到转移支付体系中，然后根据测算获得的标准财政支出、标准财政收入和标准财政供养人员等数据，核定各市县的转移支付基数，将标准人均财力低于省预定标准的市县列入转移支付范围，按差额由省财政全部或部分补助，以确保财政对各地区的投入，使各地居民都能享受到政府最基本的公共产品①。

5.3 新农村建设公债收入初探

新农村建设需要大量的资金投入，据有关专家测算，“十一五”期间中央财政用于农村基础设施建设的投入至少为3万亿元人民币，如果按8亿农民计算，新农村建设的资金缺口将在13 600至43 200亿元之间。国家财政和地方财政很难一下子拿出这么多的资金，在农民收入普遍较低的情况下，单靠农村自己的力量显然无法解决这一资金缺口，在这种情况下，通过发行“社会主义新农村建设公债”来切实地加大对农业和农村的投入，不仅是必要的，而且也是可行的。

发达国家的债券市场由国债市场、地方公债市场和公司债券市场构成。“国债”与“公债”的最大区别在于发债主体不同，“国债”是中央政府的债务，即国家债务；而“公债”则是公共债务，即为公共利益而产生的债务，因而除

① 有关于省级以下政府的转移支付问题将在第七章第一节中详细介绍，在此不再赘述。

国债外，公债理应包括地方政府债务和政府所属公共机构的债务。相对于税收收入的强制性、无偿性和固定性的特征而言，公债具有自愿性、有偿性和灵活性的特征，公债因此成为政府公共收入的主要形式之一。随着我国产业结构的调整、税收体制的改革及资本市场的深化，发展和培育地方债券市场已经势在必行。作为应对国际金融危机、扩大内需保增长的重要举措，中国目前同意地方发行 2 000 亿元债券，由财政部代理发行。2009 年 3 月 30 日至 4 月 1 日，首期地方政府债券——新疆维吾尔自治区政府债券在上证所发行。4 月上半月还将发行地方债 6 只共计 284 亿元。由此可见，在积极的财政政策下，地方债券市场的发展已经势不可挡，我们可以将发行新农村建设公债作为发行地方专项公债的又一试点，成功后全面推行。

5.3.1 发行新农村建设公债的必要性与可行性

(1) 必要性

《中华人民共和国预算法》(以下简称《预算法》)第 28 条明确规定“地方各级预算按照量入为出、收支平衡的原则编制，不列赤字。除法律和国务院另有规定外，地方政府不得发行地方政府债券。”限制地方政府发行债券的主要目的是为了防止地方政府通过发行“赤字债”的方式弥补经常性收入的不足，这种状况与计划经济体制下必须高度集中统一财权财力这一根本要求是相适应的。但是随着我国市场经济体制的逐步完善、分税制财政体制的正式实行，地方政府必须承担起对本辖区部分公共产品的提供职能。特别是在当前，新农村建设成为我国经济建设的重中之重，地方政府为了建设社会主义新农村进行一定的举债活动，即发行新农村建设公债就具有了合理性与迫切性。

第一，根据信息经济学理论，当人们处于经济信息不完全的境地，且难以通过直接控制来实现既定目标时，就需要采取分散决策的方式来实现资源配置。中国农村地域广大，各地情况各不一致，地方政府在一定程度上对新农村建设具有更好的发言权，对地方民众的偏好比较灵敏，发行地方公债，由地方政府拥有部分决策权，能够更好地实现资源配置，这也是经济激励机制设计的需要。

第二，如果地方政府仅依靠自身现有的财力进行新农村建设投资，地方公共产品的提供与基础建设建设就会受到一定限制。如果能合理利用债务筹资，就可以扩大新农村建设的规模，实现农村经济的增长，推动社会进步。

第三，由于新农村建设的大部分领域具有公共产品和准公共产品的性质，受益期限长，惠及一代甚至几代人，如果全部用当年税收或规费来承担，就等于让当代人承担它的全部成本，而让后代人无偿地享受，使这类产品的提供低于效率水平，也有违公平原则。因此，适量的政府举债有助于改进社会福利和代际公平。

第四，有利于开发地方政府潜力，增强地方政府建设社会主义新农村的积极性。我国地域广阔，各地的自然资源条件、经济发展水平、经济活动的具体内容、税源情况及市场发育程度存在着很大的差异，在这种情况下，允许地方政府根据本地资源状况、经济发展水平以及国家产业政策，适度发行新农村建设公债，可以刺激地方因地制宜地建设和发展农村的积极性。

（2）可行性

A. 地方政府稳定的信用基础

地方公债被誉为“银边债券”，其信用仅低于中央政府发行的国债。1994年以前，我国地方政府没有明确的税收来源，与中央政府的权责划分、利益界限也不明确，也就不具备发行地方公债的信用基础。1994年我国开始实行分税制，地方政府因此具有了稳定的税源及收入，地方政府的事权和支出范围也是明确的，它与中央政府的利益边界已经界定，这就具有了发行新农村建设公债的信用基础，地方政府作为发行债券的主体地位是可以成立的。从长远来看，允许地方政府发行新农村建设公债，不仅是加快地方基础设施建设、大力发展农村经济、促进区域经济协调发展的内在要求，还是进一步完善分税制下财政体制改革、防范和化解地区经济风险的客观需要。

B. “准地方公债”的发行积累了经验

由于受《预算法》的约束，地方政府无法通过发行公债进行筹资，但又必须为本辖区提供必要的公共产品，于是催生了能够规避法律约束的“准地方公债”——由中央政府发行后转借给地方政府来使用，并承担还本付息职责的国债，或者由代理地方政府行使职能的专业投资公司发行的、所募资金用于城市或地方基础设施建设的企业债券，理论上都可以看作有地方公债的性质。准地方公债以地方政府为后盾，并由大型国有企业进行担保，偿债风险较小，信用级别、收益较高，所以一经上市便受到广大投资者的欢迎。当然，与真正意义上的地方公债相比，准地方公债还存在着若干不足和不规范之处，只能是在我国现行的经济环境和制度框架下的一种过渡性金融产品，但它的成功发行使我们对新农村建设公债的推出充满信心。

C. 发行的合理性与合法性

新农村建设的很多领域不仅需要国家政策的倾斜，而且需要政府的直接投资，但是政府资金来源有限，发行专项公债不失为一种扩大财源的有效方法。同时，由于新农村建设具有代际受益的特征，而公债的偿还也具有代际转移性质，即公债的负担由当代人转移到后代人身上，符合财政学家们提出的世代重叠理论。新农村建设公债的发行因此具有了一定的合理性。而且，《预算法》中规定：除法律和国务院另有规定外，地方政府不得发行地方政府债券。这就为地方政府发行公债打下了伏笔。因此，在《预算法》修改的时机尚未成熟的情况下，国务院应尽快制定并出台一些特别的规定，为符合条件的地方政府发行新农村建设公债提供法律依据。

5.3.2 发行公债的主体及范围

根据我国的实际情况，新农村建设公债的发行，建议先从省一级财政开始试点，而不应各级政府都可以发债，更不能在短时间内大幅放开。对于试点地点的选择，应该是在经济实力强的东部沿海省份，因为这些省份经济环境和投资环境好，又有足够的财力偿还债务，在试点初期反响会好一些。同时要求发行专项公债的地方政府必须连续几年内没有财政赤字，有良好的信誉和抵抗风险的能力。

新农村建设公债的发行对象应尽可能广泛，不仅包含城市居民，更要涵盖农村居民。由于国债发行渠道狭窄、农村金融服务不到位等因素的影响，广大农民很少能买到国债。而公债与国债一样在所有的金融产品中，具有信誉度高、安全性高、收益稳定等特征，是采取稳健型投资方式的首选产品。将农民涵盖于新农村建设公债的发行对象中，不仅能体现“取之于农，用之于民”的政策，还能满足农民的投资需求、促进农村的建设发展、实现社会公平与和谐。此外在发行区域上也不必只限制于本地区发行。根据国家统计局的统计年度公报，2008 年我国城乡居民的储蓄额已达到 22.15 万亿元之多[①]，大量社会资金找不到投资方向；我国投资基金、保险公司、养老基金等机构投资者规模迅速壮大，提高了对投资渠道多样化的要求；当前中国的股市风险重重，国债发行屡次供不应求，而专项公债的信誉较高，风险相对较小，收益稳定，是一种良好的风险对冲工具，一旦发行必将受到投资者的青睐，成为投资的重要工具。因此，在中国发行新农村建设专项公债，既为社会资金找到了投资方向，又可以解决新农村建设发展资金不足的问题。

5.3.3 新农村建设公债的期限和利率

新农村建设公债在债券期限的设计上要选择中长期债券，最好将期限设计为 15 年，因为债券的发行是为新农村建设筹集资金，而新农村建设的很多投资项目（如基础设施建设项目投资）具有投资成本大、效益回收期长的

① 国家统计局统计公告 http://www.stats.gov.cn/tjgb/.

特点，因此中长期债券能满足这种资金需求。同时由于短期债务的风险较大，地方政府的抗风险能力有限，一旦短期债务成了地方债务的大头，很容易引发地方债务危机，而最终又只能由中央政府解决，无异于增加中央政府的财政风险。因此，短期债券不能成为地方公债发行的主体部分。

新农村建设公债的利率确定，应该参考以下几个因素：一是企业债券利率、金融债券利率。专项公债利率可略低于企业债券和金融债券利率。因为专项公债可凭借地方政府的信誉发行，政府信用度高于公司的信用度，在发行中处于优势地位。二是银行存款利率。专项公债的利率可比同期银行存款利率略高，使新农村建设公债较之银行存款对投资者产生更大的吸引力。三是同期国债利率。根据“高风险高收益，低风险低收益”的原则，专项公债的信用仅次于国债，因此，其利率水平应略高于国债。这样投资者有利可图，便于专项公债的推销。新农村建设公债可实行利率与物价指数挂钩的浮动利率，以减少认购者的投资风险，并保证政府信誉，更好地调动广大投资者的认购积极性。

为确保“社会主义新农村建设公债”的顺利发行和热购，国家税务总局应研究出台相应的税收优惠政策，凡企业和单位认购“社会主义新农村建设公债”的资金允许在计算企业所得税前扣除，凡个人认购“社会主义新农村建设公债”的一律免征个人所得税，凡将“社会主义新农村建设公债”在债券市场进行交易的一律免征证券交易印花税①。

5.4 积极探索新农村建设的筹资新途径

5.4.1 发售新农村建设彩票的设想

彩票②在国外被经济学家称之为第三次分配的“神奇之杖”，购买彩票则被称为“微笑纳税”。对于发行者来说，彩票是一种不用还本付息的特殊融资工具；对于购买者来说，彩票则是一种投资工具，同时还能满足购买者寻求刺激的心理需求。通过发行彩票筹集社会闲散资金用于社会福利事业和社会公益事业是现代彩票的共同目的。在新农村建设中，除了可以通过发行债券的方式来筹集农村建设资金以外，还可以考虑发售新农村建设彩票。目前我国有一部分彩票公益金用于发展农村社会事业，但是比重不大，发行新农村建设彩票会筹集到更多的资金。

---

① 马衍伟. 推进社会主义新农村建设的税收政策建议[J]. 税务研究，2006，(7)：22.

② 本文所研究的彩票特指国家彩票，不包含私人彩票。

(1) 新农村建设彩票的概念界定及特征分析

A. 概念界定

彩票作为一种博彩形式，目前世界上共有150多个国家经营。发行彩票的各个国家和地区都依据自身的彩票发行管理特点与历史文化习惯，对彩票的概念作了不同的界定，很难找到一种被普遍接受的经典性描述。本书从发行的主体、客体、目的以及性质方面对彩票进行了如下定义：新农村建设彩票是指政府为支持"三农"发展、推进新农村建设而筹集社会资金，依照博彩规则设计发行的印有号码、图形或文字供人们自愿购买并按特定规则取得相应中奖权利的凭证。

B. 特征分析

一是社会公益性。这是彩票最根本的属性，也是新农村建设彩票的主要特征。国家发行彩票取得的全部收入扣除返奖收入和发行成本后的余额即为彩票公益金。新农村建设彩票的使用方向应该主要集中在"三农"的公益性领域，主要用来支持农村教育事业、农村医疗卫生事业和农村社会保障事业的发展。这样可以较好地改善农村的整体福利状况，提高全社会的福利水平，淡化彩票的博彩特征，使得社会公益性成为其最显著的特征。

二是发行主体的特定性。发行彩票属于一种政府行为，彩票的发行主体只能限于政府有关机构或政府委托的社会中介机构，除被授权者外，其他任何组织和个人都无权经营彩票。这种强烈的国家发行色彩，决定了政府对彩票市场的绝对主导地位，在一定程度上保证了新农村建设彩票的资金筹集和使用投向。

三是公众参与的广泛性。首先彩票的发行是公开的。彩票的发行和购买是向不特定的社会公众公开进行的，彩票产生中奖号码的过程和开奖仪式也必须向社会全面公开，并由有关公证部门当场公证监督。其次彩票的购买主体具有广泛性。彩票是一种低风险的娱乐活动，能够满足人们适度投机的心理特点，加上其显著的社会公益特点，使得彩票的购买主体日益扩大，销售规模不断增加，全世界每年达千亿美元以上，成为"世界第六大产业"①。

四是彩票的博彩性。从总体上看，虽然支持农村社会事业和公益事业的发展是新农村建设彩票发行的根本出发点，但是从具体发行管理工作和个体购买彩票需求的角度看，博彩属性仍然是彩票运作的内在属性。公益性为新农村建设彩票的发行提供了理论可能，而博彩性在客观上为新农村建设彩票发行提供了内在可能，两者共同提供了新农村建设彩票发行的基

---

① 周生军. 促进循环经济发展的财税政策研究[D]. 东北财经大学博士论文，2007.248.

础条件。

(2) 新农村建设彩票的筹资效应

彩票同股票、债券、基金一样,可以持续、反复地筹措社会闲散资金,并以其慈善和公益性质在筹资方面具有不可替代的优势。作为一种吸纳社会资金、调节社会收入和增进消费者福利的有效手段,如果调控得当,发行新农村建设彩票对于促进我国社会主义新农村建设具有一定的积极意义。

按照国际通行经验,一个国家正常的彩票发行规模大约为其 GDP 的 1%左右。2006 年全年国内生产总值为 209 407 亿元①,以此计算,我国彩票近期发行额度应该在 2 000 亿元左右。世界彩票销量前 6 名的国家,2001 年销量均已突破 100 亿美元(其中美国达 300 亿美元以上),人均购买量在 150 美元以上(其中新加坡达 400 美元以上)②。2007 年彩票发行的总销量超过 1 000亿元,是我国历年彩票发行销量最大的一年,刷新了我国彩票发行 20 年以来年销量的最高纪录③,彩票销量按人均计算仅约为 77 元,刚超过 11 美元,彩票总销量及人均购买量均比较低。同时由于彩票的种类较少,缺少趣味性,难以激发彩民积极购买的兴趣,可见,我国彩票市场还有很大的挖掘潜力。

随着我国城乡居民储蓄额的不断增加,尤其是农民收入水平的不断提高,大量的社会资金找不到投资方向,彩票以其公益性质在筹资方面具有其他融资手段不可替代的优势。新农村建设彩票可以成为社会力量参与新农村建设的有效载体,它不需要还本付息,不会引发财政风险,还可以缓解政府建设新农村的财政压力。目前,我国应该考虑发行新农村建设彩票,把它作为新农村建设的一项政策创新,更广泛地筹集社会资金用于“三农”领域。

(3) 新农村建设彩票的发行管理

根据我国福利彩票和体育彩票运行的经验,在积极促进彩票市场发展,提高新农村建设彩票的发行量方面,应从以下几方面作出努力:

一是健全彩票立法。目前世界上有 120 多个国家发行彩票,其中大多数完成了博彩的国家立法,以法律的形式确认彩票经营管理的合法性。2009 年 7 月 1 日我国首部《彩票管理条例》正式实施(以下简称《条例》),为彩票的发行、销售、管理提供了法律依据,规范了彩票市场,使彩票管理中出现的诸多问题能够得到有效和及时的解决。虽然《彩票管理条例》的颁布和实施相比过去已经前进了一大步,但仍有很多遗憾之处,如没有对网购彩票的相关

---

① 国家统计局统计公告 http://www.stats.gov.cn/tjgb/.

② 朱河顺、裴填.浅谈发行环保彩票的必要性及可行性[J].中州审计,2004,(4):50.

③ 骆苹.2007 年中国彩票销量突破 1000 亿元[N].羊城晚报,2008 - 1 - 5(11).

问题作出明确规定,没有提出合理的监管模式等。要密切关注《条例》实施的过程中出现的一些问题,健全彩票立法,从而为新农村建设彩票的发行提供法律依据。

二是改革彩票管理体制。国外彩票管理体制分为政府直营、发照经营、企业承包三种模式。在实践中,彩票大国基本上都是采用后两种模式,采用市场机制,实行企业化经营,政府加强监管。我国现行民政和体育部门不但是彩票的发行和经营主体,而且拥有经营和行政管理双重职能,其重要特征是政企不分。同时,各自独立执行一套运营体系和财务制度,必然造成资金的无谓消耗和发行成本上升。在市场经济条件下,这种旧的体制已经严重制约了彩票业的发展。因此,可以借助发行新农村建设彩票的契机,尽快统一国家彩票运营机构,实行彩票运营市场化,提高彩票公益金使用效率。

三是推动彩票产业化。世界各彩票大国都已经实行彩票产业化,这是彩票业发展的必然趋势。据世界彩票协会报告,彩票业的年度总营业额是12 000亿港元,同时这个数字还在以每年18%的速度增长,彩票业已稳坐世界第六大行业交椅。我国发行彩票的初衷则是为了筹集资金,解决紧迫的社会难题,但彩票的性质却是相同的。所以发行新农村建设彩票,促进彩票产业化,将是一个必然的发展趋势。

四是确定新农村建设彩票的发行主体。新农村建设彩票的发行主体按照目前的方式更适合国家财政部,应严格按照规定将彩票公益金纳入财政收支预算管理,专款专用于“三农”的公益性领域,主要用来支持农村教育事业、农村医疗卫生事业和农村社会保障事业的发展。同时,加强审计部门以及社会公众对新农村建设彩票资金的监督管理。在条件成熟时,考虑建立统一国家彩票运营机构,实行彩票的市场化运营。

5.4.2　新农村建设的其他筹资渠道

“三农”问题的资金缺口仅仅靠政府的单方面投入是远远不够的,还要考虑增加其他的筹资渠道,要形成一种以政府财政资金投入为引导,吸引社会各方面资金共同投入的机制,积极探索新农村建设的筹资新途径,充分发挥金融手段在支持新农村建设中的作用,建立多元化的农村投融资体系,构筑良好的农村融资环境①。将土地出让收入纳入财政预算,确定较高比例用于农村土地开发和农村基础设施建设。将农村矿产等资源收入的一部分用于新农村建设,同时研究对开采资源的行业开征用于恢复生态的税收②。

---

① 关于金融支持新农村建设的问题将在第八章第二节阐述,在此不再赘述。

② 张通.支持新农村建设的财政政策研究[J].财政研究,2007,(5):19.

在探索新农村建设筹资新渠道的同时，要注重发挥农民在新农村建设中的主导作用，在促进农民增收的基础上，强化农民主体投入渠道。农民既是新农村建设的受益者，又是新农村建设的投入主体。要合理界定政府投入和农民投入的关系，逐步突出农民的投入主体地位，增强农民自我投入、自我建设、自我完善的意识。凡是可以由农民投入能够解决的事情，政府不应搞统揽包办，主要应交给农民自己投入解决。必须要依靠政府投入才能解决的问题（像公益性建设项目等），政府也可以采取以奖代补、实物补助等形式来鼓励农民增加投入。要充分调动农民的积极性，使农民群众能真正成为新农村建设的投入主体。

6 支持新农村建设的财政支出政策

财政支出是指政府履行职能而消耗的一切费用的总和。就是说，一旦政府在以多少数量、以什么质量向社会提供公共产品方面作出了决策，财政支出就是实施这些决策所付出的成本①。财政对社会经济活动的影响主要表现在财政支出上，它是财政分配活动的重要环节，也是政府经济活动的一个重要方面，体现了国家政策以及在一定时期政府活动的范围和方向。市场经济体制下的财政是公共财政，在公共财政制度下，财政在安排支出政策时要充分体现支持农业生产、农民增收和促进农村繁荣的意图，财政支出要充分履行有效提供公共产品的职能，建立覆盖城乡的公共产品供给体系，加大对涉农领域的补贴和投资力度，充分发挥财政支出政策在新农村建设中的作用，保证农村社会的稳定和发展。

6.1 支出政策的经济学分析

6.1.1 支出政策的经济学含义

凯恩斯的宏观经济理论认为在经济波动的过程中，总需求起到了十分关键的作用，他认为在短期中总需求的变动对产出、就业和价格总水平有很大影响。总供给和总需求的平衡是经济稳定和发展的前提，短期内需求增加必然导致供给短缺，供需缺口使市场价格出现上涨的趋势，提高的价格诱导着更多的生产者继续扩大生产，从而创造更多的就业机会，国民产出水平提高，总供给和总需求在新的基础上达到平衡，经济得到了发展。财政支出政策正是从总需求的角度对宏观经济进行调控，使之达到既定目标。一个

① 邓子基、林致远. 财政学[M]. 第1版. 北京：清华大学出版社，2005. 120.

社会的总需求是指在其他条件不变的情况下，个人、企业及政府所购买的物品和劳务的总量，它是由消费(C)、投资(I)、政府支出(G)和净出口($X-M$)四部分组成。如果 Y 代表国民产出水平，那么社会生产中的总供给与总需求的平衡关系可以用如下公式表示：

$$Y=C+I+G+(X-M)$$

消费支出(C)主要由每个人的收入减去税收之后的收入水平决定的。投资支出(I)包括对建筑物、设备的购置以及增加存货的支出，决定投资支出大小的因素主要有投资收益(即国民产出水平)，投资成本以及对未来的预期。经济政策对投资支出的影响主要是通过货币政策完成的。政府支出(G)是指政府购买物品和劳务的支出，这部分支出是由政府决定的，财政政策中的支出政策正是通过增加和减少这部分支出，影响总需求的变化，从而调控宏观经济。净出口($X-M$)等于出口总额减去进口总额，净出口取决于本国和外国的收入、相对价格和外汇汇率。消费、投资、政府支出和净出口四项中任何一项支出的增加和减少就会带来总需求的增加和减少，从而对总供给产生影响，也相应地导致国民产出和就业的变化。在经济衰退、总需求不足的情况下，可以通过增加政府支出等方式刺激总需求的提高，提高总供给和国民产出，以促进经济发展。在经济出现严重的通货膨胀、总需求过旺的情况下，可以通过减少政府支出等方式抑制总需求的提高，消除通货膨胀。

6.1.2 支出政策的经济学分析

基于不同角度可以对财政支出进行不同的分类，按照财政支出的性质，以支出是否与商品和劳务相交换为标准，可将其分为购买性支出和转移性支出。按照财政支出的用途，从社会总产品的静态价值上可将其分为补偿性支出、积累性支出和消费性支出。从动态再生产角度可将其分为投资性支出和消费性支出；按照财政支出所产生收益时间的长短，可将其分为经常性支出和资本性支出；按照政府职能，可将其分为经济建设费、社会文教费、国防费、行政管理费等。不同的支出政策对经济社会的生产、流通和分配会产生不同影响，新农村建设过程中，要注意有效选择各种财政支出工具，发挥财政支出政策的积极作用。

(1) 购买性支出与转移性支出

以财政支出是否与商品和服务相交换为标准，可将全部财政支出分为购买性支出和转移性支出两大类。购买性支出直接表现为政府购买了商品和劳务；转移性支出表现为资金无偿的、单方面的转移。购买性支出包括财政投资支出和财政消费支出，财政投资支出是指中央政府和地方政府的投资拨款，主要指用于固定资产、基础设施、基础产业、公用事业、住宅建设等方面的支出，具有投资目标非营利性的特征；财政消费性支出是指中央政府和地方政府在产品和劳务方面的经常性支出，主要包括国防、文教卫生及其他政府活动等支出；转移性支出包括社会保障支出、各项财政补贴支出、税式支出等。购买性支出和转移性支出对经济的影响是不一样的。政府在安排购买性支出时必须遵循等价交换的原则，政府支出换回了等价的商品劳务，政府是以普通购买者的身份出现在市场上的，与其他微观经济主体没有什么不同，都是一手交钱，一手拿货，因此购买性支出对生产和就业的影响是直接的，对收入分配的影响是间接的。转移性支出就是将政府所有的资金单方面、无偿的转移到领受者的手中，直接增加领受者的收入水平，因此转移性支出直接影响收入分配，但是领受者增加的收入中有多少用于了消费，又有多少能对生产产生作用，这是无法进行估量和约束的，因此转移性支出对生产和就业的影响是间接的。综上所述，我们可以得到这样的结论：在一国的财政支出总额中，购买性支出所占的比重大的，其财政活动对生产和就业的影响就比较大些，政府执行资源配置的职能就比较强；而转移性支出所占的比重大的，其财政活动对收入分配的影响就大些，政府执行收入分配的职能就比较强。

(2) 购买性支出与资源配置

购买性支出中的投资支出和消费支出对资源配置都有直接作用。与私人投资相比，政府投资主要是从投资项目的社会效益和社会成本来考虑和安排支出，重点投资于收益低、见效时间长、成本大、风险大，但是对国民经济的发展具有巨大作用的领域以及一些“外部效应”强的领域。由于上述领域属于市场配置资源失灵的领域，如果仅靠私人投资，要么造成社会福利损失，要么造成这些领域资源配置不足，政府投资可以保证这些领域的资源配置和生产供给，有助于社会效益和社会福利水平的提高，同时在政府投资“乘数效应”的作用下带动社会其他领域的投资，刺激经济增长。

除了投资支出可以影响资源配置以外，消费支出也可以对资源配置产生直接影响。当一个社会的有效供给不足，尤其是公共产品由于生产的成本低于其给社会带来的效用而造成的供给不足时，政府可以通过增加消费性支出的方式增加社会总需求，刺激社会生产的进行，实现资源优化配置，增加社会福利水平。

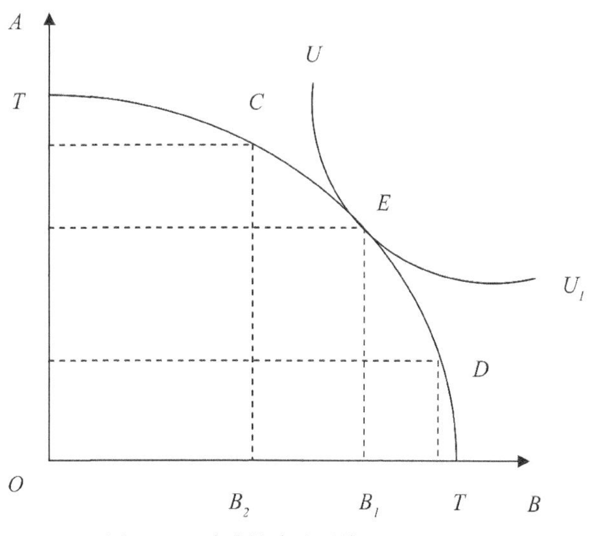

图 6-1　消费性支出对资源配置的影响

在图 6-1 中，*TT* 是一个假定社会的生产可能性曲线，是这个社会用其全部资源和当时最好的技术所能生产的各种产品数量组合，横轴 *OB* 代表公共产品的生产和供给量，纵轴 *OA* 代表其他产品的生产和供给量。如图所示，可能性曲线 *TT* 与无差异曲线在 *E* 点相切，此时边际转换率等于边际替代率，*E* 点为最优的资源配置点，由此可知公共产品的最优生产量为 OB_1，此时实现了帕累托最优。假定现在的生产格局或者说公共产品与非公共产品的数量组合处于 *C* 点，那么公共产品的生产量仅为 OB_2，显然在市场的资源配置格局下，公共产品无法满足实际需求，需要由政府通过增加消费性支出使公共产品的产量达到 OB_1处，社会福利水平有所增加。当然，如果现有生产格局处于 *D* 点，此时增加公共产品产出反而会适得其反，进一步恶化社会福利。

目前农村公共产品的生产和供应格局正处于 *C* 点，农村公共产品供给不足，无法满足农村生产、生活和进一步发展的需要，因此政府在安排财政支出时，应当在财力允许的范围内适当增加对农村公共产品领域的投资支出和消费支出，带动其他社会资本的投资，建立公共产品稳定的投资和供给机制，保证农村公共产品的供应。

(3) 转移性支出与收入分配

转移性支出表现为资金无偿、单方面的转移。政府用于补贴、失业救济金、养老保险等方面的支出都属于转移性支出。转移性支出是在有可能改变初次分配基础上的二次分配，通过这种再分配直接影响收入分配格局。

转移性支出的资金来源于纳税人在国民收入初次分配中的各种收入，通过税收将这些收入中一定比例的部分集中为财政收入，再通过转移支付的形式转移到相应的个人和企业中去，直接增加个人和企业的可支配收入。当领受者是个人时，转移性支出直接增加个人或家庭的可支配收入，个人或者家庭以边际消费倾向的大小，将其中一部分变成消费需求，进而影响了生产规模和数量。如图 6-2 所示，政府实行转移性支出以前，个人或家庭的预算线为 T，与无差异曲线 U 相切于E 点，消费者在这一点实现了效用最大化；当政府在安排财政支出时对个人增加转移性支出，比如对个人或家庭发放补贴，结果使个人或家庭的可支配收入增加，收入的预算线由 T 向右移至 T_1，与更高的无差异曲线 U_1相切于 E_1点，在更多的商品组合点上实现效用最大化。领受者在接受了政府发放的补贴后，对商品的需求会相应增加，进一步刺激商品生产，对资源配置也起到了一定的调节作用。当领受者是企业时，企业会将增加的可配收入中的一部分以工资和资本报酬形式转化为个人或家庭的收入，进而形成私人需求，将其中的另一部分作为企业的投资支出，增加生产。由此可见，转移性支出对生产影响的程度，主要取决于个人边际消费倾向的大小，以及企业将多少增加的可支配收入用于生产和投资。因此转移性支出对收入分配的影响是十分明显的，而对生产和就业的影响是无法控制和估测的。

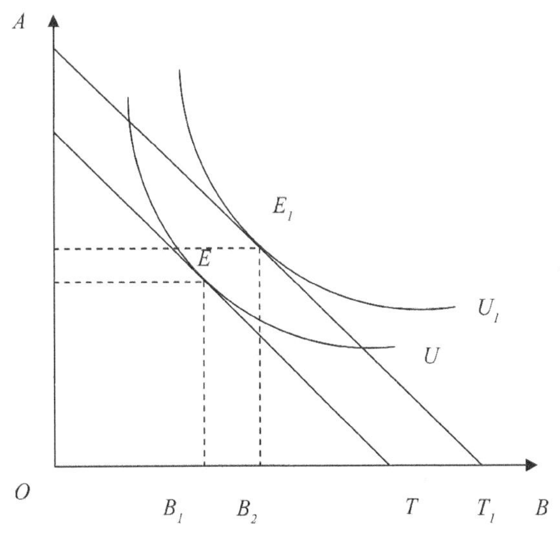

图 6-2 转移性支出对资源配置的影响

通过实施转移性支出，可以降低社会贫富差距的幅度，保障人们达到最低生活标准，有利于社会公平目标的实现，同时对企业或者生产者进行补贴，可以体现政府扶持的意图，实现政府对经济进行宏观调控的目标。“三农”问题的核心是如何促进农民增收，解决了农民的增收问题，才能真正调动农民生产和建设家园的积极性，农民才能更好地发挥新农村建设的主体作用。在制定财政支出政策时，要切实包含对农民实施种粮补贴、生产补贴、农机购置补贴、农业保险补贴等补贴政策，保证农业生产的回报率；将农村居民纳入社会医疗保险和养老保险的范围内，使他们也能像城市居民一样，“病有所医，老有所养”；为了促使农村剩余劳动力能顺利转移到合适的岗位，在条件允许的情况下，也将农村的失地和失业的人口纳入失业救济补贴的范围，保证其基本的生活需求。这既是一国经济社会稳定发展的有效保证，也体现了以人为本的方针和思想，不仅在新农村建设中，在整个国民经济发展中都具有十分重要的意义。

6.2 优化我国财政支农政策的基本着力点

6.2.1 增加涉农领域的财政投入总量

社会主义新农村建设的实质就是国家通过大量的财政投入，改善农村经济发展的制度环境，完善农村基础设施建设，提高农业综合生产能力，实现城乡之间的和谐发展。公共财政是新农村建设最重要、最稳定的财源，无此，新农村建设就无从谈起。在目前农民收入偏低，社会对农村欠账太多的情况下，政府理应在新农村建设中发挥财力的主导作用。要坚持“多予、少取、放活”的方针，重点在“多予”上下功夫，为此需要做到：一是保证财政支农资金有一个均衡、稳定、较快的增长速度。财政用于新农村建设的投入增长要高于财政总收入的增长幅度，而且力争使财政支农资金每一年的增加量都要比上一年高，切实加强预算的制定和执行，保证国家财政对农业和农村投入的法定增长。二是包括中央财政在内的各级财政都要加大对“三农”领域的投入。中央财政和省级财政要增加对涉农领域的资金投入，在完善省以下财政体制的基础上，市县级财政也要逐步增加对本级政府管辖范围内的农村基础设施、农村公共事业等“三农”领域的投入。三是引导社会各方特别是农民和其他市场主体投入的积极性。可以通过补助的形式，支持龙头企业的发展。放宽对龙头企业的贷款条件，使享受优惠贷款条件的企业不仅仅局限在国家龙头企业，将省级龙头企业也涵盖在享受政策的范围内，要以扶持农业产业化龙头企业发展、扶持农户生产发展为主要任务，扩大财政贴息的力度，完善财政贴息的方式，及时准确地拨付贴息资金，发挥龙头企业的辐射带动作用。国家在增加对农村领域财政投入的同时，可以通过以奖代补、以物抵资、先建后补等形式，形成在国家带动下、主要依靠农民投工、投资改善农村生产、生活条件的机制。鼓励民办捐助、民办商助、公办民助、政府投资等社会多元化的农村投资机制。对于一些投资额较大的公益项目，采取争取上级资金和本级资金相结合的方式进行建设。制定实施有利于引导金融机构增加“三农”信贷投入的财政支出政策，如对金融机构增加“三农”信贷规模按比例给予奖励等鼓励金融机构向农村贷款，增加对农村的资金供给。

6.2.2 调整和优化财政支农资金结构

从纵向比较来说，我国投入农村领域的财政支出呈大幅上升趋势，从1978年的150.66亿元增加到2008年的5 955亿元，年均增长率为13.04%，但是总体的投资规模仍然偏低，除了个别年份以外，我国的财政支农支出占财政总支出的比例都在10%以下①，与国外相比还有很大差距。财政投资农村的方向和结构也不尽合理。因此在我国财政支农资源极为有限的情况下，应坚持“有所为有所不为”的原则，确保财政支农资金的合理投向和使用效率，优化财政投资结构。要大幅增加农业科技投入以促进现代农业的发展，要适度增加农村基础设施建设的投入，增加农村公共产品的供给范围，根据需要确定农村事业经费支出，尽量使农村事业经费支出保持原有规模不变甚至有所压缩。在财政“有所为”的领域，由于国家财力有限，也要根据不同需要的轻重缓急，确定财政投入的先后顺序。也就是说公共财政完全覆盖农村是我国建立公共财政体制的必然要求，但是目前国家财力的有限性决定了公共财政覆盖农村必须分阶段、分区域地排出优先顺序。辩证地来说，在不同地区、农村发展的不同阶段，财政支农的优先次序是不同的，总的基本原则是：先保证农村社会稳定和农民基本生活需要，后创造条件促进农村发展；先保证提供纯公共产品，再保证准公共产品和混合产品的供应。

(1) 农村医疗卫生

要解决“三农”问题，首先要赋予农民作为公民所必需的生存和发展的权利，给农民提供基本而又有保障的公共产品。农村最基本的公共医疗卫生体系事实上处于极度薄弱的状况，农民由于“身份”的制约实际上并没有真正地享受到国家应当为他们提供的基本公共卫生服务，90%的农民成为毫无保障的资费群体。因此，财政应首先支持农村的医疗卫生建设②。

---

① 根据国家统计局统计公告相关数据整理 http://www.stats.gov.cn/tjgb/.

② 转载于文小才.我国新农村建设中的财政支持问题研究[J].改革与战略，2007，(5)：15.

加快推进新型农村合作医疗制度建设，逐步使广大农村农民的基本生活和基本医疗得到保障，实现医疗制度的社会公平。财政要不断加大对农村公共卫生事业的投入力度：一是要加大对农村基本医疗体系的支持力度，扶持农村基本医疗卫生服务设施的建设，提高农村公共卫生服务事业的覆盖面和服务水平。二是支持建立以大病统筹为主的新型农村合作医疗制度。积极推进新型农村合作医疗制度的建立，坚持大病住院保障为主、兼顾门诊医疗保障，不断扩大试点范围，提高补助金标准。三是完善农村医疗救助制度。以政府为主导，建立和健全农村三级医疗卫生服务网络，重点办好县级医院并在每个乡镇办好一所卫生所，支持村卫生室建设，向农民提供安全价廉的基本医疗服务。加强地方病、传染病及人畜共患病防治力度，重视农村妇女的妇幼保健，逐步推行住院分娩补助政策。四是加强农村医疗卫生人才队伍的建设，定向免费培训农村卫生人才，妥善解决乡村医生补贴，提高农村卫生人员的待遇，完善城市医师支援农村的制度。

(2) 农村义务教育

建设新农村关键在人才。美国发展经济学家舒尔茨曾测定：美国战后农业生产的增长，只有20%是物质资本积累引起的，其余80%主要是由教育以及与教育密切相关的科学技术引起的。根据世界银行提供的一份研究报告表明：在中国农村的各项基础投资中，投资于教育对中国减贫的影响系数达到6.3，教育投资对减贫的作用影响远远大于其他投资，位列第一。在新农村建设中，要加大对人力资本的投资，让人力资源转变成人力资本是实现农民生活宽裕、促进农村生产发展和农村经济繁荣的基础。因此无论是从教育的角度，还是从有效解决"三农"问题的角度，作为义务教育的有效提供主体——中央财政都应加大对农村义务教育的投入，保证每一个农村的适龄儿童都能与城市儿童一样具有均等的接受教育的机会。

加大财政对农村义务教育的支持力度，将农业义务教育的责任从农民转移到政府，在当前县乡财政比较困难的情况下，要大幅提高中央和省级政府财政支出占全部农村义务教育支出中的份额，按照"明确各级责任、中央地方共担、加大财政投入、提高保障水平、分步组织实施"的原则，免除农村适龄儿童义务教育阶段的学杂费、课本费，对农村贫困家庭补助寄宿生生活费，将农村义务教育经费全面纳入财政保障范围，实现农村义务教育免费的目标。目前农村义务教育已全面纳入财政保障范围，并在全国范围内实行农村义务教育经费保障新机制，在巩固农村义务教育普及成果的同时，要继续完善义务教育免费政策和经费保障机制，保障经济困难家庭儿童、留守儿童特别是女童的就学问题，促进城乡教育的均衡发展。在未来一段时间内，各级财政每年新增用于教育的支出，要尽可能向农村义务教育倾斜，提高农村义务教育公用经费，加大农村学校危房改造力度，完善农村教师的工资保障机制。

(3) 农村基础设施建设

要实现农村的现代化，就要从改善农村基础设施抓起，这是当前和长远农村建设和发展的根本。温家宝总理曾经指出，切实加强农业和农村基础设施建设是推进社会主义新农村建设的重大举措，不仅有重要的现实意义，而且对长期发展有深远影响。农村的基础设施项目多，涉及面广，包括农村的水、电、气、路、田、林、通信广播电视、文化娱乐场所、村容村貌等各个方面。从经济学的角度来说，农村的基础设施具有正的外部性的特征，也就是说它的社会效应较强而经济效应较弱，因此农村基础设施建设是公共财政支持的重点。

在新农村建设中，财政要保证农村基础设施建设，一是要将农村供电、供水、道路、通讯和电网等农村公益性技术设施建设列入各级政府的预算支出范围，改变乡村公益性基础设施建设主要依靠向农民收费和集资来解决的现状。二是中央和地方要集中财力，对大中型防洪项目、灌溉工程、水资源建设工程、水土保持工程的建设等进行直接投资，以确保这些建设工程的资金来源，保证农业生态环境，实现农业的现代化和可持续发展。

(4) 农村科学技术的推广和应用

我国地少人多，加上我国人口不断增长以及大量耕地被占用的原因，近几年来我国耕地每年要减少几百万、甚至上千万亩。我们用世界 8%的耕地养活了占世界 20%的人口，在这种严峻的形势下，农业的发展、农村的建设必须要走科技兴农的路子。据有关资料统计，我国每年平均有 3 亿亩农作物、2 亿多农业人口受灾，损失约 600 多亿元，农业的脆弱性表现明显。目前，我国财政用于农业科研与推广的支出较少，每年农业科研投入仅为 60 多亿元，只占农业 GDP 的 0.25%左右，而发达国家每年平均为 2.37%，发展中国家平均为 0.7%～1%之间，可见，我国农业技术推广的经费占 GDP 的比重也远远低于世界平均水平①。在社会主义新农村建设中，要大力发展农业科学，加大对农业科技研究和推广的投入和支持力度，推动传统农业向现代农业的转变，提高农业生产效率和综合生产能力。

支持农业科技进步，一是要增加财政对农业科研的投入，要重点支持农业技术型和公益性科研项目，大力支持农业良种的科研和推广，扩大重大农业技术推广项目的专项补贴规模。二是要鼓励农业大中专院校参与农业技

① 许静波、郭祥玉. 新农村公共财政建设探析[J]. 商业研究，2008，(5)：168.

术的研究和推广，建立农业科研院所试点研究工程，启动财政对试点工程的支持工作。三是为了加强农业科研的推广，实施农业科技入户工程，扶持农业科技示范户，提高它们的辐射力和带动力。四是针对农村建设中地域性差别的特点，重点在中西部地区，启动一批试点县(市)，实施一批重点科技项目，实施科技富民强县的专项计划。

(5) 农村社会保障

建立农村社会保障制度，使广大农民的基本生活得到保障，这是社会主义新农村建设的重要内容。探索建立与农村经济发展水平相适应的农村养老保险制度，同时还要逐步解决被征地农民和进城农民工的社会保障问题。

由于整体财力有限以及农民收入增长速度缓慢等诸多因素的存在，现阶段将农民完全纳入社会保障体系还有一定的困难，这将是一个长期的过程。因此基于以人为本的思想，并考虑到中国农村人口众多、生活水平低下等社会现实问题，现阶段应该建立符合中国国情的社会保障制度，强化政府的责任和投入，按照个人缴费、集体补助、政府补贴相结合的要求，建立新型农村社会养老保险制度，加大中央和省级财政的补助力度，不断提高保障标准和补助水平，解决历史欠账问题，保证财政对农村社会保障制度建设和完善的支持。在目前政府财力有限的情况下，财政支出政策支持社会保障制度的重点应该放在对农村贫困人群的救济上，可以采用设置最低限度的救济式扶贫办法，根据一个地区的贫困状况、经济实力等客观情况，确定一个救济比例，对于最贫困的人口给予一定的现金和粮食救济。

(6) 农村生态环境保护

近年来频繁多发的自然灾害暴露了我国在农业政策设计上的不足。政府要采取有效措施遏制农业生态环境恶化的趋势，实现资源的培育和高效利用，逐步达到生态、经济和社会的协调发展。在现阶段把支持农业基础设施建设作为重要任务的同时，应逐步加大政府对水土保持、植树造林等方面的投入，支持地方建造中小型水库以及中小河流治理工程，加强水土流失综合治理，防止耕地和水污染，真正做到标本兼治，在财政支农的政策取向上实现经济效益与生态环境的有机统一，从根本上扭转在农业生态环境治理上存在的“头痛医头、脚痛医脚”的短视倾向。

(7) 农村文化建设①

“乡村文明”是社会主义新农村的应有之义，要建立和谐农村，实现“乡村文明”，就要大力加强农村文化建设。搞好农村的文化建设，不仅能加快

① 此处只谈到财政支出应支持农村文化建设，关于新农村文化建设的详细内容见第八章第六节，在此不再赘述。

建立文明乡村,更有利于推进农村教育事业的发展和科学技术的推广。农村文化建设是新农村建设的灵魂和精神支柱。

财政要尽可能为新农村文化建设提供充足的物质保障,把新农村文化建设所需经费纳入各县市区的财政计划。要"保证一定数量的中央转移支付资金用于乡镇和村的文化建设。中央和省、市三级设立农村文化建设专用资金,确保农村重点文化建设的资金需求"。财政要支持乡村构建文化载体,建立农村文化站、活动中心、图书馆、健身室、老年活动室等,为农村的自我教育、自我提高提供场所。注重农村老年协会、妇女协会、青年协会等组织的建设。这些组织在市场经济条件下很难自我生存下去,需要有来自国家财政的支持。

6.2.3 完善我国财政支农补贴政策

财政补贴就是一国政府根据一定时期的政治经济形势及方针政策,为达到特定目的,对指定事项由财政安排专项资金的补助支出。财政支农补贴是农业和农村发展的过程中必不可少也是十分有效的支持手段,是"三农"发展和社会主义新农村建设的有效保证。

(1) 完善我国财政支农补贴政策应遵循的原则

一是直接受益原则。政府实施财政补贴的直接受益者应当是农民本人,这样才能充分调动农民生产的积极性,使有限的补贴资金发挥出最大效益。但是由于我国目前补贴方式不合理以及其他各方面的原因,在现实中大量的补贴资金却流入到政府部门和一些中间环节中,在制定和实施财政补贴政策时,一定要尽可能减少中间环节,使补贴资金最大限度地流入到农民手中,发挥财政补贴对"三农"的支持作用。

二是操作简便原则。多年的实践证明,最可行的政策就是最简便易行的政策,任何一项政策的制定和实施都会有一定的执行成本,很多"好"的政策,由于操作复杂,在基层实践时无法得到良好的贯彻,或者由于实施成本过高、缺乏可操作性不宜推广实施。因此在完善我国财政补贴政策时应注重政策的实用性和可操作性,朝着"操作简便"的方向努力,使财政补贴政策在基层实践中容易理解、不易走样、简便易行,能发挥出财政补贴政策的最大效果。

(2) 完善我国财政补贴政策,增加财政补贴的支农力度①

A. 增加财政支农补贴的资金投入力度,扩大财政补贴范围

---

① 当前我国财政农业补贴中存在的问题及对策[EB/OL].http://www.5151doc.com/xzlw/caizheng/yanjiu/200806/107959.html,2008-06-22.

我国作为生产力水平较低的发展中国家应当充分利用“绿箱政策”，加大绿箱范围内政策措施的保护力度。目前我国农业有极大的支持空间，加大“绿箱政策”的支出，不仅符合 WTO 的要求，更重要的是“绿箱政策”同市场支持相比，具有更高的效率和更好的效果。从我国实际情况看，要有选择地采用一些尚未使用而又符合国情的“绿箱”支持措施，增加财政支农补贴投入。要有步骤地将农村最低生活保障制度推向全国，鉴于目前的普遍实施还有一定难度，财政补贴可以支持在经济较为发达的地区开展农村养老、医疗保险，从而为推向全国积累经验。要建立完善的农业助救性支持体系，包括农业灾害补助体系、农产品市场风险补助制度、农村困难群体粮食补助制度、特殊困难农户生产补助制度等，为农民增收提供强有利的制度保障。要进一步加大对西部地区的投入，我国西部生态环境恶劣，农业和农村经济落后已成为我国宏观经济和社会发展中的突出问题，因此要加大对西部的投入，增加对西部水利、交通运输、通信等基础设施建设的投资力度，加强生态建设和环境保护，改变西部逐步恶化的生态状况。

B. 改进财政支农补贴方式，发挥财政补贴资金的使用效益

针对我国财政支农补贴多集中在流通领域所造成的种种弊端，应从中国的实际情况出发，尽早改变和改革低效率流通领域的价格支持政策，将节省出来的财政资源转化为对农民直接补贴等其他类似的国内支持政策。从世界各国农业政策的演变趋势看，对农民进行直接补贴是农民支持政策发展的基本方向。可以在以下方面进行改进：一是要逐步减少对流通环节的补贴，建立对农民收入的直接补贴制度。如将主要农产品市场风险基金（如粮食风险基金）转化为对农民收入的直接补贴，在主产区建立对农民使用先进技术的直接补贴制度，将一部分农产品的出口补贴转为对农民的直接补贴，增加对农民的生态环境补贴，增加对农民退耕还林还草的补助。二是实行财政对农户直接补贴的公示制度。对农户的粮种补贴、农机具补贴、对种粮农户直接补贴、农资综合补贴等补贴资金进行全方位公示，发挥广大农民直接监督的作用，使老百姓能真正地看到和得到实惠。三是保护价政策和农民直接收入补贴同时应用。保护价政策和农民收入直接补贴并不是相悖的，按照 WTO 协议，我国“黄箱政策”的实施余地还很大，因此可以将保护价政策和农民直接收入补贴同时应用。我国主要粮食品种如小麦、玉米和水稻等不具备竞争优势，政府应该对它们实行最低保护价收购政策，从而确保粮食安全和农民增收。保护价政策的实施要结合市场行情，当市场价低于保护价时，政府对不足的差价部分给予补贴；相反，则不予补贴。市场价由中央政府在粮食收获季节结束后的一定时期内，根据主产区批发市场行情

检测结果予以公布，保护价粮食可由多家有资质的大型粮食企业与农民签订产销合同按市场价收购，保护价与市场价的差价部分由政府按照不超过合同规定的实际销售量给予补贴，由农民依据产销合同和法定的销售单据到农村信用社等金融网点、乡财政所或税务所领取现金。为提高我国具有比较优势的农产品及加工品的竞争力，政府可以对农用水电、化肥、农药、农膜、农机等生产资料实行补贴政策，对农业贷款实施优惠利率，增加对农业的贴息。不过"黄箱政策"的使用必须控制上限，对特定农产品和非特定农产品的补贴都应控制在其产值的8.5%以内。

C. 合理确定财政支农补贴重点，提高财政补贴资金的利用率

鉴于我国的国情国力，在财政资金有限的情况下，对农业进行全面补贴是不切实际的，因此理性的选择就是要突出重点，有序推进，即把有限的财政资金补贴到关键区域和重点品种上，以强化其比较优势和国际竞争力，进而提高农业生产效率，提升农民收入水平。

一是注重对农业保险业务的补贴。农业生产所要面临的风险相比较其他生产具有较强的不可预见性，因此今后政府财政应支持农业保险业务的全面开展，财政补贴要加大对农业保险的投入量，强化农业保险防灾补损职能，健全农业风险补偿机制。要发挥政府的职能作用，由政府直接开办或由政府委托的保险机构开办农业保险业务，经营亏损由财政补贴。这样既能有效地分散风险，分摊风险损失，而且能极大减轻财政的救灾支出压力。鼓励地方或农户成立互助保险合作组织，建立农业保险专项风险基金，政府财政要通过增加财政补贴等方式大力扶持其发展。二是重视对生态农业的补贴。改革现有的粮食流通补贴制度，将一部分粮食流通补贴转用于对粮农的直接补贴。逐步扩大退耕范围，加大对退耕还林、还草、还水等投入，改善生态环境，加大退耕还林补贴的资金幅度。三是重视对农村人才引进和培养的补贴。财政资金要逐步实现对农村教育工作者的工资进行补贴；对在农村工作或愿意到农村工作的农业科技人员也要进行工资补贴，使其工资待遇不低于城市；财政补贴还要鼓励在农村建立农业科技职业学院，使农民在家门口就能接受到职业教育和技能教育，这样既能满足农村劳动力市场的需求，又能在一定程度上减轻城市接受农村剩余劳动力的培训和就业压力，提高城市对农村剩余劳动力的吸纳能力，有利于农村的发展和新农村建设的顺利推进。

6.3 建立覆盖城乡的公共产品供给制度

新农村建设的绝大部分具有公共产品的属性，长期以来我国一直实行

城乡有别的公共产品供给制度。国家财政尽可能保证城市公共产品的供给，而对农村公共产品则呈现出供给不足的现象。农村公共产品供给不足是新农村建设的主要障碍，阻碍了农村生产发展、加重了农民负担、影响农村生活质量。完善的农村公共产品供给制度是新农村建设的基础，建立覆盖城乡的公共产品供给制度，保证农村公共产品供给，是支持新农村建设的财政支出政策的主要内容。

6.3.1 农村公共产品的特征与分类

(1) 农村公共产品的概念

公共产品是财政学理论中的重要内容，"是指那种不论个人是否愿意购买，都能使整个社会每个成员获益的物品"①。农村公共产品是指在农村地域范围内，为了满足农村经济发展和农业生产以及农民生活消费共同需要的社会产品。农村公共产品属于公共产品的范畴，具有公共产品的基本特征，具体来说在效用上具有不可分割性，在消费上具有非竞争性和非排他性。农村公共产品同时也属于农村经济的范畴，是农村经济的重要组成部分；它的存在是为了满足农村生产、生活的共同需要，是农村产品中具有公共产品性质的农村公共设施和公共服务。

(2) 农村公共产品的特征

农村社区处于中国行政区域的最底层，社区内的生产经营规模较小，而且经营比较分散，农村社区的这种边缘性和生产、生活的分散性决定了农村公共产品与城市公共产品相比，有其独有的特征；而这些特征也决定了农村公共产品供给的特殊性。

首先，农村的分散经营决定了在城市中可以由私人提供的公共产品，在农村只能由政府承担起提供此项公共产品的责任。如新产品、新技术的推广，在城市可以表现为单个企业的行为，可是在农村，在一项新产品、新技术推广之初，由于难以在短时期内取得农户信任，推广工作极有可能会因为市场需求不足而面临一定的风险和障碍，私人主体无力也不愿意承担，在农村提供这样的对农业生产和农村发展具有全局性战略意义的公共产品时，政府必须作为提供和推广的主体或给予相应主体一定的补贴以保证其有效供给和推广。

其次，我国农村地域广阔，资源状况千差万别，不同地区由于经济发展水平、农民收入水平以及农民受教育程度不同，对农村公共产品的需求也呈现出多样化特征。图 6－3 农村公共产品的层次图，这是依照马斯洛

---

① 保罗·萨缪尔森、威廉·诺德豪斯. 经济学[M]. 第1版. 北京：北京人民邮电出版社，2004.

(Maslow,Abraham Harald)的需求层次论,按照农业、农民对农村公共产品需求的轻重缓急,将农村公共产品分为六个层次。不同地区对公共产品的需求层次是不同的,贫困地区可能连公路、桥梁、水电等第一个层次的公共产品都没有满足,刚刚解决了温饱正逐步迈向小康的农村地区就会对教育、农业科技推广这个层次的公共产品有比较强烈的需求,而部分富裕的农村地区就会侧重于追求养老保险、娱乐等更高层次的公共产品。因此,在向农村提供公共产品时应尽量满足基层农户和农村的基本需求,按照需求的层次提供相应级次的公共产品,而不能盲目地或者为了创造政绩工程而提供大量不切实际的产品,积极探索并建立能满足基层农户和农村需求的公共产品供给制度已迫在眉睫。

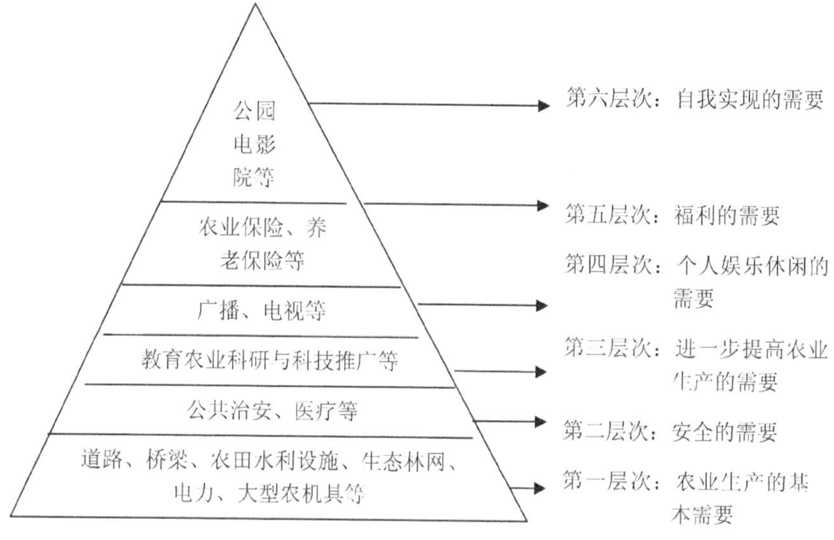

图 6-3　农村公共产品的层次图

资料来源:朱洁.中国农村公共产品供给机制研究[D].暨南大学硕士学位论文,2006.16.

(3) 农村公共产品的分类以及所包含的内容

一是根据公共产品的基本性质,可将农村公共产品分为纯公共产品和准公共产品。纯公共产品是指在消费过程中同时具有非竞争性和非排他性的产品,准公共产品是在消费过程中具有不完全的竞争性和排他性,是介于纯公共产品和私人产品之间的社会产品。具体包括的内容如图 6-4 所示

Ⅱ非竞争性、排他性 （农村扶贫开发、医疗保健、社会救济、人畜用水、耕地资源质量建设、大江大河治理、农业生产资料补贴、粮食直补）	Ⅰ竞争性、排他性 （农村私人产品）
Ⅲ 非竞争性、非排他性 （行政服务、基础教育、农业科研、农技推广与培训、民兵训练、生态保护、防灾减灾、公共卫生、乡村道路、文化建设、社会保障、税费减免）	Ⅳ 竞争性、非排他性 （农业保险、农业市场与服务、通讯、电力、农村能源、职业培训与教育）

图 6－4　农村公共产品按性质分类及所包含的内容

资料来源：转引自蒋协新．公共财政支持农业与农村发展问题研究[M]．第1版．北京：中国农业出版社，2007．67．

二是根据公共产品的外在表现形式，可将农村公共产品分为“硬”公共产品和“软”公共产品。“硬”公共产品也称有形的农村公共产品，是指像大型农具、农田水利设施、道路桥梁等具有一定物质实体的公共产品；“软”公共产品也称无形的农村公共产品，是指像政府管理、社会治安、教育、农业科技等非物质形态的公共产品。

三是根据公共产品的功能，可将农村公共产品分为以下四类：

有利于维持农村社会稳定的公共产品，如公共安全、政府管理等。

有利于促进农村经济发展的公共产品，如道路桥梁、农田水利建设、大型农具、农村通信网络、农村水网、农村电网等。

有利于提高农民科技文化素质的公共产品，如农村教育、农业科技、公共图书馆、广播电视信息网络、电影院等。

有利于增加农民福利的公共产品，如农村社会保障、农村医疗卫生等。

四是根据公共产品的用途和服务对象，可将农村公共产品分为农村生产用公共产品和农村生活用公共产品。农村生产用公共产品是指为了满足农村生产共同需要的公共产品，如防洪防涝设施建设、农业科技成果的推广、农田防护林、农村道路建设等。农村生活用公共产品是指为了满足农村生活共同需要的公共产品，如农村社会保障、农村医疗、农村电信、电视、自来水等。

五是根据公共产品的层次和受益范围，可将农村公共产品分为全国性农村公共产品和地方性农村公共产品。按照行政区域划分，地方性农村公共产品又分为省级农村公共产品、市级农村公共产品、县级农村公共产品和乡镇一级的农村公共产品。

6.3.2 农村公共产品供给与需求的矛盾

当前农村公共产品的供需矛盾表现为供需结构失调、部分公共产品的过剩供给，不能真正解决农民需求。一方面，农民急需的生产性公共产品供给如大型水利灌溉设施和农村可持续发展的公共产品如教育、医疗保障及农村环境保护等严重不足；另一方面，政府供给层面却又存在无效供给过剩。一些地方政府在提供公共产品时忽略了农民的需求偏好，通过摊派、收费等方式向农民提供效率不高、重复性的公共产品，其行为特征主要表现为：热衷于投资一些见效快、易出政绩的短期公共项目，而不愿提供一些见效慢、期限长但具有战略性的纯公共产品；热衷于投资新建公共项目，而不愿投资维修存量公共项目；热衷于提供看得见、摸得着的硬公共产品，而不愿提供农业科技推广、农业发展的综合规划和信息系统等软公共产品。农民真正需要的公共产品提供不足，而不需要政府提供的产品却存在供给过剩，这样使本来有限的公共产品投入得不到合理利用，使得农村公共产品供给不能真正实现帮助农民发展生产、改善农民生活质量的目的，使公共产品供给偏离需求，结构失衡、效率低下①。

造成农村公共产品供求关系不平衡问题的原因是多方面的，但作为农村公共产品的需求者——农民未能在公共产品供给的公共决策中显示出自身偏好以及行使监督权利，是导致农村公共产品供给与需求之间缺乏一致性的重要原因。

首先，农村公共产品的直接供给者是乡、镇一级政府，它们也是我国农村的基层政权组织。按照目前的制度安排，由农民选举人大代表，再由人大代表选举乡镇政府官员。这种制度安排的观念基础是“一切权力属于人民”的宪法思想，即政府的权力来自选民，政府必须按照选民的公共意志运行，以形成对政府官员行使行政权力的限制和约束。但是由于农民的法律观念淡薄以及传统等级思想的影响，农民对地方“父母官”的行为约束是极为有限的，加上目前干部考核指标的导向，使乡(镇)官员在农村公共产品供给决策时优先考虑的是如何拿出政绩获取上级部门或领导的满意，而不是将最大限度地顾及农民需求放在第一位。

其次，农民作为农村公共产品的需求者，在接受地方政府和村委会提供公共产品的决策过程中，由于受到自身文化素质的限制和信息的不对称，对于所将接受的公共产品是否是自己真正需要的、自身是否有成本支付能力、

---

① 朱洁.中国农村公共产品供给机制研究[D].暨南大学硕士学位论文，2006.28.

其产品价格是否公正、质量是否上乘等所有信息都缺乏全面了解，从而失去对公共产品接受的选择权。在农村公共产品供求双方的博弈中，农民是一个分散的没有经济基础的弱势群体，缺少一个能够代表农民利益的中介组织参与与产品供给方的对话。因为，只有在双方对话过程中，需求方对产品的知情权、选择权以及监督权才能得到维护，从而更加有力地影响公共产品供给主体的行为目标，强化对公共产品供给主体的约束能力。

6.3.3 建立需求表达型的公共产品供给模式

长期以来，我国农村公共产品的供给模式都是“自上而下”的，实行的是政府决策、农民买单的模式，农民几乎没有在公共产品供给决策中的发言权。如前所述，政府出于自身利益考虑很可能向农民提供偏离需求的公共产品。比如出于政绩的考虑，地方政府往往提供投资少、周期短、见效快并且实实在在看得见的公共产品，而对于能够满足农民生产和生活需求的公共产品，可能由于投资大、周期长、见效慢而无人问津。再比如，一些地方政府热衷于看得见、摸得着的“硬”公共产品的供给，对上级要求考核的水利设施建设、农村电网改造、交通道路建设等公共设施项目，千方百计地组织资金加以实施，而对农业科技的推广和应用、农业发展综合规划和信息系统的建设等“软”公共产品供给，没有太高的积极性。这样做的结果不仅使有限的财力资源不能很好地发挥效益，还会使农村由于公共产品短缺而放缓了发展的脚步，使之与城市发展的距离越拉越大。农民是农村公共产品的直接消费者和受益者，农民的满意度和需求程度应该是判断农村公共产品供给有效程度的主要标准。因此在以财政为主体向农村提供公共产品的过程中，必须要解决供给中的“供需失衡”问题，由传统的“自上而下”的供给机制转变为“自下而上”的需求表达型的公共产品供给模式，建立农村公共产品民主决策制度。

从理论上来说，能够根据农业、农民和农村的真实需求提供公共产品是有效益、最优、也是机会成本最小的公共产品供给模式，但是我国农村地域广阔，农村处于市场化之中，流动性也越来越强，加之公共组织的功能日益弱化，等等，在这种情况下要将分散、流动的公共产品需求信息集中起来在技术上是很有难度的，必然增加村庄信息沟通成本。而且由于目前缺乏集中村民利益和需求的机制，那么实际操作中集体不合作的生成和集体不合作现象的增多，必然进一步增加沟通成本，阻碍信息的交流与进一步集中，因此应在村庄内因地制宜地创造适当的信息传导机制，将分散的信息通过若干渠道低成本集中，使村民真正参与到与自己利益相关的公共产品供给决策中来。图6-5是“需求表达型”的农村公共产品供给流程图。在这个信息传导机制中，村民委员会充当了信息传导的媒介，它将农民对公共产品的需求信息准确、及时地反映给政府相关部门和相关供给主体。只有公共产品的供给和农民的需求偏好相一致，才能实现农村公共产品的有效供给；只有将供给资金与农民的支付意愿相结合，才能在财政支农资金有限的情况下，既能解决农村公共产品不足的问题，又不至于增加农民负担。

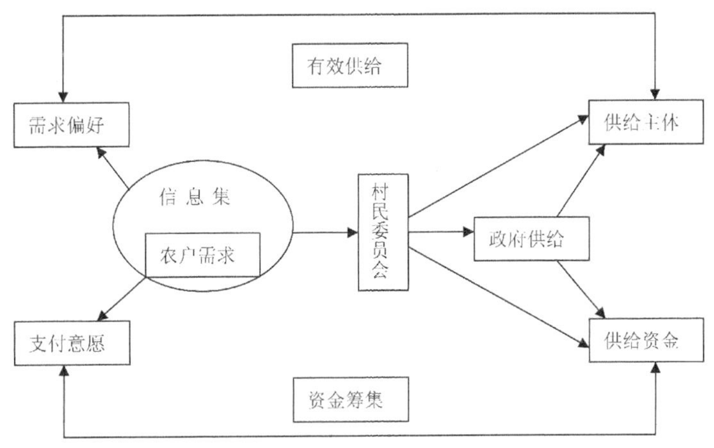

图6-5 农村公共产品有效供给流程图

资料来源：蒋协新.公共财政支持农业与农村发展问题研究[M].第1版.北京：中国农业出版社，2007.65.

为了更好地建立起这种“需求表达型”的公共产品供给模式，必须要推进农村基层民主制度建设，充分实行村民自治，在村民委员会和乡人民代表大会的基础上，使农民意见得到充分反映。村民自治制度就是一种公共参与机制，由全体农村居民或居民代表对本社区公共产品的供给进行投票表决，未经投票表决或表决未获得通过的，就不能为此项公共产品在本社区内筹集公共资源，否则，就是违法的。实行这项制度就要求增加公共资源使用的透明度，健全村民自治，坚持政治运行的公开性和透明性，避免“暗箱操作”，保障村民享有充分的公共事务信息知情权，建立与政府通畅的信息渠道。其次要完善村民自治章程和村规民约、规范村务公开、办事公开制度，特别是财务公开制度。定期将收支情况公之于众，使之制度化，增加公共资源使用的透明度。再次要完善农村公共产品的供给监督约束机制。加强农村公共产品供给的监督管理，将项目立项、选择、实施、竣工验收、后续管理等纳入规范化、制度化的轨道，提高农村公共产品供给的规范性、安全性和有效性；强化审计监督，及时查处各项违规、违纪行为，将农村公共资源的分配和使用置于有效的监督之下。

6.3.4 明确划分各级政府提供农村公共产品的责任

要科学划分各级政府在农村公共产品供给方面的责任，明确农村公共产品的供给主体。各级政府提供公共产品的原则是：收益范围遍及全国的公共产品，应由中央财政提供；收益范围主要在地方的公共产品，应由相应级次的地方财政提供；具有外溢性的地方性公共产品应由中央财政和地方财政或各个收益地方财政共同提供。因此应该科学地对农村公共产品进行分类，并以此作为划分政府事权的标志，然后再根据事权决定财权的原则，合理配置各级政府相应的财权，确保其具有提供公共产品的财政能力。在目前中国城乡差距和地区差距不断扩大的趋势下，为了保证农村公共产品的供给，必须建立多级财政投入体制，形成由中央和地方各级政府分类别、按比例合理负担农村公共产品投入的财政分担机制。对经济发达、县乡财政资源比较充裕的地区，实行“以县乡为主”的投入体制；对经济发达地区的贫困县区的农村，实行“以省为主”的投入体制；对于中等财政收入省区，以“中央和省”为主；对于人均财政收入低于全国平均水平的省区和极端贫困地区，要实行以“中央”为主的投入体制①。

6.3.5 建立多元化的农村公共产品供给主体结构

公共产品具有外溢性，从经济学的角度来说理应由政府来提供，但是我国农村地域广阔、农村人口众多，对农村公共产品需求量大，在我国财力有限的情况下，单靠政府供给无法完全满足农村公共产品的需求。“十一五”期间国家准备在农村搞“六通、五改、两建”②，要实现这个不算小的目标，每位农民需要3 000元。按照8亿农民计算，需要近2.5万亿人民币的投入；表6-1是2006—2010年5年间农村公共产品需求与供给总量的预测表，从表中的数字我们可以看出，在以后几年内农村公共产品的需求量远远超出了政府财政所能承受的供给量，面对这样的资金压力和需求压力，要求公共产品的供给除了应由政府承担外，还应该积极利用包括市场、农村社区以及非政府组织等社会各方力量来提供公共产品，建立多元化的农村公共产品供给主体结构，开拓新的公共产品资金融资渠道。纵观世界各国农村公共产

---

① 朱洁．中国农村公共产品供给机制研究[D]．暨南大学硕士学位论文，2006.38.

② “六通”即通路、通水、通电、通气、通广播、通电视，“五改”指改厕所、厨房、圈舍、校舍、卫生所，“两建’，是建设农民的公共活动场所如开会和文化活动场所、垃圾处理场。

品的供给经验，大体上有以下几种供给渠道：一是完全由财政资金解决，这是公共产品供给最首要、也是最重要的方法。二是由政府和私人通过谈判方式联合承担对公共产品的供给。这种公共产品通常可以通过清晰界定产权赋予私人部分收益权。三是由私人提供、政府补贴的方式。四是完全由私人或非营利性组织提供。因此，建立以财政投入为主体、社会各方力量共同参与的农村公共产品融资体制有利于提高我国农村公共产品供给的效率。

表 6-1 2006—2010 年农村公共产品需求和供给预测表

年份	总人口数（万人）	农村人口（万人）	需求总量	中央财政支持“三农”投入（亿元）	差额（需求量一供给量）（亿元）
2006	130 571	94 602	4 977.11	3 135.8	1 841.31
2007	131 518	95 157	5 390.21	3 639.8	1 750.41
2008	132 290	95 716	5 837.60	4 224.7	1 612.9
2009	133 066	96 277	6 322.12	49.306	1 418.52
2010	133 847	96 842	6 846.86	5 691.6	1 155.26

资料来源：转引自蒋协新. 公共财政支持农业与农村发展问题研究[M]. 第 1 版. 北京：中国农业出版社，2007. 68.

在明确了各级政府提供公共产品的责任后，针对我国实际情况，对农村公共产品供给可以采取以下方式：一是农村纯公共产品由政府财政负担。如大型骨干水利工程、农业基础科学研究、气象、全国性的水土保持工程、全国性的农业病虫害防治等，由于其只有外部收益而没有内部收益，属于纯公共产品的范围，适合于政府财政提供。政府可以通过合同的形式引进私人投资或直接交由私人生产，然后再由政府购买。二是对于部分农村混合公共产品可以采用政府与市场混合的方式来提供，在明确产权的前提下，按照“谁引进、谁收费”、“谁投资、谁收益”的原则积极引进民间资金和外资。如地区性的农业病虫害防治，农村电力、节水农业等，通常既有社会收益，又有生产者收益的特点，属于准公共产品范畴，适合于政府和农民私人混合提供。三是对于那些投资较小、受益对象明确但排他成本较高的部分农村公共产品，如田间道路修建、部分学校设施修缮等，可通过“一事一议”制度，以村集体为主体召集受益村民共同付费的方式来供给。如灌溉、治虫、农产品的加工和流通等由于外溢性较小，收益群体也比较固定，由政府提供显然不合理，由私人提供又会造成效率损失。因此理想的方式是将农民组织起来，成立农业合作社，通过外部收益内在化的形式，提高供给效率。四是对那些受益对象明确，排他性成本较低的部分农村公共产品，如农村小型水利设施中的机井、水渠等，可以运用市场机制和自愿机制，完全按照市场运作的方式来供给。五是政府提供优惠政策，如采取给予补助、优惠贷款、无偿赠款、减免税收等形式向社会供给主体进行变相补贴，提高在农村公共产品供给中做出重要贡献的个人或企业领导的社会地位等，以鼓励经济实体、个人和其他社会力量投资农村公共产品，推动多渠道、竞争性供给格局的形成。投资主体多元化可以缓解乡村的财政压力，减少农民对公共产品的成本分担，更为重要的是可以培育和壮大其他社会供给主体，有效解决农村公共产品投资资金不足的问题，保证农村公共产品的供给①。

6.3.6 完善农村公共产品的监督和管理机制

首先，要加强农村公共产品资金的管理。推进制度建设和项目管理改革，制定和完善资金管理制度和办法，规范资金管理。引进推广招投标、项目预算、集中支付、政府采购、报账制、公告制、专家和中介机构评估等科学管理措施，建立绩效评价体系和考核机制，提高投资效益。加大资金监管力度，充分发挥各级人民代表大会的监督检查作用，确保公共资源合理利用；强化财政、审计监督作用，组织重点抽查、专项稽查、财务自查等灵活多样的方法强化外部监督，积极引入社会监督机制，发挥人民群众的监督检查作用，并推行农村财务管理预决算制度，由民主理财小组参与编制预算，搞好财务收支事前监督工作，确保公共产品供给资金的合理使用。

其次，要提高政府提供公共产品的透明度。实行政务公开、事务公开、财务公开，政府要及时公开公共产品的提供计划、工作总结、人员管理和经费开支等情况；要向社会公开提供公共产品的职责范围、行政内容、行政标准、行政程序和惩戒办法，增强公共行政过程的透明度；实现政府审批制度公开化、透明化，政府决策科学化、民主化，最终保证农村公共产品由“暗箱”供给向“透明”供给转变。

---

① 周湘智.财政支农新政背景下农村公共物品供给机制建设研究[D].湖南师范大学硕士学位论文，2007.65.

再次，要改革现行干部的评议、晋升、薪酬和问责制度，使农村公共产品由“随意供给”向“合理供给”转变。考核晋升干部应结合所管辖农民的生产条件和生活条件的真实改善，通过居民对其政绩的认可程度来决定干部的升迁和奖惩，这样才能彻底避免侵害农民的自利行为，约束政府官员对农村公共产品“随意供给”的思想，树立其“合理供给”的思想。改革现行的乡镇干部任免制度，乡镇干部的任免应由广大农民决定，而不应由上级政府部门决定，即由村民或村民代表直接选举产生，同时受其监督，对其负责。完善政府官员决策失误的问责制度。一方面，要加强上级政府对政府官员的职责履行情况的检查、监督，对渎职、失职、不称职和行政不作为等行为依法给予惩处，以此来督促和激励官员正确合理地供给公共产品；另一方面，“要充分发挥人大的‘质询’和‘罢免’职能，不断完善不信任投票制、弹劾制以及主要责任人引咎辞职制等，增强人大的问责力度和效能。

6.4 支持现代农业发展的支出政策

6.4.1 现代农业发展的内涵和特点

(1) 现代农业的内涵

现代农业是指广泛应用现代科学技术、现代工业提供的生产资料、设施装备和现代科学管理方法的社会化农业[①]。2007 年的中央 1 号文件以“积极发展现代农业扎实推进社会主义新农村建设”为题，提出了关于发展现代农业的若干意见，指出“要用现代物质条件装备农业，用现代科学技术改造农业，用现代产业体系提升农业，用现代经营形式推进农业，用现代发展理念引领农业，用培养新型农民发展农业，提高农业水利化、机械化和信息化水平，提高土地产出率、资源利用率和农业劳动生产率，提高农业素质、效益和竞争力”。可见，现代农业是用现代科学技术武装起来的农业，是能促进经济增长的农业。它突破了传统农业的内涵和领域，是一个由多部门组成的，生产活动、经济活动、技术活动和社会活动等紧密相联的新型农业体系。发展现代农业的过程就是不断改造传统农业、不断发展农村生产力的过程，就是转变农业增长方式、促进农业又好又快发展的过程。

(2) 现代农业的特点

现代农业是相对于传统农业而言的，与传统农业相比主要有以下特点：

---

① 中国农业科学院农业经济与发展研究所.农业经济与科技发展研究[M]. 第 1 版. 北京：中国农业出版社，2007. 219.

一是现代农业是以现代科学技术为支撑的农业。现代农业相对于传统农业应用了更多的科技发展成果，它广泛应用了生物技术、信息技术、农业工程技术等各种高新技术研究成果，是一个技术密集型农业。由于现代科技的广泛应用，现代农业相对于传统农业大幅地提高了劳动生产率，它突破了自然资源对农业生产的限制，现代良种的改良、各种农业机械的使用是促进现代农业发展的主要手段，科学技术是促进现代农业发展的主要动力。二是现代农业是专业化、商品化、产业化的农业。现代农业突破了传统农业自给自足、封闭式的生产模式，广泛参与市场，首先要从市场上购买各种新型的生产要素，然后再把生产出的产品在市场上实现销售，这种专业化、商品化和产业化的生产打破了传统农业自产自销的模式，大幅提高了农业生产效率。三是现代农业是农民高度组织化的农业。现代农业的发展使农民与市场、政府都有紧密联系，因此为了维护农民的合法权益、提高农民在市场中的竞争力，需要将农民有效地组织起来，发挥农业组织的作用，有效地参与市场、参与政治。以往的以家庭为单位的分散经营方式已不能适应现代农业的发展，只有提高农民的组织程度，才能提高农民从事农业的积极性，提高农产品的回报率和农民采纳先进实用技术的速度。四是现代农业是需要财政大力扶持的农业。农业本身供给的波动性、需求的相对稳定性以及农业自身的基础性地位决定了农业是需要政府财政进行扶持的，同时现代农业是以科学技术广泛应用为特征的农业，这使得现代农业成为了高投入、高风险、高产出的产业，这样的具有较强外部性的领域，政府在其中承担着义不容辞的责任，无论是财政政策的制定还是财政资金的投向都应该体现对现代农业的倾斜。

6.4.2 现代农业发展需要财政的大力支持

农业生产中，自然资源的丰裕与否对农业发展起着至关重要的作用。我国是一个资源短缺的国家，在耕地方面，我国人均耕地面积是 1.41 亩，仅为世界平均水平的 43%，据预测，到 2030 年，我国人口将达到 16 亿，耕地面积将下降到 13 亿亩以下，到那时，我国人均耕地将下降到联合国粮农组织规定的 0.8 亩的临界值。在水资源方面，我国人均水资源仅为世界平均水平的 1/4，据预测，到 2020 年，我国农业年缺水将达到 400～500 亿立方米。在生态环境方面，我国已退化、沙化、碱化的草场面积已达 1.35 亿公顷，约占草场总面积的 1/3，而且还在以每年 200 万公顷的速度增加。同时，全国出现水土流失的耕地约占全国耕地面积的 1/3，工业“三废”使农业发展的环境日趋恶化①。在我国资源禀赋能力逐步下降的趋势下，要提高农业生产就必须要

① 李平. 发展现代农业与社会主义新农村建设[J]. 中共成都市委党校学报，2006，(5)：27.

转变农业的增长方式，加大科学技术在农业生产中的含量，增强农业科技成果在农业生产中的应用，突破自然资源短缺对农业发展的制约作用。农业科技是具有较强外溢性的领域，投资产生的私人收益低于社会收益，如果仅靠市场力量，会使配置到农业科研领域的资源严重不足，其供应量无法满足农业生产发展的需要，尤其是在当前农民收入水平低、支付能力不足的情况下，国家财政必须对农业科研进行大力支持。除了以科技作为支撑以外，现代农业还需要大量的现代生产要素、现代基础设施和一批懂技术、会经营的新型农民，所有这些要求都应该由财政负责满足。政府应该以低廉的价格向农业生产领域提供足够的生产要素，保证农村基础设施建设和义务教育等领域公共产品的供应，加快农村养老保障体制的建立，在建设社会主义新农村的过程中，政府必须要加大对农村的投资，改善农村的经济发展环境，保证现代农业发展的各项投入，促进现代农业的发展。

经过了30多年的飞速发展，我国经济已经进入到了“工业反哺农业、城市支持农业”新的发展阶段，2008年全年国内生产总值300 670亿元，比上年增长9.0%①，微幅领先德国，位居世界第三②。2008年全国财政收入6.13万亿元，比上年增长19.5%③。由此可见，我国目前已经具有了足够的实力投资于农村发展现代农业，财政完全有能力担此重任。在举国上下全力推进社会主义新农村建设的过程中，国家财政必须加大对现代农业的支持力度，改善农业发展的外部环境，向农业注入新型的生产要素，培育新型农民、提高农业产业化水平，加快传统农业向现代农业转变的进程。

6.4.3 财政支持现代农业的重点

(1) 确保国家粮食生产和安全

发展粮食生产、确保国家粮食安全是建设现代农业的首要内容。我国是一个拥有13亿人口的农业大国，一旦我国粮食安全出问题，整个农业乃至整个国民经济的运行都会随之出现问题，最终影响整个社会稳定和国家安全，甚至会影响到世界经济的稳定与发展，因此确保国家粮食安全具有十分重大的意义。确保国家粮食安全，首先要建立和完善促进粮食基本生产能力的长效机制，提高粮食的综合生产能力，继续完善支农政策的目标和方式，集中财政支农的投资渠道，整合财政支农资金的投向，提高支农资金的使用效益。积极引入市场机制，通过采取政府直接投资、政府引导和民办公

① 国家统计局统计公告 http://www.stats.gov.cn/tjgb/.

② 2008年世界各国国内生产总值排行(中情局版)[EB/OL]. 2009-01-29. http://pic.tiexue.net/post_174_3333851.html.

③ 国家统计局统计公告 http://www.stats.gov.cn/tjgb/.

助、以奖代补等多种方式,形成政府和社会共同参与、共同投资的筹资方式、不断提高粮食的综合生产能力。其次,建立和完善对种粮农民的基本收益保障机制。在财政方面,以现行的直接补贴为基础,积极探索农业补贴制度创新。逐步建立固定补贴和变动补贴、综合补贴和专项补贴有机结合的农业直接补贴制度,直接补贴种粮农民,增强种粮农民的基本收益,保护农民的种粮积极性。完善奖励机制,加大对产量大县的财政奖励和粮食产业建设项目的扶持力度。完善粮食风险基金政策,积极探索农业保险、农业救助等制度,完善农村金融体系,使得农民种粮收益不因自然灾害而受到影响,促进农民生产和经营的稳定。

(2) 推进农业产业结构调整

随着新农村建设进程的逐步推进,农民收入水平会逐步提高,消费者的消费偏好也会随之发生变化。例如在食品消费中,人们在解决了基本温饱和生存问题后,会对畜产品和水产品产生更多需求,因此粮食作物在食品消费中所占的比重会不断下降,而畜产品、水产品的消费比重会不断上升,消费结构的变化必然引起农业生产结构的调整,尤其在我国农业生产地少人多的矛盾比较突出时,这种农业生产结构的调整会更好发挥我国农业的比较优势。因为畜产品和水产品属于劳动力密集型产业,发展这两种产业不仅可以满足消费者的需求变化,还可以解决我国农村劳动力过剩的问题,因此无论是从消费结构变化的角度,还是从发挥我国农业生产优势、有效解决农村剩余劳动力资源的角度,都应大力支持农业产业结构的调整。政府财政应加大力度扶持高产、优质、高效、生态、安全的农业生产,大力发展经济作物和饲料作物,大力发展畜牧业和水产业,对农业的产业结构进行战略性调整,以适应消费结构的转变。

(3) 加快农业科技创新

科技进步是农业发展的根本出路。伴随着世界科技的迅猛发展,我国在着眼于现代农业建设过程中要大力地推进农业科技的创新和发展,促进农业技术的集成化、劳动过程的机械化以及生产经营的信息化。财政支出要向农业科研领域倾斜,重点支持生物技术、良种培育、丰产栽培、农业节水、疫病防疫、防灾减灾等领域的科技创新,加大实施转基因生物新品种的科研培育力度,尽快研制出一批具有重要应用价值的优良品种。财政要大力支持公益性农业科研机构和农业院校的科研项目、重点学科、科研基地的建设与发展,并以此为依托,带动农业科研的发展,通过农业科研机构、农业院校与农民专业合作社、龙头企业、农户合作的方式,加速农业科技成果的转化。稳定和壮大农业科技人才队伍,大力在农村推广先进的科学技术,依托农业科技企业、农业科技示范园和农民科技协会，建立一批科技示范基地和研修基地，广泛开展农业实用技术培训和职业技能培训，大力推广农业实用技术，使农业科技成果能迅速转化为农村生产力，提高农业综合生产能力。

(4) 重视农民的教育和培训

农民是新农村建设的主体，也是现代农业建设的主体，农民的思想观念和素质直接影响到现代农业建设的速度和成效。中国科协最近开展的公众科学素养调查显示，我国城市人口中具备基本科学素养的人口的比例为4.2%，而农民居民中的比例仅为0.7%，差距为3.5%，占城市中具备基本科学素养的人口比例的1/6①。由此可见，城乡的教育差距是很大的，农民观念落后、思想陈旧、文化水平低的现象如果不加以重视，一定会成为现代农业发展中的阻碍力量，因此采取一定措施转变农民观念，提高农民教育水平和技术能力刻不容缓，这需要政府财政的大力扶持。培育“新型农民”，理应提高对农民教育的重视程度，加大对农村教育领域的投入。无论是作为纯公共产品的农村义务教育，还是作为准公共产品的农村职业教育和培训教育都需要有政府财力的大力支持，把农村劳动力培训经费纳入财政预算，为大力开展对农民的教育，培育新型农民创造条件。财政在支持农村教育方面应该做好以下工作：首先要大力支持农村义务教育，让所有农村的适龄儿童都能享受到同等的教育资源，具备最基本的教育水平。其次是大力发展农村的职业技术培训教育和成人教育，不断提高农民的综合素质。

(5) 完善农村社会化服务体系

现代农业是高度市场化、专业化、标准化和社会化的农业。它需要广泛地参与市场，需要进行社会化的协作，需要将农产品的包装、运输、储藏、加工、销售等一系列环节有效地联系起来，这就决定了传统的以家庭为单位的经营无法适应现代农业生产，必须将单个农户组织起来，成立专业协会或者组织，共同面对和抵御农产品生产和交易过程中的自然风险和市场风险，降低农业生产的交易成本，才能实现现代农业的发展要求。农业社会化服务体系的完善需要政府财力的大力支持，目前我国应大力发展各种为农民提供服务的综合性服务组织，这些组织要为农民提供从生产资料的供应到农产品的包装、运输和销售等一系列环节的各种市场信息和资金借贷服务。政府应该对这些组织提供一定的补贴或实行一定的税收优惠政策以鼓励其发展壮大。

---

① 翁伯琦、刘用场. 加强农村科普工作 推进现代农业发展[J]. 科普论坛，2006，(9)：63.

6.5 扶持生态农业发展的支出政策

生态农业是现代农业发展的一项重要内容，进入21世纪，为了解决长期以来困扰中国可持续发展的“三农”问题，中央自2004年起已连续发布了六个中央“1号文件”，分别针对农民增收、提高农业的生产能力、推进新农村建设等方面提出了一系列支农、惠农的方针政策①。六个“1号文件”的侧重点虽有所不同，但是都对“天然林保护、退耕还林还草和湿地保护等生态工程”、“无公害食品、绿色食品、有机食品等优质食品的生产和供应”为代表的生态农业的发展提出了具体对策，要求各级政府必须大力推进生态农业的发展，扩大生态农业的实施范围和规模。而且文件对支持生态农业的政策手段比较一致，那就是：让公共财政的阳光普照农村，以政府财政支出手段促进生态农业的发展。

6.5.1 新农村建设中应该突出生态农业的发展

“生态农业”(Eco-agriculture)是由美国土壤学家W.Albreche于1970年提出的一种农业发展理念，1981年美国农学家M.Worthington将其定义为“生态上能够自我维持，低投入，经济上有生命力，在环境、伦理和审美方面都可接受的小型农业”。我国的许多学者也先后对“生态农业”的概念进行了阐述，其中叶谦吉将生态农业定义为“从系统思想出发，按照生态学原理、经济学原理和生态经济学原理，运用现代科学技术和现代管理手段以及传统农业的有效经验建立起来，以期获得较高经济效益、生态效益和社会效益的现代化的农业发展模式”。由此可见，中国生态农业(Chinese eco-agriculture，CEA)是在中国传统农业基础上发展起来的一个农业生态经济复合系统，是在保护、改善农业生态环境前提下的相对于集约农业而言的一种环境友好型的农业发展(见表6-2)。它既是农、林、牧、副、渔各业综合起来的大农业，又是农业生产、加工、销售综合起来，适应市场经济发展的现代农业。

---

① 2004年的“一号文件”以促进农民增收为主题，推出了一系列惠农政策；2005年的“一号文件”以提高农业综合生产能力为主题，推出了一系列支农政策；2006年的“一号文件”以推进社会主义新农村建设为主题，推出了支持农业和农村全面发展的综合政策。2007年和2008年的“一号文件”分别以发展现代农业和加强农业基础地位为主题，推出了一系列推进扎实推进社会主义新农村建设和促进农业发展以及农民增收的方针政策。2009年的中央一号文件以促进农业稳定发展农民持续增收为题，提出了保护农业、发展农业，促进城乡经济社会一体化的若干建议。

表 6-2　传统农业、集约农业与生态农业的比较表

内容/形式	传统农业	集约农业	生态农业
物质投入	以生物源农药化肥与生活废弃物综合利用为主	以化学品投入为主	废弃物循环利用与绿色农药有机肥投入相结合
能量投入	以自然辅助能、人工和生物辅助能为主	以化学辅助能和机械辅助能为主	将多种辅助能有机结合
生产模式	复合种养殖模式 小规模	单一种植、单一养殖规模化、集约化	复合农业生态模式
生产目标	自给自足	市场导向	市场与环境导向
产品卫生质量	相对较高	差	相对较高
生产效率	低	较高	相对较高
生物多样性	高	低	高
环境污染	小	大	小
三大效益	以社会效益为主	以经济效益为主	社会效益、经济效益和生态效益三大效益协调

资料来源：周生军．促进循环经济发展的财税政策研究[D]．东北财经大学博士论文，2007.161。

6.5.2　我国生态农业发展存在的问题

我国于 20 世纪 80 年代开始着手于生态农业的实践，在全国 2 000 多个县、乡镇先后实施了生态农业建设，经过了 20 多年的实践和发展，我国已探索出了一系列适应各地生态环境条件和社会经济发展水平的技术模式，并在生态农业建设方面取得了突出的成绩。在试点地区，形成了平原农林牧复合、草地生态恢复与持续利用、生态畜牧业生产、生态渔业发展模式，水土保持、土壤沙化治理及森林覆盖率都有很大的提高。水土流失治理率和土壤沙化治理率分别达到 73.4%和 6.5%；森林覆盖率提高了 3.7 个百分点，生态优势正在转化为经济优势。目前我国已有 7 个生态农业建设点被联合国环境规划署授予“全国 500 佳”称号①。在我国生态农业建设取得成效的同时，我们也看到由于我国的生态农业起步比较晚，要求低，在发展中尚存在很多问题，与新农村建设中的生态农业发展战略还有很大差距。

① 周生军．促进循环经济发展的财税政策研究[D]．东北财经大学博士论文，2007.162－163.

(1) 盲目注重经济效益，忽视生态效益

大多数地区在发展农业过程中，片面追求高产出、高经济收益，忽视了农业的生态效益，对于保护生态环境的重要性认识不足。我国农业资源总量大，但是人均占有量相对不足，垦殖程度较高，土地资源承受压力大，占全国耕地总面积三分之二的中低产田没有得到很好地综合治理。由于农业资源过度利用，农民环境意识较低，乱砍滥伐、盲目开垦及资源浪费现象十分严重，水土流失、荒漠化加剧，环境污染问题日益加深，出现严重的生态问题。随着农业现代化、集约化程度的提高，“石油农业”发展模式开始在我国出现，“石油农业”具有“高投入、高产出、高能耗”的特征。据有关资料统计，我国每年化肥用量达 4 000 多万吨，农药用量达 130 万吨，农膜用量达 159 万吨，在实现农业高产的同时，也带来了“高污染”，已经到了土、水、气立体污染的程度。目前，我国受污染的农田近 700 万公顷，因污染每年粮食减产 100 多亿公斤①。

(2) 生态农业资金投入不足，农业科技所占比重偏低

财政投入是我国农业经济发展的主要动力之一，但是我国在推进农业环保发展方面的财政支农资金严重不足，没有发挥宏观调节的导向性作用。在第一批 51 个全国生态农业试点县的资金投入中，63%的资金为群众自筹，政府投入的只占 19%②。近年来，我国环保投入占 GDP 的比重不足 0.8%，只有发达国家的 1/2～1/3③。政府投入偏低，资金来源渠道狭窄，大大减弱了财政支农的作用，难以促进农业生态环境的健康发展。在现有财政支农资金不足的前提下，农业科研技术所占的比重偏低，这使得我国在发展生态农业的过程中，缺乏高科技含量的、具有推广价值的生态农业配套技术，如在无公害蔬菜水果方面，我国生态农业只是强调减少化肥和农药的使用量，而没有从技术上根本提高产品的质量；在植保技术方面，我国刚刚达到发达国家 20 世纪 80 年代的水平；有机农产品生产、节水灌溉等方面的技术远远落后于发达国家。

(3) 财政支农补贴对生态农业发展的导向性不强

财政支农补贴一直是世界各国保护农业发展最常用、最有效的手段，财政对农业补贴在我国实施的历史也比较长，但是长期以来我国农业补贴大多以价格补贴为主，主要用于农产品购销环节及农用生产资料，如化肥、农

---

① 促进生态农业发展的财政支出政策研究[EB/OL]. http://www.i5so.com/jingji/sannongjingji/20070918/4928.html，2007-09-17.

② 周生军. 促进循环经济发展的财税政策研究[D]. 东北财经大学博士论文，2007.164.

③ 促进生态农业发展的财政支出政策研究[EB/OL]. http://www.i5so.com/jingji/sannongjingji/20070918/4928.html，2007-09-17.

膜、农药等，此类补贴在一定程度上扶持了农业发展，却严重污染了土壤和水资源，甚至危及农产品安全。而且缺乏对于无公害农产品、有机农产品以及对土地资源节约、保护、节水灌溉等生态环境建设方面的针对性补贴，导致农民对于农业生态项目没有积极性，生态农业发展缓慢。

6.5.3　发展生态农业的财政支出政策选择

农业生态领域是一个具有公共产品性质和很强外部效应的领域，这使得私人资本不愿积极主动地介入该领域，政府应该直接承担起市场不能或不愿介入的责任，采取各种财政手段，不断创新财政制度，加大对农业生态领域的支持力度，治理和改善农业生态环境，促进农业和农村的可持续发展。

(1) 加大农业财政投资总量

农业是国民经济发展的基础，农业是否稳定直接关系到整个经济的稳定发展。然而农业又是一个特殊部门，它的供给要受到气候等其他一些制约因素的影响，波动大、周期性强。但是另一方面它的需求却具有相对的稳定性，是人类生存的基础，这样的一种供求关系决定了农业的生产和发展无法依靠市场力量加以解决，只能靠政府这只“看得见”的手进行宏观调节。生态农业是农业循环经济发展的基础，是农业未来发展的方向，具有很强的外部性，这种特性决定了中国在实现生态农业的发展战略目标时，必须要由财政对农业进行强有力的保护和支持，发挥财政对生态农业发展的主导作用，切实解决农业的投入问题。为此应保证财政每年用于农业的支出不断增加，要确保对农业支出的增长幅度不低于财政经常性支出的增长幅度，在增加财政支农资金的同时，要尽量将新增加的资金向生态农业方向倾斜，以促进农业循环经济的发展。

(2) 调整农业财政投资结构

优化和调整财政用于农业支出的内部结构，对相关农业部门进行机构改革，精简人员，降低人头经费支出的比重；增加对生态农业生产、基本建设支出和科技三项费用的投入比例，使财政支出能倾向于生态农业发展的需要，推动生态农业产业化发展的进程。具体来说有以下几方面：

一是大力支持农业基础设施建设。长期以来形成的掠夺式粗放经营模式，使生态环境恶化，自然资源短缺，影响农业的可持续发展。政府应加强对农业生态基础设施的建设，建立有效的农业防灾、救灾体系，提高绿色农业的综合生产能力，增强农业发展的后劲和活力，实现农业与农村经济的可持续发展。加强以水利为重点的农业基础设施建设，加快大江、大河治理及大型灌溉水利设施的更新和配套工程建设。加快植树造林步伐，加强水土流失治理，实施天然林防护计划。加大对农村环境污染治理的力度，防止新的污染源产生。支持农村清洁能源建设项目。在适宜的地区积极推广沼气、秸秆气化、小水电、太阳能、风力发电等清洁能源技术，实现农业的循环利用和高产、优质、高效、持续发展。

二是增加对农业科技的投入。科技的创新与推广是生态农业可持续发展并得以实现和延续的根本。生态农业相对于传统农业有较强的技术性(见图6-6)，应该在结合传统农业技术的基础上，不断研究和探索有助于促进生态农业发展的新技术。由于农业科技的研发与创新具有较强的外部性和较大的风险性，必须充分发挥政府职能，由政府承担起农业科研的主导责任。财政要以专款支持生态农业的技术研究，引导科技人员积极进行生态农业技术的创新，鼓励各类农科教机构和社会力量参与多元化的农业技术推广服务，加强生态农业领域的国家实验室、改良中心、工程中心和重点实验室建设，改善生态农业科研机构设施条件和装备水平，加快建设国家生态农业科研高级人才培养基地。

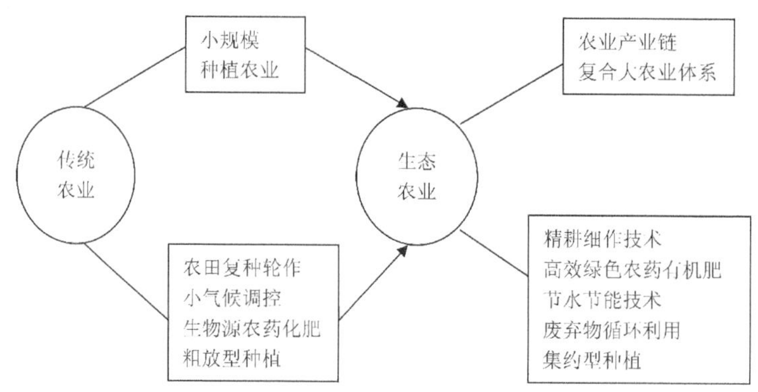

图6-6　传统农业与生态农业的技术比较

资料来源：周生军．促进循环经济发展的财税政策研究[D]．东北财经大学博士论文，2007.166.

三是转变农业补贴方式。目前，我国的支农补贴还不到农产品总值的2%。按照“绿箱政策”要求，从目前的农产品产值和补贴水平测算，大约有近1 500亿元的补贴空间。充分发挥农业财政补贴的作用，转变补贴方式，调整补贴结构，由主要补贴流通环节更多转向补贴绿色生产环节和直接补贴农民，可以借鉴欧盟的经验，在稳定粮食直补政策的同时，利用新增农业补贴导向性地统筹改善农村人力和物力条件，改善农业发展中的生态环境，大力发展有机农业，整体提高农业竞争能力，真正实现农业现代化①。

① 关于农业补贴的内容在第六章第二节中有所阐述，在此不再赘述。

(3) 建立生态补偿机制

生态补偿是指对损害(或保护)资源环境的行为进行收费(或补偿),提高该行为的成本(或收益),从而激励损害(或保护)行为的主体减少(或增加)因其行为带来的外部不经济性(或外部经济性),达到保护资源的目的。财政应该在以下三方面建立生态农业的补偿机制:一是国家补偿机制。明确各级财政对生态农业投入的责任,中央财政应承担属于全国范围或者跨地区项目的支出,如大江大河治理、大型生态农业保护工程等项目;对省级以及跨市级项目的支出应由省级财政负责投资,如全省性农林水利事业发展项目、跨地市水利工程建设等;市地县财政应在承担本区域农业工程设施建设与养护项目的基础上,推广先进的生态农业技术。二是区域内的补偿机制。区域内补偿机制包括开发者补偿、收益者补偿和资源性补偿。如一些矿区的开发造成了小流域的生态破坏,开发者应该支付一定的补偿金用于生态恢复和小流域生产;再比如大型水电站、水库等收益部门、单位,应当支付一定的补偿金用于源头区、水源涵养区的森林和植被等生态保护和建设;资源型补偿是指资源的开发利用者应支付一定的生态补偿金,用于资源恢复和促进资源的可持续利用。三是流域内的补偿机制。对于跨越几个省份的江河源头,逐步建立下游收益省份对上游生态建设省份的生态补偿机制,也就是建立上游与中下游地区的横向转移支付机制。通过建立各种生态补偿机制,缓解我国生态形势严峻的矛盾,促进源头区、重点山区、生态林区、水源涵养区的生态良性发展。

6.6　保障农民工利益的支出政策

6.6.1　新农村建设中的农村剩余劳动力转移

农村剩余劳动力是指全部农村劳动力的供给在一定时期超过农村各项生产经营活动按其经济原则对劳动力的需求而产生的那部分多余的劳动力①。农村剩余劳动力转移是伴随着各国工业化和城市化的发展而普遍出现的问题,我国在工业化和城市化发展的过程中也同样面临着如何妥善解决农村剩余劳动力的转移就业问题。

马克思有句名言"人口压迫生产力",是对我国农村剩余劳动力问题最形象的解释。长期以来积累起来的数量众多的农村剩余劳动力已经严重阻碍了我国农村经济的发展,并对社会的发展造成了严重的影响。伴随着新

① 陈永正.论农村问题[M].第1版.北京:中国农业出版社,2006.181.

农村建设的不断深入、农村社会生产力的不断提高，农业中还会解放出大量的生产力。社会主义新农村建设的重点是推进现代农业的发展，“以科技为基础”的现代农业必然会使农村新增大量的剩余劳动力，图 6－7 和图 6－8 是手工条件下和机械化条件下农闲与农忙季节的用工曲线，从两幅图中可以清晰地看出，机械化生产相对于手工生产对农业劳动力数量的需求明显减少，由于农业科技和农业机械化的使用，现在一个人就可以完成以前需要好几个人完成的工作量。所以说伴随着农业生产力的提高和农业机械化的大范围普及，还会从农村产生大量的剩余劳动力，农村剩余劳动力转移问题是我国新农村建设长期面临的一个重要问题。这个问题如果处理不好，大量劳动边际产量为零的农民存在于农村，对农村的生产发展没有任何贡献，反而还影响了农民整体收入水平的提高，与新农村建设的目标相背离。因此无论是从建设社会主义新农村的角度，还是从实现国家经济现代化、构建和谐社会的角度，农村剩余劳动力转移都是我们不能回避的问题。

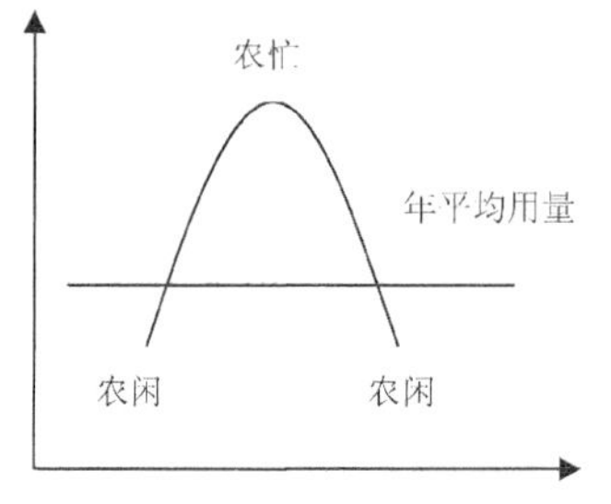

图 6－7　手工劳动下用工曲线

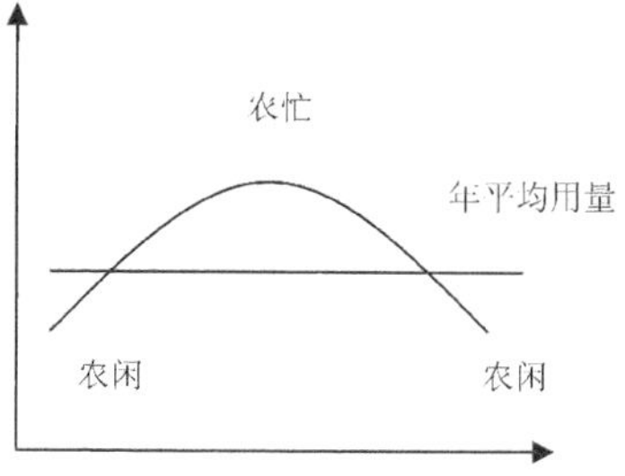

图 6－8　机械化条件下用工曲线

资料来源：陈永正. 论农村问题[M]. 第 1 版. 北京：中国农业出版社，2006.240.

6.6.2　农村剩余劳动力与农民工

新农村建设必须妥善处理好农村剩余劳动力的安置问题，在农村乡镇企业吸纳能力有限的情况下，大量从农业生产中解放出来的剩余劳动力只有离开土地，在农村或者城市的其他行业找到合适位置，才能为新农村建设创造更加有利的环境。大力发展乡镇企业、鼓励农民多种经营可以促进农村吸收和消化部分剩余劳动力，而随着城市化和工业化进程的加快，城市也必然会出现部分职位的空缺，这些劳动力进入城市也是农村剩余劳动力合理转移的有效途径，很多国家在农村建设中都经历过这样的阶段。当农民在城市中谋求了一份维持自身和家人生存的职业，他们就变成了所谓的农民工。可见农民工是伴随着工业化、城市化进程以及农村剩余劳动力转移而出现并不断壮大的一个特殊社会群体，这一群体作为连接城乡的纽带，客观上不仅构成了中国工业化、城市化与现代化进程中的关键因素，也是进行社会主义新农村建设必须应对的挑战。

农民工是指具有农村户口身份却在城镇或非农领域务工的劳动者，是中国传统户籍制度下的一种特殊身份标志。农村户口是农民工有别于中国传统城镇劳动者的主要标志，这种传统的户籍身份使农民工始终无法真正地融入城镇社会和工业劳动者群体，并且被很多城镇居民可以享受的相关制度排斥在外。农民工有别于中国传统农业劳动者的地方在于他们离开土地、居住在城镇并从事着非农产业，在获得高于传统农业收入的同时，形成了与传统的、真正的农民群体日益扩大的差距。因此，农民工事实上是处于边缘状态，既非传统意义上的城镇居民，也非传统意义上的农村居民①。于是众多的学者们就干脆给了他们一个有概括性的名字——"农民工"或者"边缘人"。目前我国的农民工总数已达到2.1亿人，农民工的人均工资性收入超过千元，从输出地统计来看，农民工工资性收入已占到农民纯收入的1/3，占新增纯收入的一半以上②。这一庞大的群体可分为三大类型：第一类是已经城市化的农民工，他们虽然仍具有农业户籍身份标志，但已经在城市(镇)具有稳定的居住处所、稳定的就业岗位和相对固定的劳动关系，而且有能够满足在城市生活的经济能力，他们的归属只能是城市；第二类是只有农闲季节才外出务工的传统农民，他们的归属是乡村；第三类是仍然处于流动状态的农民工，这是农民工中的最大群体，这一群体中进入第一类人群的人数在持续上升，或者以做城市人为目标③。

上述三类农民工中会有一部分人在城市积累了一定的资本和经验后，又选择回乡创业。这些返乡的农民工会为当地的新农村建设输入新鲜血液，带来新的思想，促进当地农村的建设和发展。首先，可以优化当地的产业结构。返乡的农民工中有一部分回到农业生产活动中，有一部分到了乡镇，做小买卖或搞运输，促进了当地经济发展。还有一部分有一定经济实力或人力资本的农民办乡镇企业或参与投资社会基础设施建设，有利于第二产业和第三产业的长足发展。其次，充实密集型劳动力就业市场。目前正值新农村建设、城乡经济社会一体化发展的新时期，地方缺乏大量的密集型劳动力。农民工返乡正是家乡建设发展的契机，既能就业，又能推动家乡经济发展。再次，可以带动当地的消费水平。农民工自身有一定的积蓄，受城

① 郑功成．农民工的权益与社会保障[J]．中国党政干部论刊，2002，(8)：22．

② 劳舟、李芳．我国农民工总数已达到2.1亿人[J]．政策，2008，(5)：64．

③ 郑功成、黄黎若．中国农民工问题与社会保障[M]．第1版．北京：人民出版社，2007．14－15．

市消费观念的影响，农民的消费方式由自给型逐渐向商品型转变，从单一化向多样化转变，消费结构由生存型向享受、发展型转变。而且农民工返乡，农村消费人口增加，增加了就业岗位，刺激了当地经济发展。最后，有利于当地经济的长远发展。农民工返乡大都积累了一定的经验、技能，有一定的交际能力甚至在外地或城市有一定的关系网络，其中不乏优秀的生产管理人才和技术人才。他们参与当地经济建设和管理，不仅注重家乡的发展，也注意拓宽对外的交往范围，有利于当地的投资和交易范围的扩展，对当地经济的长远发展有利。可见，无数农民工不仅以他们的力量支持了城市工业的快速发展，也为新农村建设创造更加有利的环境，同时大量返乡创业的农民工更为农村经济的长远发展提供了坚实基础。要促进农村剩余劳动力的合理转移，重视农民工问题，提高农民工待遇，使农民工被包含在城市人口能享受到的制度和政策之中，在安排财政支出时针对目前农民工所面临的问题，应向能维护农民工权益、保证农民工待遇的领域倾斜，保障农民工的基本利益。

6.6.3 当前农民工面临的主要问题①

(1) 制度“瓶颈”问题

一是户籍制度。现行的户籍制度将人口分为农业人口和非农业人口，分别持有农业户口和非农业户口，并把一些明显偏向于非农业人口的各种福利制度附加在户籍上，对城乡居民实行差别待遇，这是导致农民工遭受身份歧视、权益得不到保障的根源。二是就业制度。农民工进城就业，不仅面临户籍、学历、年龄、性别限制等人为障碍，而且受到城市政府出台的带有明显地方保护色彩的用工政策的排斥，农民工要么进不了城，要么被限制在苦、累、脏、险、差的工种上。三是组织制度。我国整个组织体系是通过单位实现的，没有单位的人基本上不能组建民间组织。农民工流动性大，大多数用工单位并没有把农民工看成自己人，绝大多数农民工被排除在工青妇等群团组织系统之外，有难无人管，有苦无处诉，没有归属感。

(2) 自身素质问题

一是文化素质偏低。目前农村农民接受教育程度较低，平均接受教育年限不足7年。二是技能素质偏低。大部分农民工因文化基础差，对科技知识接受能力不强，很难掌握较高的劳动技能，多数农民工只能在劳动密集型行业从事体力工作，劳务收入低。三是法律素质偏低。农民工的法律意识

① 湖南省财政厅农业处. 湖南农民工问题相关财政政策研究[EB/OL]. http://gedinggang.blog.163.com / blog/ static/3447954520071126850379 95/,2007-12-26.

薄弱,知法、懂法的很少,会运用法律维护自己权益的更少。

(3) 社会管理问题

现行的农民工管理是二元分割式、防范式的管理。管理制度上对农民工的保护和服务是原则的、软性的,而对他们的管理和限制是具体的、硬性的,管理手段主要是办证、收费,查证、罚款,管制有余,服务不足。农民工与用工单位及雇主之间的利益冲突明显呈上升趋势,并由此诱发了一些造成较大危害和社会影响的恶性事件。合法权益受到侵犯、超强度劳动、极为恶劣的工作生活环境、缺乏最起码的劳动保护条件、克扣或拖欠工资、随意侵犯人身自由等现象相当严重。"黑职介"、"黑学校"、"黑工头"、"毒食物"等突出问题如毒藤一样困扰着农民工。在缺乏通过正常渠道争取自己应得利益、保护自己合法权益的情况下,一些农民工被迫采取以不合法对付不合法、以对抗方式讨回公道的非正常方式,成为社会的不和谐因素。

6.6.4 保障农民工利益的财政支出政策建议

加快工业化、城镇化进程,推动农村人口向城镇转移,是促进国民经济良性循环和社会协调发展的一个大战略。应该适应国家城市化、工业化和现代化的需要,统筹安排农村就业与城市就业,使农村劳动力有规划、有组织地向城镇转移,维护农民工权益,扩大农民在非农领域的就业范围。

(1) 财政支持农民工的就业培训

就业问题是农民工的首要问题,而解决就业问题的关键就是要在短时期内提高农民工的素质,使他们能掌握基本的就业技能,了解就业市场的就业信息,给他们开启就业大门的钥匙。财政要支持对农民工的教育培训,一是要加强对农民工就业前的教育培训,使他们掌握一种或几种就业和生存技能,如餐饮、家政、维修等各种培训,提高他们在劳动力市场中的竞争力。在财政支出上要提高对农民工的培训补助标准,根据就业市场的需求适时调整和增加培训的项目和时间,降低培训门槛和收费标准,力争在现有基础上使每年培训农民工的人数都有增加,提高农民工转移的就业率。二是要加强对农民工的在岗培训。国家财政应设立对在岗农民工培训的专项基金,对就业中的在岗农民工实行培训补助,以增强农民工持续就业和再就业能力。三是要注重整合培训资源。针对当前农民工培训"政出多门、九龙治水"的现象,财政要引导和鼓励各级各类教育培训机构在自愿的基础上进行联合,实行资源共享,发挥优势互补,增加培训项目,扩大培训规模,提高培训质量和效益,使更多的农民工从中受益。

(2) 财政支持农民工的就业服务

就业是民生之本,更是解决农民工问题的源头。要解决农民工的就业问题,除了要通过培训使农民工具备一定的就业技能以外,还要保持就业市场信息的畅通,使农民工能及时通过某种途径掌握到所需的就业信息。当前,就业信息不畅也是制约农民工就业的一个重要原因。要在财政政策和财政资金上加大对农民工就业信息网络建设的倾斜力度和支持力度。建设城乡一体化的就业信息网络,加强对农民工就业的市场引导。一是支持各级劳动保障服务站的建设。重点支持乡镇劳动保障服务站建设,在编制年度财政预算时将乡镇劳动保障服务站经费,包括人员经费、工作经费以及基础设施建设和维护费用列入同级预算中,上级财政对财政困难的县乡要给予适当的专项补助。各级劳动保障服务站要切实履行信息服务职能。二是支持城乡劳动力市场的建设。建立竞争有序的劳动力竞争环境和就业环境,支持和规范各类中介机构的发展,使之更好地为劳动力转移搭桥铺路,实现劳动力的输出与输入、培训与就业的有效对接,为农民及时提供真实可靠的劳务信息,减少农村劳动力流动的盲目性和成本。三是支持农村劳动力资源调查体系的建设。建立求职资源信息库和资源供求网络,加快城乡、市内外信息网络的联接,及时准确地发布劳务供求信息。

(3) 财政支持农民工社会保障体系的建立

农民工的社会保障问题是一个全新而紧迫的课题。应坚持分类、分层、分阶段、逐步推进的原则,将农民工社会保障纳入城镇社保体系,积极而有效地维护和实现农民工的基本社会保障权益。一是按照普遍性原则建立农民工工伤保险制度。农民工工伤事故多,职业病群体规模大,劳资纠纷问题突出,应尽快优先把针对农民工的工伤保险制度作为最基本的社会保障项目加以确立。农民工工伤保险费由用人单位承担,按照《劳动法》和《工伤保险条例》的有关规定缴纳工伤保险费,并建立农民工工伤保险专户,实行专款专用,逐步建立农民工工伤赔偿机制。二是建立符合农民工特点的医疗保障制度。对于有雇主并且职业稳定、收入固定、已在城镇居住多年的农民工,可实行与城镇职工相同的社会统筹与个人账户相结合的医疗保险制度;对于职业不稳定、无固定收入且流动性较大的农民工,可不参加一般医疗保险,但应参加大病统筹医疗保险。三是建立农民工养老、失业、生育保险等保险制度。根据条件,逐步将上述保险纳入城镇社会保险范畴,为其设立个人账户,并确保其个人账户能在全国范围内转移,使农民工真正得到实惠。

7 支持新农村建设的财政体制保障

财政体制即财政管理体制，是指国家在中央和地方以及地方各级政权之间，划分财政收支范围以及财政管理职责和权限的一项根本性制度①。财政管理体制包含的范围比较广泛，本章仅就在新农村建设中地方基层政府财力短缺以及涉农资金使用效率低下的问题，从完善财政转移支付、涉农资金管理以及深化县乡财政管理体制改革方面浅谈支持新农村建设的财政体制保障问题。

7.1 完善财政转移支付制度

建设社会主义新农村明确提出要走从农业支持工业到“工业反哺农业”、从农村服务城市到“城市带动农村”，实现城乡经济社会一体化的发展道路。目前，我国城市工业化已经基本具备了自我积累、自我发展的能力，工业理应反哺农业，给予农业相应的补偿，除了增加中央财政对涉农领域的投入以及制定针对涉农领域的税收优惠政策以外，政府还可以运用财政转移支付手段促进新农村建设。

7.1.1 新农村建设需要完善财政转移支付制度

(1) 财政转移支付的含义及作用

在市场经济条件下，财政转移支付从最宽泛的角度理解就是指一个国家的各级政府之间在既定职责、支出责任和税收划分框架下财政资金的无偿性转移，其基本表现为政府财政资金无偿的、单方面的转移，不能在经济上得到等价的补偿。转移支付是政府间财政调整的重要手段，可以将财政

① 杜放、陈拂闻．财政学[M]．第1版．北京：清华大学出版社，2005.187.

转移支付的作用概括为弥补纵向财政缺口、弥补横向财政缺口以及较好地校正外溢效应。

纵向财政缺口就是上下级政府之间的财力不均衡。大多数国家分配税源时，为了维护和体现国家的利益和主导地位，都会将主要的税基保留在中央，而将较小的和难以征收的税基留给地方政府，这样做的结果就使得中央政府的财源大于其支出需求，而地方政府的自有收入无法满足其支出需求。只有通过转移支付，将财政收入在中央政府和地方政府之间进行二次分配，才能弥补地方政府的财政收支缺口，弥补纵向财力不均衡。

横向财政缺口就是指同级政府间财力不均衡。各地由于资源禀赋、经济结构以及所拥有的税基和税源集中程度等方面的差异，必然使各地政府的可支配财力不尽一致；另一方面，各地在向本辖区提供相同的公共产品时也会因为地理位置、人口分布等客观因素造成公共支出成本方面的差异，因此各个地方政府的财政净收益是不同的。地区经济发展不平衡几乎是世界各国社会经济发展过程中所共有的现象，但是如果各地财力的差异过大而不加以调整，会导致一部分地区公共产品供应不足，无力贯彻中央政府的统一政策；同时一部分地区公共产品供给过剩，造成政策效率的损失，有损于社会公正原则。因此中央政府在弥补纵向财政不平衡时，应同时兼顾到横向不平衡；在政府间进行转移支付时，必须同时考虑到各地的财力差异，最终实现各地区在公共产品供给上的均等化。

由于公共产品本身具有外溢性的特征，因此地方政府在向本辖区内提供公共产品时，无法将该项目的受益完全保留在本地，会对其他地区产生外部效应，使得地区对该项目的投资往往低于社会所需要的最优水平，因此在地方政府投资于一些外溢性较强的公共产品时，上一级政府通过给下一级政府提供转移支付，可以有效弥补下级政府的投资成本，使具有外溢性的公共产品的供给能达到社会最优的需求水平，促进资源有效配置。

(2) 新农村建设应完善财政转移支付制度

我国拥有多级政府，在新农村建设中每一级政府都拥有一定的统筹调度资金、支持农村发展的权限。但不同级别的政府在支持农村发展方面拥有不同的优势和劣势条件：基层政府熟悉本地区实际情况，了解居民意愿，在政策制定和项目实施、监督方面拥有上级政府没有的优势；而上级政府尤其是中央政府则有全局的眼光，明了本辖区或者全国发展的大势，在制定规划、明确最低标准等方面拥有优势，因此在社会主义新农村建设中，必须充分发挥各级政府的作用，相互间扬长避短，协调配合，通过政府在“三农”中的主导作用和示范效能，带动社会更多力量加入到农村的建设和发展中。

各级政府中,基层政府是国家支持新农村建设各项政策的具体实施者,新农村建设最终是要在基层财政的主导下,地方各部门的积极配合下以及当地农民的参与下而进行的。当前地方基层政府财政收入低致使地方基层政府财政紧张与农民负担过重同时并存,减轻农民负担和减少政府收入之间的矛盾需要多方面的协调。中央政府可以通过建立和完善政府间财政转移支付制度,加大转移支付力度,增加基层政府的财政实力,使基层政府在促进农业发展、农民增收和农村建设方面能有更大的发挥空间,同时也作为国家财政对农业和农民长年来巨额贡献的补偿。

7.1.2 完善政府间财政转移支付制度相关要件的确立

(1) 明确转移支付目标

从西方国家实施转移支付的目的来看,转移支付的目标并非是要达到各地区经济发展的均等,也不意味着要达到各地区人均财政收入的绝对均等,而主要是使各地方政府在基本公共产品供给等方面达到均等。在新农村建设中,政府间财政转移支付制度的目标应该确立为实现城乡基本公共产品供给的均等,也就是说通过财政转移制度使地方政府尤其是基层政府拥有更多的支持新农村建设的财力,在实现城乡之间公共产品供给均等化的基础上,使城乡居民能享有同等的就业、就学、就医、交通等方面的机会。

(2) 合理选择转移支付模式

国际上转移支付模式基本上有两种,一是单一纵向的转移支付制度,二是以纵向为主,纵横交错的转移支付制度。单一纵向转移支付方式是上级政府通过特定的财政体制把各地区所创造的财力数量集中起来,再根据各地区财政收支状况和实施宏观调控政策的需要,将集中起来的财力数量不等地分配给各地区,实现财力配置的相对均衡。以纵向为主,纵横交错的转移支付方式是对于政府间的转移支付,中央不仅统一立法,并且直接通过特定手段进行纵向的转移支付,但又同时负责组织各地区之间直接的转移支付。这两种模式各有利弊,前一种模式操作简便,具有稳定性和透明度,但对下级政府强制色彩较浓,而且数据需要一年一定,否则就有失公平。后一种模式体现了地区间的相互支援关系,利于鞭策后进,鼓励先进,但操作较复杂。

中国人口众多、地域辽阔,城乡发展差距极大,各个农村地区的经济发展水平也参差不齐、公共财政能力极不均衡,公共服务的单位支出成本差异很大。从长远来看,我国应该采取以纵向为主,纵横交错的转移支付制度。但是鉴于我国一直采用单一纵向的转移支付形式,并有一定的实践经验,因此近期我国财政转移支付的基本模式还应该选择单一纵向的支付模式,应先完善纵向的财政转移支付形式，再逐步向纵横交错的财政转移支付形式转化。

(3) 合理确定转移支付类型

在公共财政理论中，政府间转移支付的分类方法很多，当前各国实践比较普遍认同的分类方法就是按照中央政府向地方政府转移支付时是否规定了该转移支付资金的具体用途，可以将转移支付划分为一般性转移支付和专项转移支付。

一般性转移支付又称为无条件转移支付，是指上级政府根据不同层次政府的收入能力、支出需求及自然社会条件等因素，把本级财政收入无偿转移给下级政府。这类转移支付不附加任何条件，不规定该笔转移支付资金的具体用途，地方政府可以根据地方经济发展的需要自由支配。可见，一般性转移支付相当于直接增加了地方政府的净财政收入，可以弥补地方财政缺口，保证地方基本公共产品的供给，解决地方财政的纵向平衡和横向平衡问题。专项转移支付又称为有条件的转移支付，是指上级政府根据特定目的将其财政收入转移至下级政府作为下级政府财政收入的一种来源。这类资金的使用是有条件限制的，必须满足这些附加条件，地方政府才能获得此项资金。这些附加条件(或者说限制条件)可能是规定了转移支付资金的使用方向，或要求政府给予一定的配套资金，或二者兼有之。根据是否需要地方政府的配套资金，有条件的转移支付进一步可以分为有条件非配套资金转移支付和有条件配套资金转移支付。另外，根据上级政府向下级政府进行配套转移支付时是否有最高限额，有条件配套性转移支付可分为有限额配套转移支付和无限额配套转移支付(图 7-1 为财政转移支付类型图)。

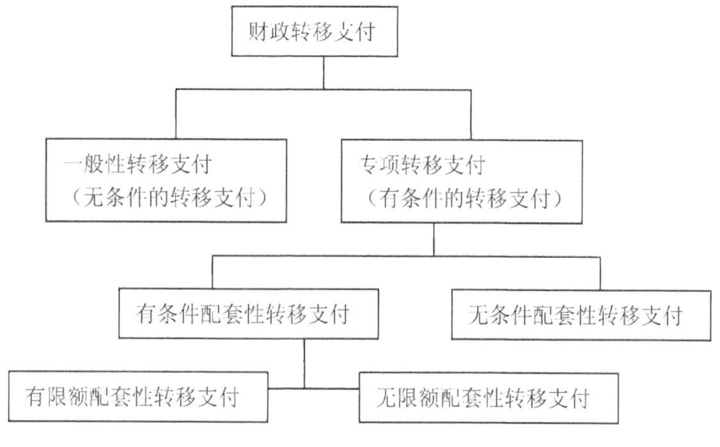

图 7-1　财政转移支付类型图

资料来源：根据中共河北省委党校课题组. 河北省财政转移支付政策研究[J]. 经济研究参考，2006,(90):10.整理。

各种类型的转移支付在使用中各有利弊，无条件转移支付对地方的影响最小，地方政府对这笔资金的使用也最为灵活，而且这种转移支付的方式特别适合弥补地方财政缺口；有条件的转移支付较无条件的转移支付更有效率；配套性的转移支付能激励地方政府积极参与的意识，较非配套性转移支付更有效率。就目前地方政府的财力和权益而言，其偏好依次是无条件转移支付、有条件非配套性转移支付、无限额配套性转移支付、有限额配套性转移支付①。

(4) 合理确定转移支付标准数额

这里所说的确定转移支付的标准数额是指在完善省以下财政转移支付过程中要准确核定省对县(市)的标准支付额度。标准支付额度的核定有三个步骤，首先要计算出标准的财政支出数额，其次要计算出标准的财政收入数额，最后用标准财政支出减去标准财政收入。

标准财政支出是指一级财政为履行政府职能必须保证的公共性支出，是各级政府最底线的支出需求。计算标准财政支出应先选择与财政支出影响比较直接的相关因素，通过试算确定各因素的系数，各系数相加得到每个地方的调整系数，再以全省县市人均财政支出数分别乘以各地方的调整系数，就可计算出各县、市的标准人均财政支出需要数。关于与财政支出相关的因素，在设计转移支付方案时会各有侧重，不强求一致，最主要是选择出具有共性的因素，如总人口、非农业人口占总人口的比重、贫困人口占总人口的比重、标准财政供给人员比重、全额单位公用经费标准支出、差额事业单位经费标准支出、专项标准支出等。各地标准财政收入是指各地在同等的征收努力程度下应该取得的财政收入，其中包括：地方本级收入、上级税收返还收入、各项补助收入、转移支付收入等。确定标准收入时应分两步进行，一是按各税种的税基计算，先找出可作为税基的数据，分别以每种税的税基乘以税率，得到各税种应得的收入；二是对那些目前缺乏税基统计数据的税种，暂时按财政预算收入占 GDP 的比例进行计算，然后加总就是该县(市)地方财政标准收入。用标准财政支出数额减去标准财政收入数额乘以各地区标准支出与标准收入差额的补助比例就得出了转移支付的标准数额②。

---

① 中共河北省委党校课题组.河北省财政转移支付政策研究[J].经济研究参考，2006，(90)：10.

② 方强.完善省以下转移支付制度研究[EB/OL]. http://www.lunwentianxia.com/ product.free.5341647.3/，2007－11－21.

7.1.3 建立对农村基层财政的转移支付体系

(1) 合理划分政府间的事权与财权

合理划分各级政府间的事权和财权是政府间财政转移支付制度运行的重要基础。政府的主要职能是提供公共产品,可以按照公共产品的层次性来规范各级政府间的事权及支出范围,全国性的公共产品由中央政府提供,地方性的公共产品由地方政府提供。依据效率原则,将政府间相互交叉的事权彻底分开,明确各级政府的事权支出责任,使其各负其责。对需要各级政府共同承担的事务应按照支出责任和受益程度的大小确定各级政府负担的开支比例,并以转移支付的方式将资金归集到承担具体事务的政府。在合理划分事权的基础上,要进行事权和财权的平衡协调。公共财政理论表明,一级政府要有一级财权,事权与财权要相统一,收入权力和支出责任要相协调,当事权由上级政府向下转移时,财权也必须随之下放,实行财随事转,费随事转。对于财权的划分,也要兼顾效率和公平原则,可以归入中央税的应是对流动性生产要素所课征的税收以及适用累计税率的、具有再分配功能和经济稳定功能的税收;可以归入地方税的应是对不流动的生产要素所征收的税收和在经济循环中比较稳定的税收;收益税和使用费则可根据收益范围分属于各级政府。

新农村建设是对农村的全方位建设,它包括促进农业生产发展和农民生活水平提高、农村精神文明建设、农村社会治理以及人与自然和谐等各个方面,政府对新农村建设中各项事务的扶持政策和扶持方式也是多种多样的。根据效率原则,可以把农村建设中影响范围多是社区性或是地方性的事务,如中低产田改造、节水灌溉等交由相应的地方政府负责举办,这样既体现了投入与受益相对称的原则,又有利于引导公众的参与和监督,提高支农资金的使用效率,增强决策民主化。把影响遍及全国、能体现农民基本权利的事务,诸如农村义务教育、农村的公共卫生等交由中央政府负责举办,坚持全国统一标准、城乡统一标准,实现政治上的公平性。

(2) 逐步以"因素法"取代"基数法",实现转移支付制度的规范化

以"因素法"取代传统的"基数法",设计科学的、多因素的转移支付标准计算公式,实现转移支付资金的公式化分配,是进一步完善我国财政转移支付制度的重要内容。采用因素法是规范转移支付制度的主要标志,世界各国在转移支付过程中多采用因素法,在因素选择上多选用客观的,为各地区所共同认可的因素,如从财政能力方面考虑,涉及社会总产值、国民收入、税率、税基的发展变化;从财政支出方面则主要考虑人口、面积、交通、公共服

务水平等因素。国外的这些做法对我国因素的选取有相当的借鉴意义。因素法的基本原理就是选取一些不易受到人为控制、能反映各地收入能力和支出需要的客观性因素，如人口数量、城市化程度、人均GDP、人口密集等来确定各地的转移支付额。影响我国地方财政支出的基本因素可以归为以下四类：一是一般性因素——自然条件、人口、国土面积、人均耕地面积、行政机构设置等；二是经济发展因素——人均GDP、通货膨胀、国民收入、地区间价格差异等；三是社会发展因素——市政建设、科教文卫服务等；四是特殊性因素——民族自治区域、政策需要等。在确定了上述因素的基础上，按照各因素对地方财政收支影响程度的大小确定统计标准，并以此作为测定地方政府潜在税收能力与支出需求的宏观依据；然后根据地方的税源、税种以及税基、税率等测算出各级地方政府的理论收入；最后根据上述两者的差距推算出转移支付的额度。这样做可以有效地排除人为因素的影响，政府转移支付的额度也较为公平合理，避免"基数法"模式下的利益冲突与磨擦，增加转移支付制度的科学性与透明度，而且还可以有效解决基数法中存在的区域不均、目标模糊、效率低下等问题，从而大大提高有限的转移支付资金的使用效率①。

当然全面推行"因素法"需要有一个过程，要加强因素的完善和细化，选择的因素也要逐步合理化，因素选择的范围还要逐步变宽，要做好有关基础工作，财政、统计等部门应着手建立政府统计信息网络，收集和建立与转移支付有关的基础性数据，建立起准确、真实、完整、系统的国民经济和社会各方面的数据资料库，使转移支付制度建立在更加科学、可靠的基础之上。

(3) 完善省以下的财政转移支付体系

完善省以下的财政转移支付制度，一是需要进行总体规划，确定出各个阶段的工作重点和所要达到的目标，尤其对制度建设落后的地区要加强指导，重点落实。二是各地省以下的转移支付制度应该在参照中央对省一般性转移支付办法的基础上，根据各地实际情况因地制宜，从而保持制度的衔接性，使国家的现行转移支付制度成为一个完整的体系。三是在完善省以下的财政转移制度中要注重确保各级实施一般性转移支付制度的上级有足够的财力来进行转移支付，也就是说如果下级实施转移支付财力不足，应由上级财政进行专门的一般性转移支付补助后，下级财政根据情况作为一般性转移支付资金使用，但这种补助应为相邻两级之间而不是对所有下级财政。因为级次越多，差距越大，所造成的信息不对称和决策失误就越多，政

① 方强.完善省以下转移支付制度研究[EB/OL]. http://www.lunwentianxia.com/product.free.5341647.3/, 2007-11-21.

策效能的损失也会越大。四是各省级政府在改进省以下的财政体制时，要把税种及财力模式尽可能地分解到县级，从体制上保证基层财政有比较充实的财源基础；转移支付还可采取与各地财政收入增长相挂钩的办法，以鼓励各地加强税收征管，对于未享受转移支付的地区，同样采取地方上缴与奖励挂钩的办法，省财政按新增上缴额给予地方一定比例的发展基金。对于确实困难的县乡财政，中央财政也要适度加大转移支付力度。

（4）建立对农村基层财政的转移支付体系

随着农业税的取消以及农村税费改革的不断深入，在农民负担极大减轻的同时，也使得地方政府可支配的财政收入不断减少。农业税在中央财政收入中所占的比重比较小，它的取消对于中央财政没有太大影响，但是全国大部分的县乡一级，尤其是欠发达地区的县乡财政却由此变得更加困难，因此完善中央对省和省以下相应的转移支付，弥补农村基层政府的财力缺口，建立对农村基层财政的转移支付体系就显得至关重要。

建立对农村基层财政的转移支付体系，就是要先采用纵向财政平衡的形式，即高一级次财政向低一级次财政进行拨款，按人均相关因素计算后，以县为单位，由中央或省级财政通过拨款方式弥补缺口。在具体操作中，可以分情况有所侧重：东部地区由于农村相对发达，收支缺口可由省级财政自行安排；中西部省会大城市、地市级城区也不纳入中央转移支付；中西部地区农业县和贫困县统一划入中央转移支付范围，根据因素法确定转移支付数额。继而，随着我国分税制财政管理体制的不断完善，逐步向以纵向为主、纵横交错的财政平衡形式转变，实现县（市）间的横向转移支付，将经济发展快的地区财政收入的增量部分以一定比例补助给落后地区，这样既防止两极分化，又防止鞭打快牛。在具体操作中一是要将中央和省两级财政转移支付的资金调度比例逐步核实到县，并划出一定比例的资金用于村级开支，以确保用于各村组织资金缺口的转移支付落实到位。二是扩大省级财政转移支付的范围，将各种补助统一到转移支付体系中，然后根据测算获得的标准财政支出、标准财政收入和标准财政供养人员等数据，核定各市县的转移支付基数，将标准人均财力低于省预定标准的市县列入转移支付范围，按差额由省级财政全部或部分补助，以确保各地居民享受到政府最基本的公共产品。三是扩大省级财政有条件转移支付的规模，并采用规范化、公式化的方式进行，也可以采取配套拨款的形式发放，各市县配套资金的比例可根据其财力状况在一定范围内浮动，从而对各地特别是贫困地区政府提供某些特定公共产品给予资金支持。

7.2 加强支农资金的整合和监管,提高资金使用效益

7.2.1 推动支农资金的整合

(1) 整合支农资金的必要性与可行性分析

建设社会主义新农村,需要大量的财力投入,其中国家财政是投入的主体,整合财政支农资金是很有必要的。所谓财政支农资金整合就是将财政用于支持农业、农民和农村的各种资金整合使用、整合管理,提高财政支农资金的使用效益,以便以较少的资金投入获取最大的支持效果。整合财政支农资金有利于转变和履行政府职能,通过整合将各种渠道和各部门管理的支农资金适当集中起来,围绕农业、农村发展的主题,突出财政支持的重点,有利于加强对农业的支持和保护,改变政府职能的"缺位"和"越位"现象,促进政府职能的转变,提高政府的管理水平和工作效率。整合支农资金还可以加强资金监管力度,最大限度地避免支农资金的损失浪费,确保支农资金运行的规范、安全,通过对有限资金进行适当地集中打捆,投向重点发展领域和环节,提高支农资金的使用效益。整合财政支农资金是社会主义新农村建设顺利推进的有力保证,是实现和谐社会建设目标的需要。

目前整合支农资金具有比较有利的条件,2005 年中央 1 号文件(《中共中央国务院关于进一步加强农村工作提高农业综合生产能力若干政策的意见》)和 2006 年的中央 1 号文件(《中共中央国务院关于推进社会主义新农村建设的若干意见》)都明确提出要整合财政支农资金,积极探索财政支农资金整合的有效途径,加强财政支农资金的整合监管力度,提高财政资金使用效益。中华人民共和国财政部先后出台《关于做好财政支农资金整合试点工作的通知》(财农[2005]31 号)和《财政部关于进一步推进支农资金整合工作的指导意见》(财农[2006]36 号),要求各省、自治区、直辖市、计划单列市财政(厅)局认真做好财政支农资金整合试点工作。2006 年 4 月 11 日,国家发改委公布了向各地下发的关于加快推进县级政府支农投资整合工作的通知,确立了 50 个县(市)作为试点①,由当地政府牵头成立整合投资协调小组,统筹协调县域内的支农投资建设项目。中央有关部门提出的整合财政支农资金的思路,得到了全国各地财政部门的热烈响应,各地积极开展整合财政支农资金的试点实践,有相当多的试点实践地如湖南省的株洲市、醴陵市,安徽省的明光市、金寨县等在支农资金的整合方面已经取得了一定的成

① 发改农经[2006]462 号,"关于加快推进县级政府支农投资整合工作的通知".

效。因此,从提高财政资金使用效益的角度分析,整合财政支农资金不仅是必要的也是可行的。

(2) 支农资金整合的相关问题探讨

A. 整合的范围

根据财政部《关于进一步推进支农资金整合工作的指导意见》,当前支农资金整合的范围是:除救灾资金和特殊用途资金外,包括财政部门管理分配的支农资金以及农口部门预算中用于农业项目的资金。

B. 整合的目标

财政支农资金的整合,必须以建设社会主义新农村为方向,以农业和农村发展规划为依据,以主导产业、优势区域和重点项目为平台,以提高资金使用效益为目的。整合的近期目标是要强化县级政府的主体地位,坚持以县为主,自下而上地进行整合。远期目标是要明确各级政府在支农方面的事权范围,通过规范的转移支付,使各级政府财政支农的事权和财权相统一,并通过管理机制上的创新,制度上的规范,部门职能的调整,形成上下统一、职责明确、预算规范、管理科学的财政支农资金管理机制。

C. 整合的基本思路

坚持"渠道不乱、用途不变、优势互补、各计其功、形成合力"的原则,改变财政支农资金多头管理、分散决策的作法,在确保各涉农部门在资金分配使用上有一定发言权的基础上,强化政府、财政的统筹集中决策,在中央与地方政府之间、地方各级政府之间,部门与部门之间、财政与部门之间、财政部门内部不同职能处(科)室之间,建立起充分协调、民主集中的决策机制。

D. 整合的路径选择

一是强化整合意识,加强整合的组织领导。首先,要强化整合意识。整合财政支农资金势必导致利益格局的重新调整,在具体操作中会遇到各种各样的阻力。因此要强化对整合支农资金的政策宣传,通过召开动员大会、印发材料等形式,大力宣传财政支农资金整合的重要意义,转变观念,提高认识,使各单位、各部门真正地理解整合财政支农资金是集中财力办大事的重要举措。财政支农资金整合的地点在农村,整合项目的顺利实施离不开群众的积极参与和支持。要充分利用新闻媒体的作用,进行深入宣传报道,让群众认识到财政支农资金整合是实现农业增长方式转变的重要途径,是促进农民增收的主要载体之一,激发基层广大干群参与和支持整合资金项目实施的热情。其次,要加强整合的组织领导。财政支农资金整合是一个系统工程,涉及部门多,必须要有一个高规格的协调工作机构,对财政支农资金整合实行行政一把手负责制,建立党政领导挂帅、农口部门参加的协调领导小组，研究制定农业发展规划，统一安排资金，实行分工负责，相互配合，各得其所。协调好领导小组的主要任务和职责，努力解决支农资金整合工作出现的困难和问题，为支农资金的整合提供强有力保障。

二是对现有支农资金进行科学的分类和清理。要按照支农资金的性质进行整合，相同性质的支农资金一般属于资金性整合的范围。支农资金按性质分，可分为农业生产类，如农田水利基础设施建设资金、水利建设基金、土地资源开发整治资金、高产农田建设资金、产业化经营资金、农技推广资金等。管理服务类，如农村公益事业的“以钱养事”资金等。灾害救助类，生态环境类，如退耕还林资金、公益林资金、天然林保护资金、种植资源保护等。农村生活类，如农村改水、改厕、血吸虫防治费、扶贫搬迁、农村基础教育、医疗卫生和文化方面的支出。农民收入类，如农村劳动力转移培训资金等。对现有的支农资金进行科学的分类后，属于相同性质的资金都可以进行整合，归并为一项资金。特大防汛抗旱资金、突发动植物疫病防控等救灾资金不宜整合，但是灾情事前防御和灾后重建中适合项目管理的资金也可纳入资金的整合范围①。

三是以产业结构和项目规划为导向，打造整合支农资金的平台。各级政府要根据当地的实际情况，通过制定县域经济发展规划和分年度的实施计划，对社会主义新农村建设进行统筹安排，并以此作为农村项目资金的申报和安排的依据，引导资金整合。在具体的方式和方法上，可根据农业、农村产业结构调整的实际需要，灵活进行安排选定，打造出适合当地特色的资金整合平台，如以农业产业结构调整为重点，打造农业产业结构调整资金的整合；以建设社会主义新农村为契机，打造农村发展和财政扶贫资金的整合；以改善生态环境为重点，打造生态环境保护资金的整合。

四是建立和健全财政支农资金的监管机制。整合后的支农资金会相对集中，数额也会成倍增加。如何管好、用好财政支农资金是新农村建设的重要问题，管理跟不上去，资金整合工作就会前功尽弃，造成更大的资金损失和浪费。因此要坚持整合和监管相结合的原则，加强对整合后的财政支农资金的监管。要采取有力措施，规范资金运作管理，建立和完善资金监管机制。一方面要增加财政支农资金使用的透明度，让农民充分享有知情权、参与权、决策权和监督权；另一方面，要建立财政支农资金的追踪问效制度，在资金拨付、使用后，加大稽查和审查的力度，保证支农资金切实用到需要支持的项目中去，及时发现问题、解决问题。为此要做到以下三点：首先要推行政务公开。进一步健全支农项目的立项制度，推广标准文本申报，推行项

① 张学良、周明军．整合支农资金 促进社会主义新农村建设[J]．财政与发展，2006，(5)：27.

目公示制，建立科学的项目决策程序和公开、公平、公正、竞争的农业项目评审机制，严格立项程序和立项条件。通过招标，竞争出项目实施单位和所需物资，提高支农资金的使用效益。其次要严格管理。各主管部门要严格履行项目管理职能，对项目的立项、选择、实施、竣工、后续管理等整个资金运行过程，都要按照规范的项目法人制、招投标制、工程监理制、合同管理制来运作，实现财政支农资金管理的制度化、程序化和规范化，提高资金使用的透明度，降低支出成本，使每个项目都成为高标准的惠农工程。最后要严格监督、严格控制资金流程，充分发挥监管职能，做好事前、事中和事后的监督检查，在加强财政日常监督检查的同时，采取不定期抽查、专项检查，与审计、纪检、检察等部门联合检查以及委托执法检查等多种方法加强对财政支农资金的监管，保证有限的财政支农资金通过整合发挥出更大的支农效益。

(3) 推进以县为主的支农资金整合

整合支农资金就是要将分散的资金捆绑起来，集中投入，提高支农资金的使用效益。目前各种渠道的支农资金最终要投到县一级，县级处在农业产业和新农村建设的第一线，承担各类支农资金的具体实施，因此要从根源上整合支农资金，就必须推进以县为主的支农资金整合。

首先，明确县级整合支农资金的发展目标和方向。支农资金的整合是一项复杂的系统工程，更是一项长期性的工作，因此要以科学的决策为前提。不能流于形式，为整合而整合，一个好的发展规划会对整个县的支农资金整合工作起着至关重要的作用。在长远的规划下，还要做好各项细致的工作，对需要整合的资金、投入的方向和地点、项目的实施以及资金的监管等，要进行系统安排，统筹考虑，做大量细致、周全的工作，不能顾此失彼，漏洞百出，否则整合工作同样做不长久。

其次，县级的支农资金整合工作必须由县委支持、县政府主导。整合资金过程就是各部门职能再调整、权力再分配的过程。只有在县政府的主导下、在县委的支持下，才能统筹协调好各职能部门之间的关系，明确各自职责，充分发挥各自作用，保证支农资金整合工作的顺利进行。要在县政府的主导下、在县委的支持下，成立县财政支农资金整合优化小组，下设办公室，具体负责财政支农整合资金项目的申报、实施、指导和协调。各项目实施单位相应成立领导班子和工作机构，并明确主要负责人为项目第一负责人，分管负责人为直接责任人，明确责任，实行责任追究制，积极做好项目实施工作。由县分管农业领导牵头，定期召开专题协调会，研究解决项目实施过程中遇到的困难和问题。县财政支农资金整合优化工作领导小组办公室定期组织人员对项目实施情况进行督促检查，并将督查结果以简报形式通报全县，形成层层抓落实，合理推进项目建设的良好氛围①。

再次，各级、各部门之间要明确职责，搞好分工配合，为县级整合支农资金营造一个良好的氛围和宽松的条件。要加强部门之间的沟通与协作，调动各部门在整合支农资金过程中的积极性，为县级资金整合创造条件。建立科学合理的分级负责管理机制转变，实行权责对等。具体来说应由财政部门负责资金的管理，并承担资金的管理责任；主管部门负责确定项目、组织实施，承担项目管理的责任；省级财政负责资金的宏观管理，承担宏观管理的责任；市、县级财政负责财政资金使用的具体管理，承担安全有效的责任。项目在那一级确定，就由哪一级对项目的成败、资金的安全有效负责。在项目的审批上，要下放上级政府支农投入项目的审批权限，彻底革除因项目审批权限过高而导致的项目针对性不强、投入指标和资金到位晚等不利于县级政府整合资金的弊端。改革目前主管部门既管项目又直接下达专项支农投入的作法。所有部门预算的支农专项，今后都应当由财政部门下达拨款，这样便于县级整合和加强资金监管。要坚决取消所有上级政府支农投入不合理的配套要求，增强县级整合投入、集中使用资金的主动性。

7.2.2　加强支农资金的管理

(1) 完善支农项目库的建设和管理

完善项目库的建设并不是要把支农项目库建成一个大而全的“聚宝盆”，而是要使它成为新农村建设的“风向标”，财政支农资金不可能满足新农村建设所有的需求，它应当作为政府引导社会多元投入的引路人。因此，支农项目库的建立应当集合各个职能部门的业务特点，以地方政府当年的农村工作思路为依据，规定每一年度内项目库所能容纳的数量总额。有条件的地区可以将当年政府重点扶持的支农项目和各职能部门侧重扶持的项目通过新闻媒体向社会公开发布，开展支农资金公开申请试点，凡是符合条件的单位和个人都可以申请，经过初选、筛选、评审和复核后向社会公布，接受社会的监督，提高资金使用的透明度。对符合条件要求的项目，分类别、分轻重缓急地排列，纳入项目库，并实行动态管理，减少项目的随意性和主观性。对未纳入项目总库的储备项目，不予上报和投资。所有向上级申报的项目经领导组统一研究同意后，由组长签字，有关主管部门与财政部门联合行文上报，统一项目批复；所有对下级安排的项目，经整合工作领导组会议研究，由有关主管部门与财政部门联合发文安排，任何部门和单位不得擅自调整和更改计划。项目实行合同制管理，主管部门与项目实施单位双方

① 谭平. 关于整合优化支农资金的思考[J]. 财政与发展，2007，(3)：24.

要签订项目建设合同书,并报经财政部门审核备案。

(2) 建立科学的项目评审制度

要建立科学的项目评审制度,由财政部门牵头,统筹建立一个跨部门、跨行业、在本辖区内唯一的支农项目专家库,并提供经费保障,为支农项目更好的实施提供服务。加强对项目专家库成员的自律教育培训,实行严进宽出的制度,探索建立项目评审激励机制。各个专家在项目评审工作中要坚持务实、谨慎的工作态度,区别不同情况采取不同的处理方法。比如对示范性强、带动性好、投资额大、技术先进的项目,可以到实地考察项目单位的生产经营情况,并从经济效益、社会效益、环境效益、财务指标等多方面入手,公开、公正、公平地对项目进行评定,确保立项的科学性,项目评审意见要客观、实事求是。各地、各部门要为项目评审组创造良好的外部环境、避免人为干扰,使项目评审组能正确地评定项目质量的好坏,从众多项目中确定应当予以优先扶持的项目,并以此作为是否对该支农项目进行扶持或组织实施的决策依据。

(3) 建立支农资金的全程监控体系

全程监控是提高财政支农资金效益的保证,对财政支农资金的全程监控包括事前、事中和事后监控三方面。事前监控要从四方面入手,首先是监督项目的可行性和科学性,避免出现人情项目、领导项目和形象项目。其次是监督项目的效益性,包括经济效益、社会效益等,以免出现盲目扩大和缩小的情况。第三是监督项目投资的方向性,即该项支农资金是否真正用在涉农领域,该项目的投向是否符合有关产业政策和导向。第四是监督支农资金在投向上是否实现了整合使用,以免出现各主管部门在资金安排上各自为政,将支农资金分散化,降低支农资金的使用效益。事中监督主要是对支农资金投入后,项目工程进行具体实施阶段的监督。在这段时间内,财政部门要与审计、监察、发改委及有关专业技术部门一起进行联合监督。主要监督内容包括:资金(包括项目单位的配套资金)有无早分配、早拨付、早到位的现象,项目安排是否引入市场竞争机制、是否全面推行工程招标制,是否有法人负责制、工程管理制、工程预决算投资评审制、资金专户报账制等管理制度;监督检查项目资金是否跟着项目走,是否被挤占挪用;监督工程是否有偷工减料的现象,确保工程质量。事后监督就是对已竣工的财政支农资金项目进行检查监督。监督的主要内容包括:项目是否按设计要求如期竣工,社会效益和经济效益是否达到预期目标;与农民切身利益相关的补贴是否及时足额地发放到农户手中。工程项目支出有无高估冒算、工程质量不符、损失浪费、贪污受贿的行为等。

(4) 建立支农项目资金的绩效考核机制

绩效考核是检验财政支农资金使用效益的“试金石”,是对支农资金进行全程监控和管理的根本所在。建立支出绩效评价机制,就是对项目进展情况、目标任务完成情况和资金使用效益进行全面考核,以此检验专项资金设置的合理性、分配的科学性和使用的有效性,强化项目资金跟踪问效、建立档案、细化管理,并将绩效考评结果作为以后年度编制和安排预算的重要参考依据。在支农项目实施的过程中,要结合实际情况,实施绩效评价办法,重点从项目实施所产生的经济效益、社会效益和生态环境效益三个方面来考核该项目,提高项目的综合效益。为确保绩效考核的合理性,要加强对支农资金的全方位管理,在建立支农项目资金的绩效考核机制中应注重以下几方面的内容:首先,要认真设定绩效考核的指标体系,确保考核体系科学合理。其次,要严密设定绩效考核评价的程序标准,确保考核报告全面而准确。再次,要严格绩效考核评价结果的运用,确保绩效考核作用的充分发挥。此外,还要完善对支农资金管理的立法,使资金管理工作有可以明确遵循的法律规章,保证资金管理工作的顺利进行。同时还要做好对支农资金的基础数据分析研究工作,搜集、整理和汇总财政支农资金的基础数据,分析财政支农资金的总量增长情况和结构变化情况以及投资效果,以此作为日后支农项目和支农资金管理的参考依据。

7.3 深化县乡财政管理体制改革

7.3.1 继续深化“省直管县”、“乡财县管乡用”的财政体制改革

“省直管县”即省直接把转移支付、资金调度等经济权限下放到县,由此,省、市、县行政管理关系由目前的“省—市—县”三级体制转变为“省—市、县”二级体制,这种财政转移支付的目的是为了更好地发展县域经济、解决“三农”问题。“乡财县管乡用”指的是在乡镇政府管理财政的法律主体地位不变、财政资金所有权和使用权不变、乡镇享有的债权及负担的债务不变的前提下,县级财政部门在预算编制、账户统设、集中收付、采购统办和票据统管等方面,对乡镇财政进行管理和监督,帮助乡镇财政提高管理水平。乡镇政府在县级财政部门指导下编制本级预算、决算草案和本级预算的调整方案,组织本级预算的执行。

要进一步改革省对县的财政体制,适时适地推行“省直管县”的财政管理体制。对于经济比较发达、省域面积适中的地区,为了缓解县乡财政困难,可以进一步扩大推行“省直管县”财政体制的试点范围。省级财政在体

制补助、一般性转移支付、专项转移支付、财政结算、资金调度等方面尽可能直接核算到县，减少财政管理层次，提高行政效率和资金使用效益。在推行“省直管县”财政体制试点改革过程中，要充分考虑地区的特殊性，注意协调好“省直管县”体制中县(市)同原上级地市级之间的利益关系、工作程序等，尽量减少体制变动对基层财政的冲击。同时由于“省直管县”伴随着“扩权强县”的激励机制改革，所以要防止县乡财政的短期逐利行为，避免改革试点步入“一放就乱”的误区。要分类确定县对乡的财政管理体制，继续扩大“乡财乡用县代管”的财政管理方式改革，确保改革乡镇财权正常运转。

要明确各级政府对农村基层事务的支出责任。属于省、市政府承担的支出，同级财政应该安排足额的经费，不留资金缺口，尽量减低或避免要求县乡财政的配套额度，减少上级财政对县乡政府的达标升级考核，提高县乡财政自主理财的能力。对于县乡财政应该承担的实权，通过加强财政监督，满足农民基本公共福利所需的资金要求。通过“乡财县管”改革逐步强化乡镇财政的预算约束，积极推进县乡预算管理制度改革，提高基层财政预算的完整性和透明性，构筑基层公共财政框架，实现基层财政的高效管理。

7.3.2 编制“农村发展预算”的构想[①]

编制“农村发展预算”的出发点是为农村公共产品的供给和农村的可持续发展提供可靠、稳定的资金保障。近几年来，各级政府对“三农”资金的投入力度不断加大，但是财政支农资金的“支出多门”、使用分散的现象仍然很突出。为了更好地发挥支农资金的整体合力，提高支农资金的使用效益，除了上述提到的要加强对支农资金的整合和管理以外，编制“农村发展预算”也是约束和监督资金使用效益的一个重要手段。

(1) “农村发展预算”的内容

党的十六届五中全会提出的“建设社会主义新农村”是以“生产发展、生活宽裕、乡风文明、村容整洁、管理民主”(以下简称二十字方针)为宏伟蓝图的，涉及农业生产、农民生活、农村教育、医疗卫生、社会保障、村容村貌以及民主管理等方面。农村发展预算的编制应该涵盖新农村建设的所有内容，可按二十字方针将预算分为农村生产发展、农村生活宽裕、农村乡风文明、促进农村村容整洁和促进农村管理民主五个方面，主要针对这些方面农村公共产品的资金筹集和支出投向的编制。“农村发展预算”资金由中央与地方政府共同承担，专款专用于农村的发展建设，尤其要保证农村公共产品的

① 王国华. 中国农村公共产品和服务问题研究——兼论中国“农村发展预算的构建”，中外专家谈新农村建设[M]. 第1版. 北京：中国财政经济出版社，2007. 91－114.

供应，各级政府每年按照正常的预算程序编制并报各级人大审批后执行。

“农村发展预算”应由财政部门负责编制，在国库单一帐户下单独设置“农村发展预算”账户，将“政出多门”的支农资金全部纳入此账户管理和拨付，记录和追踪支农资金的投向和使用状况，从而对这部分资金的使用效益做出综合评价。

(2) “农村发展预算”编制的原则

A. 坚持“先量出为入、后量入为出”的原则

“量出为入”和“量入为出”两个原则并不矛盾。在编制“农村发展预算”过程中首先要坚持“量出为入”的原则，其次要合理安排各项资金，在收支既定的条件下又要坚持“量入为出”的原则，厉行节约。

农村公共产品供应不足是制约农村发展的主要因素，新农村建设需要政府加大对农村外溢性领域和农村公共产品的投入。为了最大限度保证这部分供给资金的来源，要坚持“量出为入”的原则，要合理地确定农村公共产品的规模和结构，以此确定国家财政分配在农村领域的资金供给，建立与支出配套的收入机制。这样不仅能促使政府收入逐步趋向规范化、制度化，防止政府尤其是基层政府向农民乱收费、乱摊派，还能避免政府对支农资金的盲目和随意使用，使中央和地方政府能理性地安排支农资金，将有限的资金分配到急需领域，发挥资金的使用效益。“量出为入”的理财思想并不否认“量入为出”，在收支既定的条件下，又要坚持“量入为出”的原则，节约使用每一笔支农资金，将有限的资金用在“刀刃”上，提高资金使用效率。

B. 确立最低标准的原则

尽管我国财政投入农村领域的支出不断增加，但是总体的投资规模仍然很低。在财政支农资金极为有限的情况下，农村发展预算的编制就要做到有所为、有所不为，要考虑到我国的国情和财力状况，以此确立财政支农的最低供给标准，在保证最低标准的前提下逐步向农村公共产品供给的均等化靠近。首先要确保农村基本生产和生活需求的公共产品的供给，其次再不断满足更高层次的如文化、科技、农民娱乐以及福利方面的需求。“农村发展预算”必须保证贫困地区农民的最低生活需求，要向农民提供必须的实物形态的基本农村公共设施，以及非物质形态的基本农村公共产品。

C. 以农民需求为导向的原则

农村的主体是农民，新农村建设的核心就是要增加农民收入、促进农民生活宽裕，维护广大农民的根本利益，只有农民满意了，新农村建设目标才算真正达到。编制“农村发展预算”是为了保证新农村建设的各项资金能及时、高效地投入到农村需要的领域，构建农村发展预算必须以农民需求为导

向，同时政府要加以合理引导。在充分实行农村公共产品供给民主化的基础上，合理引导农民需求，使之理性化。在满足了人们的基本生产和生活需求的基础上，引导人们对文化、体育和能自我培养、自我提高的领域的需求，避免“非理性需求”所带来的巨大的政府支付危机，尽量使财政支农的发展规模在经济发展所能承担的限度内。

8 支持新农村建设的配套改革措施

社会主义新农村建设是一项任重而道远的长期任务，更是一项复杂的社会系统工程，除了需要财政政策扶持以外，还需要各部门、各行业的合作与协调。本章分别从构筑良好的法制环境、金融环境、加强户籍制度改革、完善农业合作组织等六个方面入手阐述支持新农村建设的配套改革措施。财政无法解决财政领域内的所有问题，只有社会各方相互配合、相互支持才能使新农村建设的各项措施顺利实施，更好地发挥财政政策在促进农村建设和发展方面的作用。

8.1 完善新农村法治建设

建设社会主义法制国家一直是我们党和国家长期奋斗的目标，也是实现我国社会主义现代化的重要标志。建设社会主义新农村必须以完善的法制环境作为保障，只有农村的各项法律、法规制度完备、农民法制意识和法律素质提高，农民的合法权益才能得到切实的维护和保障，新农村建设才算真正的成功。

8.1.1 我国农村法治建设存在的问题

(1) 农村立法方面的问题

党的十一届三中全会以来，农村立法有了很大发展，已制定和颁布了20多部农业法律、50多部农业行政法规、400多部部门规章(农业部制定)，地方人大和政府还制定了一大批地方性法规和规章，初步形成了以《中华人民共和国农业法》(以下简称《农业法》)为核心的农业法律体系框架①。但是总的来说,我国农村的法律制度还很不完善,农村发展建设的很多领域存在着立法上的空白,像有关农民权益的保护、农民协会、农村社会保障、村民选举等方面急需的法律尚未制定出来,难以对规范农村各项事务发挥作用。有些法律仍然停留在行政法规、地方性法规和部门规章制度的层次,缺乏较高的法律效力,还有些法律效力很高,但是原则性较强,而且缺乏一定的配套法规,在实践中缺乏操作性,难以发挥应有的作用,比如像《农业法》尽管出台很久,但内容多涉及一些农业大生产方面的问题,而对农业具体的生产活动方面的规定却涉及很少,需要相关的配套法律法规进行完善,但是这方面的配套法律法规却仍然跟不上,使人民在实际生产经营中遇到具体问题无从下手,难以发挥《农业法》应有的价值。除了农村法律制度不完善以外,农村立法的滞后性也是我国新农村法治建设的主要障碍,像一些必须制定的《农民权益保障法》、《农民协会法》、《农村社会保障法》、《农业投资法》等法律至今还没有出台,影响了农村的建设与发展。还有一些法律法规虽已经出台,但是姗姗来迟,与长时间的政策性调节已经无法衔接,产生了无法配套、无法衔接的问题,作为我国农业法律法规框架核心的《农业法》直到 1993 年 7 月才出台,《村民委员会组织法》是在 1998 年 7 月才出台,也就是说长期以来农村的很多改革建设靠政策性的调节更多一些,缺乏稳定的法律保证,增加了农村建设中宏观政策的不稳定性和随意性。农村的社会救济、社会优抚、养老保险以及合作医疗等法律制度不完善或者缺位。

(2) 村民法律意识淡薄

一些农民群众由于缺乏法律知识和法律意识,当有侵害自身权益的事件发生时,不懂得拿起法律武器维护自身的权益,而是盲目地对权力产生畏惧,对受侵害行为听之任之,或者采用暴力手段激化矛盾,严重影响了社会和谐。虽然我国已经开展了 20 多年的普法教育,但仍有相当一部分居民没有受过真正意义上的法律教育培训,遇到纠纷时不是把法律解决手段放在第一位,而是首先想到通过人情或其他的方式解决。只有当农民懂得并且愿意寻求法律帮助时,法律才能真正地融入农民的意识中。

(3) 执法不力

农村干部的法律素质低下直接导致了农村执法水平的低下。我国农村基层的一些领导干部法制观念淡薄,“以权代法、以言代法”的思想浓厚,缺乏依法解决农村基层各种纠纷的能力和水平。农村基层执法人员在执法过

① 孙日华、马野. 我国新农村建设中的法治困境与前景分析[J]. 经济研究导刊,2007,(10):51.

程中不规范、不文明、不公正、不严格的现象也经常发生。在一些偏远的农村,"以势代法"、"自立王法"的现象更加突出,乡村干部成了当地的"土皇帝",其子女、亲戚更是形成了庞大的势力群体,法律意识的淡薄以及维权的艰难使其他的村民对违法现象也只能听之任之,不敢怒也不敢言。据一项有关农村的调查表明,78.5%的人认为乡村干部存在包括不依法办事、乱收费、乱集资摊派等各类的违法现象。在现实生活中,农民状告难、多次申诉无人过问的现象屡见不鲜。农村执法水平低下还表现为农村行政执法受政策性因素的干扰比较明显,执法中的地方保护主义比较严重,同时由于农村执法的监督体系不健全、执法人员的素质低下等原因农村执法工作仍然存在很多问题有待于提高。长此以往的"有法不依、执法不严"的状况,使农民对法律的公正丧失了信心,影响了农村社会的稳定和农村经济的发展,这也是在农村进行普法宣传难度比较大的主要原因。

8.1.2 完善我国农村法治建设的主要途径

(1) 完善新农村建设的相关法律法规

农村法治化是全中国法治化的一个重要组成部分。首先要根据新农村建设的要求修改和完善《农业法》,我国《农业法》最近一次的修改时间是在2002年,但是最近几年我国的经济形势又发生了很大变化,进一步完善关于我国农业和农村的立法。建议增加关于"农业补贴"项目的法律规定,以法律形式明确农业补贴的范围、标准和程序。增加对政府扶持农业和农村监督机制的规定。在《农业法》中应该明确确立各级政府在农业投资方面的责任和权限,每一年的农业投资占当年财政收入的比例,农业投资的程序、对农业投资的监督、其他社会资金对农业的投入等问题。

尽快出台《农民权益保护法》,进一步健全保护农民的合法权益,严肃整治侵害农民经济权益、尤其是土地权益的行为,依法追究当事人责任。进一步完善《村民委员会组织法》,保护农民的自治权利。健全选举制度,保障农民的选举权利,做好选举工作,针对农村基层村委会选举中出现的"贿选"现象,出台相关的法律法规,整治"贿选"问题,保障选举的民主性、公平性和公正性,保证村民"一事一议"制度的实施落实。完善农村的金融法律法规,制定《农村金融法》、《农业保险法》、《政策性金融法》、《民间融资法》等法律制度,为农村融资制度的改革与创新保驾护航。

实施科技兴农战略,重视科学技术在农业和农村生产发展中的作用,重视教育在农民自我发展中的作用。尽快出台有利于农民进行系统教育与培训的法律法规,主要包括:《农民教育法》、《农村义务教育法》、《农民技能培训法》、《农村教育学校管理法》、《农民教育培训基金法》等；尽快出台农业科研和农技推广法律法规，主要包括《农业科研管理条例》、《农业科技推广法》及配套法规等。

(2) 增强农民法律意识

农民法律意识的提高是一个长期过程，要充分利用各种媒介加强对农民的法律宣传，提高农民的法律意识。要根据广大人民意愿，在电视、广播、报纸、宣传学习栏等媒介中进行普法传播，使农民能随时随地的感受到法律手段的存在。在普法宣传的形式上可以采取以下措施：一是开展"送法下乡"活动。组织司法干部深入农村进行巡回讲座，举办集市法律咨询。进行法制文艺宣传，采用相声、小品等文艺方式，将农民身边发生的典型案例贯穿其中，使农民在愉悦身心的同时，接受法律教育、丰富法律知识。二是有条件的地区可以开办农民法律夜校和举办法律基础学习班，免费向村民提供法律基础培训。可以聘请高校的法律教师或者由乡镇的司法人员向农民进行普法宣传。授课内容要尽量通俗易懂，最好是收集一些当地守法或者违法的典型案例进行讲解，并且根据广大农民要求适时调整授课内容。三是在中小学校增加法律课程。普及法律也应从小做起，现在法律基础课程是各大高校的公共基础科，新生在入学的第一年都开设法律基础课，使非法律专业的学生具备基本的法律知识，引导学生学习用法律手段维护自身的权益。针对目前青少年犯罪率升高的现象，建议在中小学的课程体系中也设置这门基础课，不定期地对学生进行普法讲座，使城乡学生从小就具备一定的法律意识。普法宣传要分阶段展开，有计划、有层次、循序渐进地展开，可以针对农村的迫切需要和广大农民的要求，确立每一时期的宣传重点。

(3) 加强农村执法队伍建设

执法环节对目前农村法治建设有很大的影响。很多乡村都不同程度地存在着行政执法人员素质低下，普法宣传与执法实践相脱节的现象。必须要加强农村执法队伍建设，采取措施提高执法人员素质。要明确执法人员的选拔标准，严格用人机制，明确执法活动的职责与权限，制定执法人员的考核和评议制度，设立奖励机制和淘汰制度，定期组织执法人员进行培训。精简农村行政法制机构，尽快淘汰、裁撤临时执法干部，对农村执法干部的受贿、敲诈勒索现象，除了要将其清除执法队伍以外，还要给予一定的法律制裁。有条件的地区要推行政务公开，使执法活动完全处于社会各界和人民群众的监督之下，促进执法队伍和执法环境的建设。

(4) 强化农村基层法律服务质量

建立和健全农村法律服务工作机制。目前在全国的很多地方设立了

"148"法律服务热线,开辟了农村法律服务的新领域,应该积极推广这种服务,在实行中要注意加强法律热线的服务质量,增加人员配置和电话机数量,使拨打电话的农民都能得到满意答复,切实解决农民提出的问题。

建议有条件的地区建立农村法律服务网站。利用现代化的网络平台,增加法律知识的宣传普及覆盖面,并且可以为农民提供便捷的法律服务。可以将与农村和农民相关的法律法规发布在网上供农民学习参考,使他们明确在实际生产和生活中自身应该能享受到的利益和权利,增加农民的法律维权意识。在网上可以随时发布一些发生农民身边的案例,以增强法律法规宣传的直观性和可理解性。网站应该设置在线答疑或者留言信箱的功能,随时解决农民遇到的法律问题。为了更好地发挥农村法律服务网站的作用,应该有一批高素质的网络技术人员和法律专业人士专门从事此项工作,保证网络畅通和法律知识的宣传与普及。可以定期邀请专家深入农村进行实地讲座和答疑解惑,现场解决农村的实际法律问题。在农村建立法律援助工作站,使农民遇到法律问题能及时得到解决,在城市也提倡农民工建立自己的组织,维护成员利益,为成员提供法律援助。

8.2 构建良好的新农村建设融资环境

据测算,要达到新农村建设目标,人均投资将达到 3 000～4 000 元,总体投入将达 5～10 万亿元之巨①。据中国银监会副主席唐双宁的初步测算,到 2020 年,社会主义新农村建设需要新增资金 15 万亿到 20 万亿人民币②。新农村建设的巨额资金需求仅靠财政投入是远远不够的,新农村建设资金的投入渠道应该是多样的,除了财政投资以外,金融资金也应该成为支持新农村建设的主要资金来源。构建完善的农村金融体系,改善农村融资环境,发挥金融对新农村建设的支持作用,对于支持农业发展、促进农民增收和支持社会主义新农村建设都有着十分重大的意义。

8.2.1 新农村建设对金融需求的特点

传统农村对金融的需求主要体现在存、贷、汇等基本的业务上。随着新农村建设的逐步推进,农村经济将会迅速发展,对农村融资的需求也会不断增加。农民收入水平提升,增收渠道多样化,农村劳动力转移,农民日益加

---

① 何广文.新农村建设的金融投入困境及其政策选择[J].小城镇建设,2006,(3):52.

② 钟兵.农村金融面临的困境与出路——基于社会主义新农村建设的思考[J].湖北师范学院学报(哲学社会科学版),2008,(3):56.

强的对外经济联系,农户经济活动的多样化等,这些伴随着新农村建设而出现的阶段性成果都将产生对金融的多样化需求,除了对传统金融存贷的需求以外,还将产生对结算、汇兑、租赁、有价证券买卖等金融产品和服务的需求,多数农户还希望金融部门要尽快开展子女助学贷款、小额消费性贷款等多种贷款业务,这就要求金融机构要不断创新面向农村所提供的金融产品,提高服务质量,向农村提供全方位、优质的服务,满足新农村建设对金融的多样化需求。新农村建设还要大力加强农村基础设施建设和生态环境建设、大力发展农村社会事业。"十一五"规划中明确提出,要不断扩大公共财政覆盖农村的范围,加强农业和农村基础设施建设。中央对农村基础设施建设的重视势必导致中央和地方财政加大对农村水电、道路、通讯、农田灌溉、卫生等公共基础设施领域投入的投资力度,这样一来就会带动相关产业的发展,增加对配套资金的金融需求,特别是对政策性金融的需求将变得更为迫切。同时由于新农村建设是一项长期的系统工程,无论是对农村基础设施建设的投资,还是对农村社会事业建设的投资,都具有投资大、周期性长的特点,因此农村的资金需求会呈现出长期化的特征,对中长期资金需求会相应增加。新农村建设对农村金融需求的新特点,要求我们要不断深化金融改革,适时调整金融政策,加强配套措施建设,发挥金融在社会主义新农村建设中的支持作用。

8.2.2 新农村建设中的金融困境及原因分析

(1) 农村金融资金总量供给不足与严重流失并存

目前农村金融资源的供给与农业在国民经济中的地位极不相符。大量农村资金不断外流,据测算,改革开放以来,通过金融渠道实现的农村资金净流出总额约为 8 000～10 000 亿元。金融机构农户贷款和农村企业贷款余额仅为 10 000 亿元左右,资金缺口在 10 000 亿元,占全国工业增加值 30%以上的个体和私营企业,只能得到信贷资金的 1%①。20 世纪 90 年中期以来,农业银行逐步走向商业化,主要业务由农村转向城市,对农民的信贷明显减少。农业发展银行作为政策性银行一般不面向一般涉农企业和农户贷款,尽管近几年来农业发展银行的功能逐步弱化,但由于业务面太窄,没能真正起到对农业的开发作用。商业性金融并没有把从农村地区获得的存款再返回农村,而是在利益趋势下将其投向城市,获得更高盈利。农村信用社经历了几次政策性调整后,坏账增加、损失严重,资金供给和放贷能力也受到了削弱,同时由于服务方式和技术水平比较落后,也不能适应农户和

---

① 朱冰.农村金融资源的合理开发与利用问题探讨[J].当代经济,2007,(10):116.

农村经济发展的需要。邮政储蓄在农村只存不贷，从农村抽走了大量资金，成了名副其实的“抽水机”。大量资金的外流使农村资金出现过度“贫血”的现象，对农业和农村经济实体的有效投入不足，制约了农业生产中新技术的推广，影响了人们收入水平的提高，抑制了农村的消费水平和投资水平，进而损害了农村可持续发展的基础。

(2) 农村金融服务难以满足新农村建设需求

长期以来，国家对农村缺乏周密和强制的金融制度安排，造成农村金融服务战线大幅收缩，就目前的农村金融布局来看，我国平均每个乡镇仅有2.13个金融网点，每50多个行政村仅有1个金融网点①。县域农村金融机构种类少，网点覆盖率低，农村金融的服务功能没有很好地发挥出来。农村金融产品和金融服务的种类相对于城市金融来说也比较少，金融机构在支农服务中的服务方式也比较落后，新型的中间业务在农村开展的不多，传统业务办理时间长、效率低。据调查，我国农村只有20%左右的农户可以获得金融机构的贷款，而且大部分以小额贷款为主，贷款金额一般在3 000～5 000元之间，大额贷款受到严格限制，农村金融机构贷款的自主权一般不超过3万元，超过权限须得到上级部门审批，一笔贷款顺利的也要花费将近1个月的时间，无法满足农业结构调整的规模资金需求②。由此可见，金融服务功能的弱化和农村经济的“贫血”现象，导致农业资金在投入上呈现财政无力投入、政策性金融无权投入、商业性金融不愿投入、合作性金融力不从心、民间借贷一片混乱的尴尬融资格局，资金的“瓶颈”严重制约了农业发展。目前农村融资难和金融服务弱化的主要原因是农业银行从农村市场逐步退出以后，农业发展银行的政策支农也渐渐地弱化，新匹配的金融机构由于盈利性的需求没有及时跟进农村金融市场，从而造成了农村金融服务水平的低下。

(3) 农村信用基础薄弱，抵押贷款受到严格限制

农业属于弱质性产业，生产季节性强，周期长，受自然资源和自然灾害的影响比较大，这些因素使得面向农村的贷款风险比较大，为了规避风险，金融机构会有选择地向优良客户放贷。目前我国农村的信用基础薄弱，缺乏关于农户和农村企业的信息记录，收集信息的难度较大，借贷双方的信息不对称情况尤为突出。这时金融机构可选择的风险最低的贷款方式就是抵押贷款和质押贷款，但是绝大部分农民无法提供有效的、符合银行规定的抵押担保产品、财产，土地、房产等农民较常拥有的财产均不能用于抵押，因此

① 刘伦．对乡镇金融服务化的路径分析[EB/OL]．http://www.ccffn.com/，2007-09-11.

② 桂瘸评、周世新．试论我国农村金融面临的困境与出路[J]．金融与经济，2007，(7)：74.

在农村中只有少数富裕群体符合条件,能得到相应的信贷资源,大部分农户的融资需求无法得到满足。农村信用基础薄弱、贷款风险高、投资报酬率低也是大量农村资金外流的主要原因。

(4) 我国涉农保险业落后,无法为农村融资提供有效保障

我国农村的农业保险发展严重滞后,缺乏向农户和农村企业分散和转移经营风险的机制。农业生产的不确定因素较多,抗风险能力差,尤其需要发挥农业保险在农村经济发展中的"稳定器"作用。但是由于农业保险的赔付率高、非系统性强,在目前国家缺乏巨灾的支持保护体系和一定的财税政策支持的情况下,以盈利性为目的的商业保险公司不愿意涉足农村市场,农村可以说是成了现代保险业的真空地带。目前我国涉及"三农"的保险业务主要是农村的合作医疗保险,农业保险。涉农领域尤其是农业保险发展缓慢使得农户和农村企业无法分散和转移经营风险,金融机构由于"惧贷"心理的影响也不愿意在农村开展融资业务。

8.2.3 构建有利于新农村建设的金融环境

我国农村金融改革的总体目标是要建立和健全适应"三农"特点的多层次、广覆盖、可持续的农村金融体系。为此要从以下方面进行农村金融政策创新,从而完善农村金融体系。

(1) 深化农村金融改革,建立多层次、覆盖面广的金融体系

加快农村金融体制改革,构建农村政策性金融、商业性金融、合作性金融以及民间金融等多种金融机构并存、分工协作、相互补充、竞争有序的多层次的农村金融服务体系,表 8-1 是农村现有金融机构的特点及发展趋势一览表,要坚持"多予、少取、防活"的方针,鼓励发展多种形式的农村金融组织。

表 8-1 农村金融机构特点及发展趋势

类　型	农村金融机构	特　点	发展趋势
政策性金融	国家开发银行	机构网点少,以大项目信贷为主	重点支持农村基础建设和农业资源开发
	农业发展银行	机构延伸不足,业务单一	将适度拓宽业务范围和资金来源,服务政策性金融市场

（续表）

类　型	农村金融机构	特　点	发展趋势
商业性金融	邮政储蓄银行	新进入者少，网点分布较广	商业化经营，业务范围跨度较大
	农村信用社	乡村网点较多，以农户贷款为主	商业倾向，部分业务向县城发展
	农业银行	网点集中在县城，管理规范	商业化经营，谋求利润最大化
互助合作性金融	小额贷款组织 农民资金互助组织	新进入者，资产规模有限	将集中于小额资金的信贷
民间金融	民间借贷	在农村农户间的规模很大，处于地下状态	有待于规范，发展前景受到国家政策和其他金融机构的制约

资料来源：龙会芳.支持新农村建设的金融体系构建[J].金融教学与研究，2007，(1)：25.

A. 加大农村金融网点建设

适当降低农村金融机构的市场准入门槛，允许多种资金到农村设立多种形式的银行业金融机构。2006年末国家出台了《关于调整放宽农村地区银行业金融机构准入政策更好支持社会主义新农村建设的若干意见》，鼓励多种资本到农村设立多种形式的银行业金融机构，规定在农村地区设立的各类银行业金融机构必须能够覆盖机构所在区域的乡镇或行政村，这一政策放宽了对农村地区银行业金融机构的准入原则，是为适应农村金融服务需求的复杂性而特别设立的，这无疑为新农村建设的金融支持问题注入了新的血液。动员社会资本和产业资本进入农村，鼓励社会各方投资入股发展农村中小商业银行。鼓励商业银行通过合作或者股份制的形式在农村建立分支机构或者村级资金互助合作组织，鼓励县域内设立多种所有制的社区金融机构，并允许私有资本和外资的参股，打通城乡资金融合的通道，保证新农村建设的资金供给。要逐步形成区域性金融合作网络，借鉴国外经验，逐步进行区域性乃至全国性融资网络建设，以实现资金在全国范围内融通、调度、清算，通过各机构之间的相互支持，防范和化解金融风险。

B. 完善现有金融体系

完善邮政储蓄机制，邮政储蓄组织的资金应通过政策性金融用于反哺

"三农",支持农村经济发展。尽快建立邮政储蓄资金返还制度,对在县以下农村吸收的存款直接转存给农村信用社和农业发展银行,统一安排在农村使用。对吸收的其他存款资金通过再贷款或转贷款等方式,按比例返还给当地金融机构使用。农业发展银行要担负起支持农村经济发展的重任,为了更好地体现支农意图,提高支农效率,在进一步完善信贷考核体系的前提下,将服务的主要区域集中在县域及镇,服务对象主要是农业产业化经营企业以及与农产品加工、流通相关的企业,尤其要加大对农业产业化龙头企业和优质农业项目的贷款。增加中央银行对农村信用社的支农再贷款,尽快落实农村信用社的各项改革措施,增强农村信用社的支农能力。可以改变目前农村信用社的状况,使其成为农民入股、共同管理经营、带有一点互助合作性质的农村金融机构。在贷款投向上,既要支持农户的生产经营加工,又要适当支持农户的投资和消费,争取做到为农业的产前、产中和产后提供一系列的金融服务。

C. 下放部分审批权

对农业银行等在农村地区设立网点的国有商业银行要给予县支行一定额度的流动资金贷款审批权,考虑到各个分支机构的经营环境、业务能力和客户状况不同,赋予的贷款审批权限也应该有所区别。尽量减少贷款的时间成本,提高贷款效率。

D. 积极规范和引导民间金融

民间金融也就是非正规金融,是相对于正规金融而言的,正是由于正规融资无法满足农村巨大的资金缺口,于是引发了民间金融的形成和发展。民间金融虽然处于地下的非正规状态,但由于其在借贷制度、融资信息以及管理成本等方面具有得天独厚的优势,已成为农民、农业以及农村企业借贷资金的主要来源,是农村经济发展中的重要推动力量。据有关专家测算我国民间融资规模已达 8 000 亿元左右①,要充分重视民间金融,在加强引导和监管的前提下允许其发展,弥补正规金融市场的空白。对于民间金融也要区别对待,对于符合国家法律规范的民间金融机构,要加强监管,使合法化并日趋规范化,更好地发挥民间金融对农村正式金融的补充和辅助作用;对于具有高利贷、高风险、欺诈等特点的非法金融活动要坚决打击和取缔,避免其对农村融资市场造成危害。

(2) 创新金融产品,满足农村发展对资金的需求

一是支持农村小额贷款的发展。要将农户小额信用贷款做优做强,为

---

① 我国地下信贷已达 8000 亿[EB/OL]. http://news.sina.com.cn/o/2004-12-27/13364641942s.shtml, 2004-11-27.

一般农户提供致富的有效途径。对符合贷款条件的农户以及农村的个体经济组织，提供充分的资金支持，发挥其在农村经济建设中的示范带动作用。对贷款额度和期限进行适时地调整，贷款期限要与农业的生产周期相匹配，对于信用记录良好的贷款人可以适当放宽贷款额度，满足农业经济结构调整的需求。二是不断创新农村金融业务，增加金融品种。结合不同地区的特点和需求，有针对性地开发适合农村特点的各种理财产品，提供银行卡服务，办理务工贷款，尝试贷款的延伸和外包。积极开发适应农业产业化、规模化经营的信贷产品，实行诸如票据贴现、科研贷款、订单贷款等多种融资方式。积极拓展中间业务，如各种代理和信托业务。三是尝试建立土地金融制度。为了更好地解决农村资金的供需缺口问题，可以建立一种以土地作为抵押的旨在为农业提供长期贷款的资金融通形式。以土地使用权作为抵押条件，通过发行土地债券，大量筹集社会资金，解决资金的供给问题，再以较低的利率贷给农民，满足农业生产中的资金需求，使农民能以较低成本获得中长期贷款。以农村中资源丰富的土地作为抵押品而建立的融资制度能有效缓解农业发展中资金投入不足的问题，提高农村的融资能力，增加农业发展的后劲。

(3) 加强金融服务，提高农村金融服务水平

一是加强农村信用体系建设。良好的信用环境是维护农村金融秩序、深化金融改革的必要条件。农村金融资金的供给不足有很大一部分原因就是因为没有建立起良好的信用体系，由于借贷双方的信息不对称，借贷资金的风险进一步加大，从而使大多数银行不愿意将资金向农村借贷。农村信用体系的建设是一项能促进农村政治文明、精神文明和法制建设的系统工程，不仅有利于农村经济和金融的发展，更是对新农村建设具有积极的推动作用。建立完整的农户以及农村企业的信用档案，根据以往借贷的金额、时间、频率以及偿还情况等资料确定贷款者的信用等级，并依此作为全部、部分发放贷款或者作出不予贷款的决定。加强信用户、信用村和信用乡的评定工作，为信用贷款创造条件。在实践中要注意动态考察和评定贷款人的信用情况，特别是要根据农业生产发展的实际情况及时调整对贷款人信用贷款额度的核定，增强对贷款风险的控制和防范能力。积极支持农村各类信用担保机构的建立和发展，鼓励有条件的地方由政府出资建立担保基金和成立担保公司，带动其他担保机构的发展。

二是完善风险补偿机制。建立财政支持型的政策性农业保险制度，即从财政补贴中拿出一定比例的资金建立政策性保险机构，以财政手段为主，同时通过减免税收以及其他优惠办法鼓励商业性保险机构开办农业保险，

增强农业抵御风险的能力。有效扩大抵押品的范围和形式，实行多种形式的抵押办法，有效解决农民抵押难和担保难的问题。

三是进一步拓展农村金融的服务功能，加强结算体系建设。加快金融业务的电子化进程，在农村信用社普及支付结算系统的电子化，开通全国各农村信用合作社之间的联行汇划业务，减少不必要的结算环节，增加农村信用社的支付结算品种，发展银行汇票、银行本票、商业汇票等各种票据结算业务，在农户个人中推广使用支票业务，实现各金融机构的通存通兑业务，丰富农村信用社的支付结算品种，拓宽结算渠道。

四是完善农村金融监管体系。加快建立与农村金融市场相适应的监管体系，改变目前的监管模式，赋予地方政府部分监管权，减轻中央政府的监管职责，让地方政府也承担起一定的防范和化解风险的责任，根据未来市场的发展，适时建立金融机构的退出机制，保证农村金融体系的健康运作。

8.3 加快户籍管理制度的改革

新农村建设的目标之一就是实现农民增收、生活宽裕，在当前农村土地边际收益逐步递减的趋势下，短时间内迅速增加农民收入最有效的途径就是有序地引导农民向城镇迁移，实现农村剩余劳动力向第二、第三产业转移。但是我国长期一直实行的城乡隔离的户籍制度却严重制约了城乡之间人口和要素的自由流动，从根本上阻塞了农民通过社会转型增加收入的途径，这也是中国社会经济发展所面临的一个困境。随着新农村建设的不断深入，改革户籍管理，建立城乡统一的户籍制度再次成为了社会关注的焦点，同时这也是社会主义新农村建设成功进行的关键。

8.3.1 户籍制度改革应该遵循的基本原则

(1) 维护农民利益原则

户籍改革任务艰巨，涉及内容也复杂繁多，在改革过程中一定要维护农民利益，将切实解决农民问题放在首位。户籍改革的核心和重点就是农村人口的迁移问题，往哪迁移？迁移多少？迁移到城市的农民能否享受到城市居民同等的待遇，在确定户籍改革的目标、速度、手段时都要以能否有利于解决农民的实际问题、能否有利于维护农民的利益作为基点。“三农”问题的核心是农民的增收问题，解决了“农民真苦、农民真穷”，“三农”问题也就迎刃而解。户籍制度改革是实现农民增收的有效途径，要充分发挥户籍改革在新农村建设中的重大作用，为彻底解决“三农”问题奠定基础。

(2) 平稳过渡、循序渐进原则

户籍制度改革是大势所趋,但是改革步伐不宜太快,不能急于求成,要稳妥、循序渐进地进行。鉴于目前我国农村和社会经济发展的状况,户籍制度改革应采用渐进的手段完成从城乡分割的户籍制度向城乡统一的户籍制度过渡,而不是在短时期内建立完全统一的城乡户籍制度。目前我们进行户籍改革的目标应该是放松城市户籍制度的限制,使进入城市的农民与城市的居民享有同等的待遇和权利。建设社会主义新农村的一个主要目的就是使农村居民生活得更好,保证农民收入的大幅增长和农民民主权利的提升,使城乡居民享有平等的权利,如果在户籍改革中操之过急,步伐过快,反而会使改革所产生的结果违背初衷,与社会主义新农村建设的目标相背离。

(3) 户籍改革与经济发展水平相适应原则

户籍改革的力度总体上应当与当地的经济发展水平相适应,要充分考虑到城市基础设施的承受能力。在城市承受能力有限的情况下,如果完全地放开对户籍的管制,在目前乡镇企业吸纳能力有限的情况下,必然会导致大量农村人口涌入城市,带来城市交通拥挤、水电供应紧张、社会环境和治安恶化等一系列问题,这会使户籍改革取得适得其反的效果。在户籍改革过程中,要与城市的总体规划目标、人才引进政策、资本与产业发展目标相适应,总之可以通过户籍制度改革使城市实现人才、资本和产业相结合的目标,朝着总规划的目标良性地发展。

(4) 逐步实现公民的迁徙自由和居住自由原则

城乡居民的自由迁移和劳动力的自由流动是市场经济运作的必然要求。户籍改革不仅要为农村剩余劳动力向城市转移创造条件,也要为城市居民到乡村居住和生活提供便利。在循序渐进地进行户籍改革的步伐下,要明确户籍改革的最终目标是要实现公民的迁徙自由和居住自由,这是势不可挡的大方向。

8.3.2　进一步推进户籍制度改革的基本思路

户籍改革应该遵循渐进的原则,有步骤、有计划地进行。要进一步明确户籍改革短期和长期的目标和任务。户籍改革的长期目标就是要建立与市场经济体制相适应的户籍制度,实现城乡居民的迁徙自由与居住自由。在短期内必须为户籍改革能实现这个长期目标做各种准备工作和配套工作。

(1) 短期内户籍制度改革的思路

短期内在户籍改革方面应该做好以下工作:一是加快大中城市的建设和发展,提高大中城市吸纳人口的能力。二元户籍制度的改革势必引起农业剩余劳动力的城市化转移，因此要大力发展城市经济，积极发展社区经济和个体私营经济，创造更多的就业机会；要加强城市的基础设施建设，完善城市的服务功能，为接纳农村的富余劳动力奠定基础。二是加快小城镇建设，为农村剩余劳动力的转移开辟新途径。为了避免大规模的劳动力迁移对大城市造成的影响，可以采取折中的方式，将农村剩余劳动力大部分迁移至小城市，在保证大城市人才需要的基础上，小城市首先吸纳一部分劳动力，缓解大城市吸纳人口的压力。加快小城镇发展，增加近地吸收农村富余劳动力的能力，通过发展和培育小城镇产业基础，有效带动农村基础设施建设和中小企业的发展，吸引民间投资，拓宽农民的增收渠道，为农民提供更多的非农就业机会，发挥各地资源优势和区域优势，大力发展特色产业，逐步形成和扩大主导产业，带动农村经济和社会经济的全面发展。三是建立覆盖城乡居民的社会保障体制，逐步剥离户籍的“附加”功能。增加公共财政对农村社会保障事业的投入，弱化户籍制度背后的利益附加功能，逐步将农村居民纳入统一的社会保障体系，使其在就业、就医、教育等方面都能享受“国民待遇”，与城市居民具有同等的权利和社会待遇。切实解决迁移的农民及其子女接受教育的问题。针对进城务工人员流动性较强的特点，可以对其设计出一项较为灵活的保障制度体系，必要时可以退回农村。在账户的设计上要考虑到地区间账户的流转和衔接问题。四是加强劳动力转移的管理和引导。劳动力转移是一项巨大的系统工程，解决不好就会给社会和城市发展带来极大压力，产生严重的负面作用。为了避免盲目流动给交通运输和城市带来的压力以及对农民自身产生的不必要损失。政府要加强对劳动力转移的管理和引导。要完善各地的劳动力市场，建立和健全劳务中介机构，加强信息搜集和发布工作，定期为劳动者提供就业指导、职业培训等服务，尽量为农民节省寻找工作的时间和成本，引导劳动力合理流动。

(2) 长期内户籍制度改革的思路

户籍改革的最终目标就是要完全消除目前实行的二元户籍制度，实现城乡一体化的户籍管理制度，为此户籍制度改革在长期内应做好以下工作：一是取消农业户口与非农业户口的区别，实行全国统一的中华人民共和国户口制度。以出生地为登记户口的原则，建立以常住户口、暂住户口为基础的户口登记制度和以身份证、出生证为主的管理办法，逐步打破城乡分割的二元户籍管理结构，逐步形成具有中国特色的户籍登记、迁徙、管理制度。二是真正实现迁徙自由，并将其写入宪法。以宪法修正案的形式将迁徙自由确定为公民的一项基本权利，这是国际上通行的做法。彻底废除现有户籍管理制度中对户口迁移进行的种种限制，恢复公民自由迁徙的基本权利，赋予公民自由迁移随地定居的基本权利，体现公民的权利意识。三是制定新的《中华人民共和国户籍法》(以下简称《户籍法》)，使户籍管理步入法制化轨道。制定一部与社会主义市场经济相适应的户籍法，将户籍制度的改革纳入法律框架，使户籍改革有法可依。《户籍法》应当以城乡居民身份平等为出发点，将居民的居住自由和迁徙自由以法律形式固定下来。通过法律的形式引导人口的合理流动。

8.4 完善农业合作组织制度

8.4.1 发展农业合作组织的基本原则

农业合作组织要以服务和促进农民增收为宗旨。农业合作组织不是凌驾于农民之上的组织，而是一个服务性机构，它的宗旨应该为全体社员服务，是要为农户解决一家一户的分散经营解决不了的问题。农业合作组织要牢固树立服务意识，积极创造条件，适时开展科学技术方面的培训、向农户进行相关法律、法规和政策的宣传，准确把握和捕捉市场动态和信息，为满足农户在产前、产中和产后的农业生产和销售的需求提供各种指导和服务，充分发挥农业合作组织在促进农业生产和实现农民增收方面的作用。

结合我国具体情况，我国在发展农业合作组织时应遵循以下原则：一是自愿和民主原则。农业合作组织是农民为了维护自身权益和适应现代化生产而自发、自愿成立的组织。农业合作组织要坚持民主管理和民主监督的原则。具体事务应该由民主讨论决定，相关领导应该由民主选举产生。二是鼓励发展原则。鼓励农民成立和参加能为其服务的农业合作组织。只要该组织能为农民生产经营提供服务，能够带动农户发展生产并帮助农民解决实际困难，就应该允许其兴办，各级政府和有关部门还要给予积极的引导和扶持帮助。三是规范与监督并重原则。在鼓励各类农业合作组织发展的同时，要对其进行一定的规范，要促使其建立完善的规章制度，并严格地按章办事，不搞形式主义，使农业合作组织真正发挥为农户服务的作用，而不是跟风建立，却不干实事。要边鼓励发展，边严格规范。为了更好地规范和促进农业合作组织的发展，还要适时建立对各个农业合作组织进行监督的机制，发挥监督作用，切实维护和保障会员的合法权益。

8.4.2 制约我国农业合作组织发展的因素分析

据统计，目前全国农村合作组织已达140多万个，其中具有一定规模、运行基本规范的有14万个左右，带动农户400多万户①。但是总体上来说，我国农民合作组织仍处于初步发展阶段，还存在很多不成熟的方面，在创建和发展中仍然面临着较多的障碍和约束，主要体现在以下方面：

（1）资源禀赋方面的制约

当前农村很多要素，如土地、技术、人才和资金等发育不健全，而且很多农村合作组织是农民自发组织起来的，在成立之初往往是白手起家，发展后劲不足，在技术引进、设备改造、农产品质量检测与标准化、企业管理、市场开拓、信息搜集以及经营网点分布等方面，都与专业化的大公司有较大的差距，这也就加大了农业合作组织发展的难度。

（2）经营管理方面的制约

我国农业合作组织的发展尚处于起步阶段，在经营管理方面缺乏相应的规范。多数农业合作组织没有建立规范的章程和财务分配制度，宗旨模糊，责任不清，产权不明，机构设置不合理，管理制度不完善。首先是农业合作组织内部规章制度不健全。合作组织没有明确的规章制度，不按章办事，日程事务处理的随机性很强，甚至只取决于相关主管人员的一支笔、一张嘴。有的组织即使制定了规章制度，也形同虚设。其次是农业合作组织缺乏民主管理机制。主要表现为合作组织的运营往往只是由关键领导决定，一般成员的民主权利往往得不到体现。再次是农业合作组织产权不清。这主要是由于在合作组织成立之初就没能很好地协调各方利益，在最初的时候不会影响组织的运转，但是却为以后埋下了纠纷的隐患。

（3）人力资源方面的制约

我国农业合作组织存在着人才缺位的现象。首先是农业合作组织缺乏高素质、具有奉献精神、有一定经营能力并熟悉市场的领导者。其次是缺乏高素质的参与者。市场的竞争归根结底是人才的竞争，农业合作组织缺乏懂技术、会管理、市场开拓能力强的复合型人才。当前农民整体素质不高，由此决定了加入农业合作组织的大部分成员在处理具体事务时会存在不同程度的小农意识，往往不会着眼于大局，只顾及蝇头小利和眼前的利益，同时由于农民的文化水平不高，对新事物的接受程度不强，对信息变化把握不准，这些都在一定程度上制约了农业合作组织优势的发挥。

（4）宏观环境方面的制约

政府对农业合作组织缺乏有效的管理，支持不够。政府相关部门在思想意识上没有对农业合作组织引起足够重视，没有把它看成是深化农村改革的一个重要环节，是解决“三农”问题的重要举措。还有很多地区不仅没

---

① 胡健.关于农村专业合作经济组织的思考[J].中央社会主义学院学报，2005，(8)：69.

有对农业合作组织进行有利的指导和政策上的鼓励，甚至存在着对农业组织乱收费的现象。在实际工作中，还存在着各个政策部门的职责难以分清的问题，尤其是在县、乡镇、村区域内活动的合作组织经常遇到这个问题。

我国农业合作组织在发展中还存在着严重的资金融通方面的制约。资金短缺是目前很多农业合作组织在发展过程中所面临的共同问题，农民自身收入水平不高，积累也十分有限，因此在加入合作组织时不会有太多投入；政府对农业合作组织的补贴和财力支持又十分有限，对农业合作组织运行缺乏一定的财政、税收和信贷方面的优惠政策，使得这些组织在发展中遭遇到了瓶颈。

8.4.3 完善我国农业合作组织的建议

(1) 提高农民素质，为农业合作组织提供高素质的人力资本

农业合作组织的主体是农民，农民的素质直接决定着农业合作组织的发展进程。一是要向农民普及关于农业合作组织的基本知识。要端正农民的思想认识，通过宣传教育的方式，使广大农民认识到合作组织是市场经济的产物，与土地家庭承包经营的基础并不冲突，符合民主管理、村民自治的原则，是维护农民自身利益、改善农民弱势群体地位，增强农民对市场风险抵抗能力的组织。为了提高农民对合作组织的认识，可以向他们介绍国外合作运动发展的状况以及取得的成果，增强他们的参与意识。二是要向农民普及关于市场经济的基本知识。增强农民的风险意识和竞争意识，加强市场观念。三是向农民普及有关科技兴农、科学生产的知识。通过网络、电视、广播等各种媒介向农民宣传科学生产的信息、定期发布科学种植的成功经验，定期邀请科研所的有关技术人员对农民的生产进行实地指导和讲解。

(2) 加大政府对农业合作组织的扶持力度

目前我国的合作经济组织还处于起步阶段，必须依靠政府支持。首先，政府对合作组织要进行科学引导。农业合作组织是本着自愿原则、依法成立的组织，具有组织上的完整性和利益上的独立性，因此政府应尽量减少对合作组织的直接干预，发挥宏观调控作用和科学的引导作用。各地政府部门可以根据本地区的农业发展规划，结合本地经济发展的实际情况和发展优势、特点以及当前成立的合作组织现状，制定出近期和远期关于规划合作组织的计划方案，完善对合作组织的指导、协调和服务功能，引导重点合作组织发挥示范和带动作用。其次，政府要加大对合作组织的财政支持力度，用于促进农业合作组织的新技术推广、品牌建设、市场促销、灾害补助等，在财政预算中安排专项资金用于鼓励农民合作组织的发展。财政支农要向农

村合作组织示范项目倾斜，对农业合作组织及其成员的生产性基础设施建设、设备购置、农业生产资料供应、农产品购销和出口应给予适当补贴。市级财政每年应安排相应的农村合作组织示范项目专项资金，用于支持其发展。在税收方面对农村合作组织生产、销售自己的产品及其加工品，要免征或减征营业税和所得税，放宽农产品出口限制。农村专业经济协会兴办的农产品加工、销售企业，在税法规定的范围内，享受税收优惠。

(3) 健全内部管理制度，增强农业合作组织的活力

要使现有的农业合作组织健康发展，发挥它在农业生产和农村生活中的良性作用，就必须要建立和健全各个农业合作组织的各项规章制度，使其规范发展。具体来说，一是完善内部管理机制。健全人事、财务制度、物资采购与营销制度、策划与市场推广制度、加强信息采集、管理与定期发放制度等。工作人员实行聘用制，签订统一的劳动合同，工作期间的表现以及群众的评议是决定是否继续聘用的主要依据。健全理(董)事会、监事会制度，加强民主管理。充分重视和发挥组织成员的民主参与权利。二是建立利益保护机制。正确处理合作组织与农户之间的利益分配关系，把维护农民利益和权益放在首位。通过建立生产风险基地或农产品风险基金、对农产品合理让利、制定部分农产品的最低保护价、利润返还、预付定金以及赊销生产资料等有效方式，保证农业生产的顺利进行，保证农民能取得基本稳定的收入，提高农户从事农业生产的积极性。三是完善利益分配机制。合作组织取得的利润按各成员同合作社进行买卖的交易量比例在各成员之间进行分配，这也是国际上建立合作组织所采用的分配原则，是目前我国建立农业合作组织采用的主要分配方式。也可参照各成员在加入合作组织所投资的股份比例，适当提高按劳分配的比重，以更好地体现“劳动联合”的经济特征。四是建立严格的监督机制。建立社会监督和内部监督相结合的监督机制。社会监督要发挥政府有关职能部门的作用。财政、税务、工商、金融、科技等部门在履行各自对农业合作组织的职责的同时，还要对其实行有效的监督，保证这些部门对农业合作组织实施的各项政策都得到贯彻，投入各项财力都按规定进行了有效的使用，规范合作组织是否按照国家的法律法规进行经营等等。

(4) 因地制宜，稳步推进农业合作组织的发展

发展农业合作组织要因地制宜、循序渐进。应根据当地农村的发展情况和农民的迫切需求，建立相应的农业合作组织，重在解决农民的实际困难。要根据各地实际情况，发挥地区优势，采取多种形式并存。我国地域辽阔，农业和农村发展水平参差不齐，区域经济特征明显，为了适应农村经济

发展水平的层次性和多样性，农业合作组织也应以多元化的形式呈现。合作组织可以采取农民自办、事业单位与农民合办，也可以是涉农企业领办，还可以是联办等形式；可以提供单项服务、多项或综合服务等服务内容；在组织形式上可以是经济实体，也可以是公益性的社团组织，还可以是两者的结合体，在各地大力发展和完善以龙头企业为载体的合作组织。农产品加工企业要逐步形成企业联基地、基地联农户的合作模式。针对不同地区的薄弱环节，在不同地区分别重点发展采购、加工、包装、运输、销售等流通合作组织，农村设备、种子、技术、信息合作组织。积极倡导股份合作开发，社区合作组织的发展要引入股份制，明晰产权关系，向股份合作社转变，并可打破社区界限，在更大范围内发展合作。最后要逐步开放农业组织的地域范围，打破村的范围，扩展到村、乡、县以至镇的地域范围，实现微观合作组织向宏观合作组织的转化。积极发展外向型合作组织。开展国外经济组织贸易往来，大力发展外向型经济合作组织。

8.5 有效化解乡村不良债务

乡村债务负担沉重是一个涉及全国，特别是欠发达地区的普遍性问题。大量乡村债务的存在对农村经济发展产生了极大阻力，也成为了新农村建设中的一大障碍。必须采取有力措施，有效化解乡村不良债务。

8.5.1 化解乡村债务的思路

乡村债务包括存量债务和增量债务两个部分，解决乡村债务问题也要从这两个方面入手。首先在乡村现有的存量债务中应该严格区分良性债务与不良债务。不是所有的债务都是有碍于新农村建设的。新农村建设是市场经济下的农村建设，在市场经济条件下，负债经营是优化资源配置的有效措施，也是现代成功企业普遍采用的一种经营手段。所谓良性债务是指为解决农村经济发展资金不足而必须适度筹措的债务；不良债务则是指一些地方为了搞形象工程而盲目借贷、完成上交任务甚至为了挥霍浪费而不必要或者不应该负担的债务①。对于存量债务的思路就是在适当条件下允许良性债务的存在，发挥良性债务在市场经济中对乡村资源优化配置的积极作用；对于不良债务要采取有效措施进行化解。对于增量债务，要转变思想认识上的偏差，不是说乡村所有的债务都是有危害的，合理地利用负债筹措

① 杜爽.化解乡村债务的基本思路及实现途径[J].郑州航空工业管理学院学报，2008，(2)：106.

资金，有利于解决资金缺口，促进经济发展。因此对新增债务也要区分良性债务和不良债务，允许良性增量债务维持在一个适度的规模和水平上，同时通过完善各项制度、建设各种债务偿债指标等方式防止不良新增债务的产生。

8.5.2 有效化解已有的不良债务

(1) 规范乡村财务管理制度，健全财务监督机制

乡村两级政府要加强财务管理和监督，尽可能压缩各种非生产性支出，认真执行财政预算与决算。推进乡村政府的政务公开、村务公开和财务公开，加强基层民主建设，定期向村民公布乡村债务的来源、用途、数额和化解情况，努力增收节支，使广大村民共同监督乡村债务的化解。

(2) 转变政府职能，减少“吃饭财政”

加快政府职能转变，加快乡镇政府改革步伐，在不降低办事效率的基础上，实行减人、减事、减支。在适当时机，把3万人口以下的乡镇撤销合并，要合理地确定村组干部的数量，村组干部必须分设的，干部数量不得超过村干部数量的三分之一。通过人事制度的改革降低乡村运行成本，减少财政供养人员经费，加强廉政建设，严格监督机制，严格控制行政费用支出和各项开支，减少“吃饭财政”。政府要退出一般性经济领域，不再参与或干预兴办企业，对公益事业也要量力而行，不能为了夸大政绩或者要面子而盲目投资于公益事业，不举债搞建设，有多少钱办多少事。

(3) 认真清理核实，分类化解乡村债务

对于乡村政府间债务要在理清各级政府财权与事权的基础上，明确债权和债务关系，从而确定财力可承受的乡村债务范围。对经济相对落后或无承受能力的乡村可酌情核销；对于乡村用于改善教育条件和医疗条件等形成的贷款，乡村政府可通过增加收入和资产置换的方式予以清偿；对于由乡村政府担保，企业借债形成的债务，应取消担保，重新明确债务主体。由企业借债而形成的债务，企业尚存在的转由企业负担，企业已经关闭停产的，可以通过拍卖财产来抵债；对于由村欠乡、农户欠村、村欠农户而形成的三角债，可以通过协商与沟通，在共同认可的情况下，自愿结合、结队重组，通过对不同债务、债权人之间的转账、抵账，化繁为简，把乡村从债务网中解脱出来；对以单位和个人名义的借款，要遵循“谁借款，谁偿还”的原则收回欠款。要运用法律手段和行政手段催收，用收回的欠款偿还债务。对有偿还能力但拒不还款者，可以诉诸法律手段强制执行；对于民间高息贷款形成的债务，要核本降息，将高利率降下来，按照银行同等利率标准执行，实行先

还本后还息,本金未还的,不准先结息,必要时甚至可以核销利息,将先前高息多付的利息额从债务本金中冲销,降低债务额,减轻债务负担。

(4) 完善各项制度,促进乡村债务的化解

完善财政转移支付制度,加大农村欠发达地区的财政支持力度。适当增加按因素法确定的一般性转移支付资金的数量和比重,缓解农村财政负债风险,弥补基层农村财政收支缺口。改革干部考核体系,树立正确的政绩观念,对那些不切实际,容易舞弊的经济指标不再作为考核内容。要做到实事求是、公平地评价和使用干部。对干部制定的考核指标不能单从经济角度出发,避免考核指标的数量化。要从一个乡镇或村级组织的实际出发,要多看看干部在任期间是否提高了公共服务水平、是否注重了村民合法权益的维护等非经济方面的业绩。取消对乡镇的"报刊征订、生产种植、财政收入"等考核指标,增加"化解以往不良债务"的考核指标,将其作为干部任职期间工作目标责任制的主要内容。建立偿债奖励制度,设立梯级奖励制度,并且安排专项奖励基金,按照偿还债务的金额和早晚程度,给予不同的奖励,偿还越多、越早,奖励的额度和比例就越大。建立偿债基金,乡镇政府可以按照预算收入比上年增长的一定比例,提取偿债基金,纳入预算管理,此基金专门用于还债,偿债的奖励基金也可从这里支出。

(5) 采取多种手段发展地区经济,壮大财政实力

化解乡村债务最积极的方法就是促进本地区经济发展,用发展的手段解决累计已久的乡村债务。农村经济发展了,乡镇财政收入增加了,乡村债务问题就会迎刃而解。江泽民同志曾经深刻地指出:"要从当地的实际出发,通过多种形式逐步发展壮大集体经济,这是提高农村基层组织的集体服务功能,增强党在农民群众中凝聚力的需要。"各地要立足于本地资源,积极发展多种经营,选择合适的项目,变资源优势为经济优势。制定各种优惠政策鼓励农户发展个体经济,通过租赁、承包、入股、招商引资等多种形式壮大乡村经济实力。经济发展与化解债务是相辅相成的,化解了乡村债务,才能轻装上阵发展经济,经济实力才有发展壮大的可能性;而经济发展了也为化解债务奠定了坚实的经济基础。要着力做大地方收入的"蛋糕",这是解决乡村不良债务的根本途径。

8.5.3 防止新的不良债务产生

(1) 完善各种制度,防止新的不良债务产生

一是要完善村民自治制度,给予村级组织充分的自治权。财政支出不能一人说了算,村级财政支出和借债要经过集体讨论决定。支出数额较大

的，需经乡人民代表大会讨论通过。村级对外投资必需经村民代表大会讨论，并经村民主理财小组签字盖章，报批乡政府批准后才予执行，否则一律作为个人资金往来占用款核算。乡村政府要制定严格的物资采购、保管和领用制度，不准赊欠物品，更不准白条抵债。建立新增负债审批制度。对村级政府确实需要举债的，必须先由村两委提出申请，并填写举债申请表，注明举债的原因、内容、举债期限及偿还日期等，经农经站审核，报经乡镇政府批准准予实施。乡镇政府的举债也按此程序由上一级政府批准，否则一律视为个人行为，按照谁"举债谁负责"的原则追究个人责任。二是推行"乡财县管"的制度，发挥县国库支付中心的作用，对乡镇物资实行统一采购与发放，严格控制办公经费支出。三是健全转移支付资金的使用制度。对于中央和省级政府的转移支付资金以及市县级财政配套的转移支付资金，在工作中要注意落实到位，尤其是注意向贫困乡村倾斜，保证转移支付资金在贫困乡村的发放，严禁挤占、挪用、截留上级转移支付资金的情况发生，确保各乡镇一级村级组织的基本财政收入。四是要规范政府行为。各乡和村级政府要逐步退出生产性领域，强化在信息和科技服务方面的职能，防止"越位"和"缺位"，健全财政、会计、审计监督制度和财务公开制度，健全乡镇财政预决算制度，避免新的乡村不良债务产生。五是建立新增不良债务的责任追究机制。建立科学的领导干部考核机制，避免"政绩工程"。为了防止前任的"政绩"成为下一任领导的债务包袱和群众的负担，要实行对历任领导先审计再任用，并将审计结果记入档案，对此干部在任职期间对乡村债务的清理情况也要有记录，这些都可作为此干部日后继续任职和升迁的依据。对未经批准和未按规定审批程序产生的新增不良债务，要本着"谁决策，谁负责"的原则，对该领导人追究责任；对造成集体损失的，可对该领导人作出不得升迁或不得重用提拔等严肃处理。七是规范税费的征收行为，巩固农村税费改革的成果。

(2) 建立科学的乡村债务规模评价指标

目前还没有关于乡村债务风险分析的通用指标体系，笔者借鉴一些学者初步提出的指标和国债风险分析指标粗浅地提出以下指标体系，以评价乡村债务规模是否适度。一是乡村债务依存度。指当年乡村债务收入占乡村财政(财务)支出的比重。乡村债务依存度越高，反映乡村财政(财务)支出对举债收入的依赖性就越强，整个乡村财政(财务)处于相当脆弱状态，对乡村未来的发展也构成了潜在威胁。一般认为该指标不能超过20%①。二是乡村债务偿债率。指年度内乡村债务还本付息额占当年乡村财政(财务)

① 宋洪远、谢子平.乡村债务的规模、结构、风险及效应分析[J].农村经济问题，2004,(6):9.

收入的比重。一般认为该指标应限制在8%左右为宜①。三是乡村债务率。指在一定时期内乡村债务余额占乡村财政(财务)收入的比例。该指标可以衡量财政(财务)的偿债压力。比例越高,说明在这段时期乡村的还债压力就越大。四是农民人均负债额。指在一定时期内乡村债务余额中农民的人均占有额。五是农民个人债务负担率。指一定时期内农民人均负债额占农民人均纯收入的比重。一般认为该指标不宜超过10%②。

需要说明的一点是,不同地区甚至是同一地区在不同时间和历史条件下,判断其债务水平是否合理的评价指标标准不能一成不变,应该是各不相同的。因为各个乡村债务是处于不断的动态变化之中的,而且所处环境和其他因素的不同对合理债务水平的影响也是不同的,因此对是否是合理的债务水平以及良性债务的规模切不可搞"一刀切"的做法。要结合本地实际情况,不断加强对乡村债务规模的动态监控。

8.6 加强新农村文化建设

新农村文化建设是社会主义新农村建设的重要组成部分,是贯穿新农村建设的灵魂,为新农村建设提供强大的精神支撑。建立和完善各项措施,加强新农村文化建设,不仅是新农村建设的题中应有之义,也是培养新型农民的有效手段,对促进农村的和谐乃至整个社会的和谐都有着巨大和深远的历史意义。

8.6.1 新农村文化建设的特性③

(1) 新农村文化建设的主要对象是青年农民

新型农民的教育和培养是新农村文化建设的核心所在。享誉世界的平民教育家和乡村建设家晏阳初(1890－1990)博士于1926年至1936年在河北定县搞平民教育和乡村建设运动时说:"在3万万农民当中,年老的已成过去,自难达再造的目的;年幼的又尚属将来,目前等不及他来担负国家急切的重任。所以,今日农村运动的主要目标,要特别注意在农村的青年男女。这些青年不但可以为继往的好手,又可以为开来的良工。他们真可做救护中国的生力军,改造中国的挺进队。"他的话对农村文化建设很有启迪作用,

① 杜爽.化解乡村债务的基本思路及实现途径[J].郑州航空工业管理学院学报,2008,(2):108.

② 牛竹梅.乡村债务现状、负面影响及消减对策[J].山东经济,2004,(1):43.

③ 部分内容参见奉全胜.强化四个深刻认识,切实推进新农村文化建设[J].传承,2007,(8):60-61.

新农村文化建设是一场改造社会、改造人的运动，要特别注重农村青年，青年农民是教育培养的重点。中国8亿农民人口中有3亿青年农民①，培养好这3亿青年农民，是完全可以搞好新农村建设的。

(2) 新农村文化建设是持久艰巨的建设

与城市相比，我国农村农民的文化生活是相当贫乏的。城市中有现代化的图书馆、博物馆、展览馆、游乐园、动物园，还有随时举行的文化演出、体育比赛，这些设施和活动，不仅可以使人们愉悦身心，更可以丰富人们的精神生活。而广大农村居民依然是"日出而作，日落而息"，闲暇时的主要娱乐就是看电视、搓麻将赌博，甚至是烧香拜佛。农村缺乏应有的文化设施，农民缺乏应有的精神生活。改革开放以来，农村经济有了长足发展，但一些地方的领导往往过分注重"生产发展、村容整洁"的硬件建设，而对"乡风文明"的软件建设则关注不够，投入不多。农村文化阵地的"沙漠化"，给赌博、封建迷信等不良文化留下了蔓延的空间，污染了农村的思想和文化环境，导致了许多社会问题的产生。

(3) 新农村文化建设和经济建设是相辅相成的

在世界各国都大力发展知识经济的今天，人们越来越深刻地认识到了经济建设和文化建设的关系。在新农村建设过程中，发展农业和农村经济、增加农民收入是必要的，但农村的文化建设也同样重要，不能把经济和文化割裂开来。新型农村经济也应该是商品经济和市场经济，商品经济是高文化的经济，要发展经济就要发展文化。如果没有文化，缺乏经营管理知识或者诚信意识薄弱，是搞不好经济建设的。哪里市场经济活跃，哪里就出现学科学、学技术、学文化的热潮，就兴起尊重知识、尊重人才的社会好风尚，而文化反过来又推动经济向前发展，因此经济与文化是相伴而行的，二者相辅相成，文化是经济发展的软实力，决不能忽视软实力。

(4) 和谐文化是新农村文化建设的主旋律

农村的和谐发展是构建社会主义和谐社会的重要方面，农村和谐包含文化和谐。新农村文化建设，应以和谐文化为主旋律，把塑造社会主义新型农民作为首要的奋斗目标和工作内容。开展农村和谐文化建设，要注重倡导"崇尚进步、崇尚科学、崇尚学习、崇尚合作"这四种精神。崇尚进步，才能树立理想，思进图强；崇尚科学，才能信科学、用科学，脱离愚昧落后；崇尚学习，才能益智；崇尚合作，才能团结互助，更快走向共同富裕。和谐文化的核心是爱祖国，爱集体，爱社会，爱自然，爱他人，爱自己。我们当用这爱人爱

---

① 三亿农村青年是农民素质行动的主力军[EB/OL]. http://tieba.baidu.com/f? kz=191419668,2006-07-21.

己爱国爱社会的“爱文化”加强共同理想教育，开展社会主义道德建设，弘扬民族精神，增强民族自信心、自豪感和凝聚力，为构建社会主义和谐新农村提供良好的文化条件。

8.6.2 新农村文化建设的主要内容及措施

(1) 加强农民的思想道德教育

加强农民的思想道德教育是社会主义新农村文化建设的重点和核心内容。首先，对农民进行党的基本理论、基本路线和农村基本政策教育。用马列主义、毛泽东思想、邓小平理论、“三个代表”的重要思想和科学发展观来教育群众和武装农村干部群众。对农民进行党的基本路线和党的基本纲领教育，坚持以经济建设为中心不动摇。向农民宣传新农村建设的有关政策和农村富裕劳动转移就业的有关政策，将农村的基本政策当作教材去教育农民，使他们有统一的认识和统一的行动。其次，对农民进行爱国主义、集体主义和社会主义教育，激发和弘扬广大农民的爱国主义情感和集体主义精神，引导他们树立有中国特色的社会主义理想和道德标准，帮助他们逐步形成正确的世界观、人生观和价值观。这是新农村建设的灵魂。再次，对农民进行道德建设。广大农民道德水平的高低直接影响着社会秩序、社会风气、社会凝聚力，是农村精神文明水平的外在表现，良好的社会公德是一个文明健康的农村所必不可少的。

(2) 加强农民的法制教育。

社会主义市场经济是法制经济，农村法制建设是农村文化建设的重要组成部分。法制建设是加快新农村建设进程的重要保证，同时也有利于强化农民的普法意识，实现普法目标。在新农村文化建设中，要引导农民在参与市场经济活动中树立新的道德风尚，就必须对农民进行法制教育。可以通过广泛地开展送法下乡活动。如在各集镇进行义务法律咨询、制作法制美术展板在镇、村巡回展览等，紧密结合农村实际，做到教育进村入户。充分发挥新闻媒体在农村法治建设中的作用，引导农民收听广播电台举办的法制节目，阅读报刊中的有关法制内容。同时，还可利用农村有线广播，办好农村的法制节目，使广大农民通过新闻媒体的作用，提高法律素质，自觉学法守法。要建立一支以党员、干部为主体的普法骨干队伍，以农民身边发生的案例对照法律条文对农民进行讲解，激发农民兴趣，增强教育效果。

(3) 发展农村的教育事业

大力发展农村的基础教育。要培养适应新农村建设需要的新型农民，必须夯实基础教育这一块“地基”。加大中央财政转移支付向农村的倾斜力度,改现行农村教育以县为主的财政投资模式为以中央政府和省级政府的投资为主。尽快建立明确的制度使财政转移支付规范化、制度化、程序化。建立一支合格的农村教育队伍。要切实改善教师工作环境,提高教师待遇,要关心农村教师的生活和工作,采取积极措施妥善解决教师的就医、保险、养老等问题。实施贫困和边远农村地区教师特殊津贴制度,鼓励教师扎根农村。继续做好"普九"工作,防止出现新的学生流失。对尚未完成"普九"达标任务的地方,要切实加大工作力度,区分不同情况,分类指导。对已经基本完成达标任务的地区,要注重提高中小学学生的入学率,坚决防止学生流失的出现。

大力发展农村职业技术教育。职业教育是科技成果转化为现实生产力的桥梁,与普通教育相比,农村职业教育同发展农村商品生产有着更为密切的联系,它直接为农村劳动者提供从事商品生产的知识、技术和能力。要建立行之有效的农业职业技术培训体系:一是在形式上,注重质量,采取多层次办学。既要注重办好长期班,又要注重办好适应形势需要的各种中、短期班。可以把培养和就业直接联系起来,大力推行工学结合,校企合作。二是在内容上,不断完善农村职业技术培训内容,不断提高农民的文化素质和技能。从农村实际出发,对不同地区、不同行业、不同对象要有不同的培训要求,专业设置要考虑到县域经济发展、实现城市化以及农村劳动力转移等因素,既要开设农业类专业,也要大量增设适应第二、三类产业发展需要的专业。三是调动社会各方力量,多渠道筹措农民教育经费。各级财政要将农村劳动力培训经费纳入预算,并根据农民教育工作的实际需要,不断增加投入,同时要将培训向市场化方向发展,调动社会各方力量,多渠道筹措农民教育经费,加大对农民教育的投入。

(4) 发展农村的科学、文化事业

要高度地重视农村科技工作,通过开展不同形式的科技教育活动,提高广大农民接受科普教育的积极性。在加大宣传的同时,还要抓好农业科技示范村、示范户和示范田的建设工作,这不仅是农村腾飞的重大战略措施,也是农村开展科普教育、普及科技知识、推广农业技术的重要形式。开展科技下乡活动,本着"务求实效、进村入户"的原则,以农民为本,着眼于解决农村产业结构调整和农业化推进过程中的一些突出问题,要侧重于向党员科技示范户、龙头企业、种养大户等实行重点服务,保证科技服务的质量和效果,带动农民科技致富。

大力发展农村各项文化事业。在社会主义新农村文化建设中,应该在深入挖掘传统民间文化丰富资源和深刻内涵的基础上,引进、容纳、消化和吸收其他文化的优秀方面，不断加以创新，推出更多富有民族特色、时代特色的文化产品，打造出中国农村新文化的精品。要积极扶持农民文化实体。随着市场经济的发展和农民对文化生活需求的日益增加，农村涌现出一批自己投资、自己经营以文化活动为产业的农民文化实体，对于这一新生事物，农村基层领导以及文化、工商、公安、税务等职能部门要给予扶持和引导。开展群众文化活动，建立健康的生活方式。

(5) 移风易俗、培育农村良好的社会风气

培育农村良好的社会风气，首先要广泛开展移风易俗教育。对农民进行科学无神论世界观的宣传、进行科普知识的宣传、进行政策和习俗文化的宣传，帮助广大村民建立科学、文明、健康的生活方式。其次要加强农村基层党组织建设和农村红白喜事理事会建设，为良好社会风气的培育提供组织保障。最后要建立比较完善的农村社会保障体系，为良好社会风气的培养提供制度保障。建立社会统筹、个人账户、家庭养老相结合的农村养老保障制度、推广新农村合作医疗制度、大力发展农村计划生育保险、建立农村最低生活保障制度等，这样的农村社会保障制度可以满足农村居民“病有所医、老有所养、住有所居”的需求，极大弱化“养儿防老”的观念，消除早婚、重男轻女等农村不良习俗的影响。

8.6.3 建立和健全新农村文化建设的运行机制

(1) 建立和健全新农村文化建设的领导管理机制

建立和健全新农村文化建设的领导管理机制，首先要更新观念，按照社会主义市场经济的需要构架农村文化的领导管理体制。要转变安于现状、不思变革的保守思想，树立起勇于开创新局面的新观念。农村文化领导与管理的指导思想、方针、方式和方法，必须同农村社会的文化实际相吻合，要按照文化与市场的规律办事。其次要搞好调查研究。调查研究是搞好农村文化领导与管理的一项重要工作，只有通过调查研究，取得对实际情况全面深入的了解，才能作出正确决策。要注重农村经济和文化发展现状和趋势的调查研究；注重对农村文化资源的调查研究；注重对农民经济意识与文化素质的调查研究；注重对农民文化需求和农村文化市场、文化消费、文化交流、文化活动状况及文化效益诸领域的调查研究。最后，要改进领导方法。在新农村建设背景下，领导和管理新农村文化建设要注重宏观调控力度，既不要控制的过死，也不要呈失控状态。要坚持以民为本的领导原则，把握农村社会的发展方向，全面透彻地了解农民的文化需求，在提高农民文化素质、发展农村经济、活跃丰富农民精神文化生活上狠下功夫。同时要加强公

关协调，农村文化不仅仅是文化主管部门与群众文化单位的事情，它涉及到社会的各个方面，只有社会各界齐抓共管，通力协作，才能保证农村文化建设领导与管理工作的顺利开展。

(2) 建立和健全新农村文化建设的物质保障机制

建立新农村文化建设的物质保障制度，把新农村文化建设所需经费纳入各县市区的财政计划。《中共中央办公厅、国务院办公厅关于进一步加强农村文化建设的意见》中明确指出："要把农村文化建设纳入各级党委和政府的重要议事日程，纳入经济和社会发展规划，纳入财政支出预算，纳入扶贫攻坚计划，纳入干部晋升考核指标，确保农村文化建设各项目标任务的实现。"、"保证一定数量的中央转移支付资金用于乡镇和村的文化建设。中央和省、市三级设立农村文化建设专项资金，确保农村重点文化建设的资金需求。"根据这些精神，各县市区及乡镇要把农村文化建设所需资金纳入财政预算，对这项事业的投入，要随着农村经济的发展而逐年增加，增长幅度不低于财政收入的增长幅度。当然，农村各级政府在为农村文化建设注入资金时，应当跟上市场经济发展的步伐，规范投入行为，采取确保重点、合理统筹、集中使用的方式，促进资金的合理配置，使有限的资金发挥出最大效益。地方政府投入，应发挥导向作用，通过控制资金投向，达到吸引和带动更多社会资金投入到文化事业的发展上来，达到对农村文化建设活动进行管理、指导和扶持的目的。

(3) 建立和健全新农村文化建设的援助机制

目前，我国总体上进入了"以工促农"、"以城带乡"的发展阶段，要动员社会力量支持广大农村的文化建设，建立健全农村文化建设的援助机制。农村文化建设的援助形式主要有：开展文化科技卫生"三下乡"、文化扶贫、文化赞助等。

文化科技卫生"三下乡"活动是由宣传、文化、科技和卫生等部门联合开展的面向农村基层、服务农民群众的一项重要工作。在新农村建设的过程中，"三下乡"活动必须紧紧围绕建设"生产发展、生活富裕、乡风文明、村容整洁、管理民主"的社会主义新农村的目标进行，活动内容要贴近实际、贴近生活、贴近群众，与创新文明生态村镇活动相结合。文化扶贫就是通过东部地区对西部地区、城市对农村开展一帮一对口支援活动，帮助农村和西部地区解决文化产品和服务相对缺乏问题，支持其文化建设。当前文化扶贫的重要任务除了要把文化扶贫工作深入、持久、扎实、有效地开展下去外，还要扩大文化扶贫的内涵，立足大文化扶贫思路，加大教育、科技、卫生、信息等方面的对口支援力度，借助社会力量拓宽文化扶贫渠道，构建多方位、立体式的文化扶贫工作模式,依托科技手段与文化教育平台,立足于帮助贫困地区转变观念,提高文化科技教育等人文素质。文化赞助是社会力量,即企业或个人基于一定协议向文化机构或文化活动提供资金或实物或其他形式的帮助,以达到一定商业目的的行为。推动我国文化赞助,可从以下方面着手:第一,必须保证国家财政投入是公益性文化事业投入的主要渠道。第二,社会赞助文化事业需要制定政策法规加以鼓励和规范,出台适当的文化赞助政策,对其加以引导至关重要。第三,采取税收优惠政策鼓励社会力量赞助文化事业。第四,加大宣传力度,引导文化赞助。第五,推动文化赞助中介机构的发展。

参考文献

[1] 阿瑟·刘易斯. 二元经济论[M]. 第1版. 北京:北京经济学院出版社,1989.89-156.

[2] 北京农史研究会,陈水乡. 北京市新农村建设的实践与探索[M]. 第1版. 北京:中国农业出版社,2007.23-176.

[3] 财政部农业司. 国外农业与农业财政政策[M]. 第1版. 北京:北京:经济科学出版社,1998. 56-132.

[4] 曹军,陈兴霞. 对发展农业合作组织的思考[J]. 农业经济,2005,(7):26-27.

[5] 常城. 韩国新村运动对我国新农村建设的启示[J]. 边疆经济与文化,2006,(12):37-38.

[6] 车将,廖允成. 国外农村建设对我国新农村建设的启示[J]. 安徽农业科学,2007,(7):49-50.

[7] 陈共. 财政学[M]. 第4版. 北京:中国人民大学出版社,2004.41-42,239-241,402-418.

[8] 陈昊. 法制视野中的新农村建设[J]. 前沿,2007,(7):214-216.

[9] 陈绍晖,廖添土. 新农村建设与财政支农机制创新[J]. 福建师范大学学报(哲学社会科学版),2007,(1):105-112.

[10] 陈娴灵. 新农村建设之法律促进[J]. 湖北社会科学,2006,(8):130-133.

[11] 陈永正. 论农村问题[M]. 第1版. 北京:中国农业出版社,2006.46-113.

[12] 陈作明. 新农村建设背景下的农产品加工业税收政策研究[D]. 华中师范大学硕士学位论文,2006. 29-35.

[13] 邓庆胜. 整合财政支农资金的实践与思考[J]. 农村财政与财务,2007,(11):27-28.

[14] 邓子基. 关于财政支农问题的若干理论思考[J]. 福建论坛(人文社会科学版,2004,(7):4-9.

[15] 邓子基,林致远. 财政学[M],第1版. 北京:清华大学出版社,2005. 134-143,327-343.

[16] 杜放，陈拂闻. 财政学[M]. 第 1 版. 北京：清华大学出版社，2005. 64 -102.
[17] 杜爽. 化解乡村债务的基本思路及实现途径[J]. 郑州航空工业管理学院学报，2008,(2):106 - 109.
[18] 樊宝洪. 乡镇财政与农村公共产品供给研究[M]. 第 1 版. 北京:中国农业出版社,2007. 22 - 37.
[19] 范义敏. 河北省财政支农问题研究[D]. 河北农业大学硕士学位论文，2006. 8 - 11,12 - 15.
[20] 冯林. 浅议社会主义新农村建设的金融支持[J]. 农业科技管理,2007,(2):37 - 39.
[21] 扶凡，谭强林. 财政支持新农村建设的理论思考[J]. 湖南农业科学，2007,(4):11 - 13.
[22] 桂瘤评、周世新. 试论我国农村金融面临的困境与出路[J]. 金融与经济,2007,(7):74.
[23] 郭超. 社会主义新农村法治建设的对策思考[J]. 法制论坛,2007,(6):223 - 230.
[24] 郭杰忠，黎康. 关于社会主义新农村建设的理论研究综述[J]. 江西社会科学,2006,(6):217 - 225.
[25] 郭瑞萍. 我国农村公共产品供给制度研究[D]. 西北农林科技大学硕士学位论文,2005. 95 - 102.
[26] 郭月菊. 论社会主义新农村的法制建设[J]. 前沿,2007,(6):185 - 187.
[27] 郭志卿. 关于建设社会主义新农村理论观点综述[J]. 中共太原市委党校学报,2007,(6): 13 - 18.
[28] 国家税务总局税收科学研究所课题组. 工业反哺农业时期的三农税收政策建议[J]. 扬州大学税务学院学报,2006,(6):6 - 10.
[29] 韩冰. 借鉴美日韩经验加快我国新农村建设[J]. 经济前沿,2007,(2):10 - 14.
[30] 韩俊. 推进新农村建设的政策走向[J]. 税务研究,2007,(8):3 - 8.
[31] 韩庆凯. 论户籍改革下人口流动与城市化、新农村建设之间的协调[J]. 经济论坛,2007,(8):126 - 127.
[32] 何菊芳. 公共财政与农民增收[M]. 第 1 版. 上海:上海三联出版社，2005. 132 - 198.
[33] 贺聪志，李玉勤. 社会主义新农村建设研究综述[J]. 农业经济问题，2006,(10):67 - 73.

[34] 贺海艳，黄丽立. 新农村建设中法制建设的现状与对策[J]. 甘肃农业，2007,(7):26－27.
[35] 候建华，杨艳军. 国外农民专业合作组织的发展对我国的借鉴作用[J]. 经济论坛,2005,(15):10－11.
[36] 胡东兰. 整合财政支农资金的机制性措施[J]. 财政监督,2008,(1):72－73.
[37] 胡孝伦. 支持“三农”发展的税收政策设计[J]. 税务研究,2006,(7):18－25.
[38] 湖南省财政厅. 财政支持新农村建设研究[J]. 农村财政与财务,2007,(5):16－18.
[39] 黄立华. 日本新农村建设及其对我国的启示[J]. 长春大学学报,2007,(1):21－25.
[40] 姜慧. 新疆社会主义新农村建设的财税政策研究[D]. 疆财经大学硕士学位论文,2007. 1－6.
[41] 姜丽丽，郭翔宇. 借鉴韩国经验建设社会主义新农村[J]. 东北农业大学学报(社会科学版),2006,(3):9－11.
[42] 蒋和平. 农业经济与科技发展研究[C]. 第 1 版. 北京:中国农业出版社,2007. 219－223.
[43] 蒋协新. 公共财政支持农业与农村发展问题研究[M]. 第 1 版. 北京:中国农业出版社,2007. 105－117.
[44] 康松、熊尚鹏. 论我国农村公共产品供给现状及其增加途径[[J]. 商业研究,2006,(9):193－196.
[45] 雷泓. 从县级财政看政府间财政转移支付制度的改革与完善[D]. 国防科学技术大学硕士学位论文,2005. 25－30.
[46] 李冬洁. 国外投资农村的经验[J]. 人民论坛,2006,(5):41.
[47] 李国庆，王春芳. 浅析财政对社会主义新农村建设的支持[J]. 湖北社会科学,2008,(5):103－105.
[48] 李江峰. 试论建设社会主义新农村[D]. 郑州大学硕士学位论文,2006. 1－8.
[49] 李胜贤，郭明顺. 日本新村建设对我国社会主义新农村建设的启示[J]. 沈阳农业大学学报(社会科学版),2007,(6):307－309.
[50] 李鑫，张爽. 整合财政支农资金的几点建议[J]. 财政监督,2007,(2):33－34.
[51] 李友志. 财政与社会主义新农村建设[C]. 第 1 版. 北京:中国财政经济

出版社,2007.8 - 20,78 - 97.
[52] 李周清. 政府间财政转移支付均等化研究[D]. 西南交通大学硕士学位论文,2006. 53 - 59.
[53] 李佐军. 中国新农村建设报告(2006)[M]. 第 1 版. 北京:社会科学出版社,2006.
[54] 列宁. 列宁选集第 2 卷[M]. 第 1 版. 北京:人民出版社,1995.
[55] 林凤. 国外农村建设的基本经验及其对我国建设社会主义新农村的启示[J]. 经济研究参考,2006,(73):28 - 31.
[56] 刘淮洲. 韩国新村运动的经验及启示[J]. 山东工商学院学报,2006,(12):17 - 21,31.
[57] 刘俊芳. 社会主义新农村建设的金融支持[J]. 经济论坛,2007,(3):104 -106.
[58] 刘来吉. 完善我国财政支农政策的基本思路[J]. 农村财政与财务,2005,(6):9 - 11.
[59] 刘晓风、莫连光. 构建和谐社会的转移支付制度[J]. 财贸研究,2006,(5):66 - 72.
[60] 刘笑萍. 中国新农村建设筹资政策研究[M]. 第 1 版. 北京:经济科学出版社,2007. 104 - 161.
[61] 刘雪雁, 尹锋. 农村资金短缺问题分析[J]. 河北农业科学,2007,(11):117 - 118.
[62] 吕炜. 构建推进社会主义新农村建设的财政保障机制[J]. 财贸经济,2006,(3):3 - 9.
[63] 罗宏斌, 肖红梅. 建设社会主义新农村的财政政策取向[J]. 西安财经学院学报,2006,(4):28 - 31.
[64] 马列, 石红梅. 促进"农民工"群体就业的税收政策[J]. 税务研究,2008,(3):47 - 49.
[65] 马衍伟. 推进社会主义新农村建设的税收政策建议[J]. 税务研究,2006,(7):21 - 25.
[66] 蒙丽珍, 李星华. 财政与金融[M]. 第 4 版. 大连:东北财经大学出版社,2003.30 - 60.
[67] 苗苗. 社会主义新农村建设若干问题论析[D]. 吉林大学硕士学位论文,2007. 9 - 21.
[68] 倪杰. 新农村建设中农村公共产品供给问题探析[J]. 农村经济,2008,(1):41 - 43.

[69] 牛清海. 新农村法制建设面临的问题 原因 对策[J]. 安徽农业科学，2007,(35)11636－11637,11652.

[70] 朴振焕，潘伟光. 韩国新村运动[M]. 第1版. 北京:中国农业出版社，2005.45－69.

[71] 钱淑萍. 税收学[M]. 第1版. 上海:上海财经大学出版社,2005.23－90.

[72] 任庆国. 我国社会主义新农村建设政策框架研究[D]. 河北农业大学博士学位论文,2007. 1－9.

[73] 山东省财政学会、山东省青年财政理论研究会. 财政与社会主义新农村建设[C]. 第1版. 北京:经济科学出版社,2007. 19－95.

[74] 沈淑霞. 我国财政农业支出及其效率研究[D]. 中国农业大学博士学位论文,2004. 14－34.

[75] 宋超. 我国财政一般性转移支付制度研究[J]. 财会研究,2004,(7):4－6.

[76] 宋洪远，谢子平. 乡村债务的规模、结构、风险及效应分析[J]. 农村经济问题,2004,(6):5－11.

[77] 苏明. 公共财政与社会主义新农村建设[J]. 财政研究,2007,(5):22－30.

[78] 孙国锋，王洪亮. 财政支持新农村建设路经与政策[J]. 经济问题，2008,(2):68－70.

[79] 孙开、彭键. 农村公共财政体制建设问题探悉[J]. 财经问题研究,2004,(9):71－75.

[80] 孙亚华，何国栋. 推进社会主义新农村建设税收优惠政策初探[J]. 中国税务,2008,(2):46.

[81] 谭平. 关于整合优化支农资金的思考[J]. 财政与发展,2007,(3):23－25.

[82] 汪祥春，夏德仁. 西方经济学[M],第2版. 大连:东北财经大学出版社,2003. 43－60,

[83] 王慧青，尹少华. 新农村建设金融支持问题及发展策略研究[J]. 林业经济问题,2007,(6):284－287.

[84] 王建军，李腊云. 新农村建设的财政金融支持政策研究[J]. 财经理论与实践,2006,(5):43－45.

[85] 王军. 中外专家谈新农村建设[M]. 第1版. 北京:中国财政经济出版社,2007. 91－114.

[86] 王立群，王文. 关于建立新型农村融资渠道的思考[J]. 农村经济，

2007,(3):21 - 23.

[87] 王青锋. 当前新农村建设的金融困境与改革思路[J]. 西安电子科技大学学报(社会科学版),2006,(5):57 - 61.

[88] 王舜志. 完善财政支农资金管理的对策[J]. 财政监督,2008,(4):77 -78.

[89] 王文举，王莹. 韩国新村运动与中国新农村建设研究[J]. 农村经济与科技,2006,(10):77 - 78.

[90] 王耀强. 调整我国城乡二元经济结构的财税政策[D]. 东北财政大学硕士学位论文,2003. 1 - 10.

[91] 王增华. 论规范和完善政府间转移支付制度[D]. 山东大学硕士学位论文,2005. 27 - 35.

[92] 文丰安. 论改革户籍制度是解决三农问题的关键[J]. 安徽农业科学,2006,(7):5681 - 5682.

[93] 吴访非，王慧丽. 新农村法制环境建设初探[J]. 沈阳建筑大学学报,2007,(7):229 - 331.

[94] 吴孔凡. 加快构建需求导向型的农村公共品供给制度[J]. 中国财政,2008,(3):61 - 62.

[95] 吴世雄，范存会. 公共财政支持“三农”和新农村建设理论与实践[M]. 第 1 版. 北京:中国经济出版社,2006.49 - 67.

[96] 吴旭东. 税收管理[M]. 第 1 版. 北京:经济科学出版社,2003. 46 - 80.

[97] 谢瑞其. 财政支持社会主义新农村建设研究综述[J]. 湖南农业科学,2007,(3):12 - 14,17.

[98] 辛波，于淑俐. 新农村建设中的公共产品供给与转移支付制度变革刍议[J]. 农村经济,2007,(12):9 - 12.

[99] 熊毅. 多视野中的新农村建设重点问题探析[J]. 广东经济管理学院学报,2006,(8):26 - 30.

[100] 徐学庆.社会主义新农村文化建设研究[D]. 华中师范大学博士论文. 2007:9 - 14,120 - 226.

[101] 许静波，郭祥玉. 新农村公共财政建设探析[J]. 商业研究,2008,(5):167 - 169.

[102] 许云波. 我国财政支农支出结构分析[D]. 武汉大学硕士学位论文,2005. 28 - 35.

[103] 寻广新. 统筹城乡视域中的社会主义新农村建设研究[D]. 中共中央党校博士学位论文,2007. 9 - 37.

[104] 晏金平. 化解乡村债务风险的对策[J]. 中国财政，2005,(6):37－38.
[105] 杨凌. 日本造村运动对我国新农村建设的启示[J]. 昆明理工大学学报(社会科学版),2007,(3):19－22.
[106] 杨颂国. 财政支农资金整合研究[D]. 湖南大学硕士学位论文,2006.5－17.
[107] 杨元杰. 税收学[M]. 第1版. 北京:经济管理出版社,2002.35－98.
[108] 杨舟. 调整完善财政政策,支持新农村建设[J]. 农村财政与税务,2007,(6):16－20.
[109] 姚林香. 统筹城乡发展的财政政策研究[M]. 第1版. 北京:北京经济科学出版社,2007.
[110] 于树森. 我国财政支农问题研究[D].东北师范大学硕士学位论文,2006.2－4.
[111] 余蔚平. 政府、市场与增加农民收入[M]. 第1版. 北京:中国财政经济出版社,2006.41－67.
[112] 袁芬. 税收在促进社会主义新农村建设中的作用[D]. 厦门大学硕士学位论文,2006.27－42.
[113] 湛忠灿. 我国涉农税收制度及其改革研究[D]. 湖南农业大学硕士学位论文,2007年.33－41.
[114] 张俊伟. 支持新农村建设的财政政策选择[J]. 经济研究参考,2006,(68):19－37.
[115] 张开华. 试论财政支农政策创新[J]. 农业经济问题,2005,(3):57－69,80.
[116] 张通. 支持新农村建设的财政政策研究[J]. 财政研究,2007,(5):16－22.
[117] 张修现. 化解乡村债务:新农村建设中的一个重要问题[J]. 金融与经济，2007,(3):70－72.
[118] 张秀敏. 化解乡村债务的几点建议[J]. 山西财税,2007,(9):30－31.
[119] 张学良，周明军. 整合支农资金 促进社会主义新农村建设[J]. 财政与发展,2006,(5):25－28.
[120] 张彦丽，王峰. 韩国"新村运动"及其对我国新农村建设的启示[J]. 安徽农业科学,2007,(5):36.
[121] 张毅博. 浅析财政支农资金监管机制的完善[J]. 地方财政研究,2008,(5):47－48.
[122] 赵鸣骥. 创新农业财政工作机制 着力支持新农村建设[J]. 中国财政，

2006,(2):47－48.
[123] 赵鸣骥.大力支持社会主义新农村建设 开创农业财政工作新局面[J].农村财政与税务,2006,(2):11－17.
[124] 赵全厚.论公共收费[M].第1版.北京:经济科学出版社,2007.245－249.
[125] 赵瑞芬.公共财政体制下我国财政支农政策框架的构建[D].河北经贸大学硕士学位论文,2007.3.
[126] 郑功成,黄黎若.中国农民工问题与社会保护[M].第1版.北京:人民出版社,2007.
[127]中共河北省委党校课题组.河北省财政转移支付政策研究[J].经济研究参考,2006,(90):2－13.
[128] 中国"三农"形势跟踪调查组、中汉经济研究所农村发展研究部.小康中国痛[M].第1版.北京:中国社会科学出版社,2004.57－124.
[129] 中国农村财政研究会.全国财政支持新农村建设研讨会优秀论文汇编(2006)[C].第1版.北京:中国财政经济出版社,2007.9－22.
[130] 中国社会科学院农村发展研究所,国家统计局农村社会经济调查司.中国农村经济形势分析与预测(2006－2007)[M].第1版.北京:社会科学文献出版社,2007.4－43.
[131] 中国社科院财政与贸易经济研究所.科学发展观:引领中国财政政策新思路[M].第1版.北京:中国财政经济出版社,2004.24－101.
[132] 钟兵.农村金融面临的困境与出路——基于社会主义新农村建设的思考[J].湖北师范学院学报(哲学社会科学版),2008,(3):55－58.
[133] 周健.循序渐进的户籍制度改革与建设和谐新农村[J].内蒙古社会科学,2007,(1):120－123.
[134] 周金富.试谈财政支农资金整合[J].农村财政与财务,2008,(4):19－21.
[135] 周金堂,黄国勤.国外新农村建设的特点、经验及启示[J].现代农业科技,2007,(17):204－210.
[136] 周品爱.落实和完善涉农税收政策的思考[J].山东工商学院学报,2007,(10):72－75,79.
[137] 周生军.促进循环经济发展的财税政策研究[D].东北财经大学博士论文,2007.160－169,180－196,240－250.
[138] 周湘智.财政支农新政背景下农村公共物品供给机制建设研究[D].湖南师范大学硕士学位论文,2007.23－30.

[139] 朱冰.农村金融资源的合理开发与利用问题探讨[J].当代经济,2007,(10):116-118.

[140] 朱洁.中国农村公共产品供给机制研究[D].暨南大学硕士学位论文,2006.9-19.

[141] 邹惠艳、顾艳.浅析财政支持新农村建设支出的乘数效应[J].财政与发展,2006,(5):23-24.

[142] 左晓龙.关于社会主义新农村建设的税收思考[J].中国税务,2006,(10):36.

[143] Dixit A and Stiglitz J.E., 1977, "Monopolostic Competition and Optimn Product Diversity", *American Economic Review*, Vol. 76, Jun., P297-308.

[144] Musgrave, Richard A., "Who Should Tax, Where, and What?" Tax Assignment in Federal Countries, edited by Charles E. McLure, Jr. Canberra, Australian National University Press, 1983.

[145] Japanese Ministry of Agriculture, Forestry and Fisheries. http://www.maff.go.jp/eindex.Html.

[146] Jorgenson Dale W., 1961, "The Development of a Dual Economy", The Economic Journal, Vol. 71, P304-33.

索　引